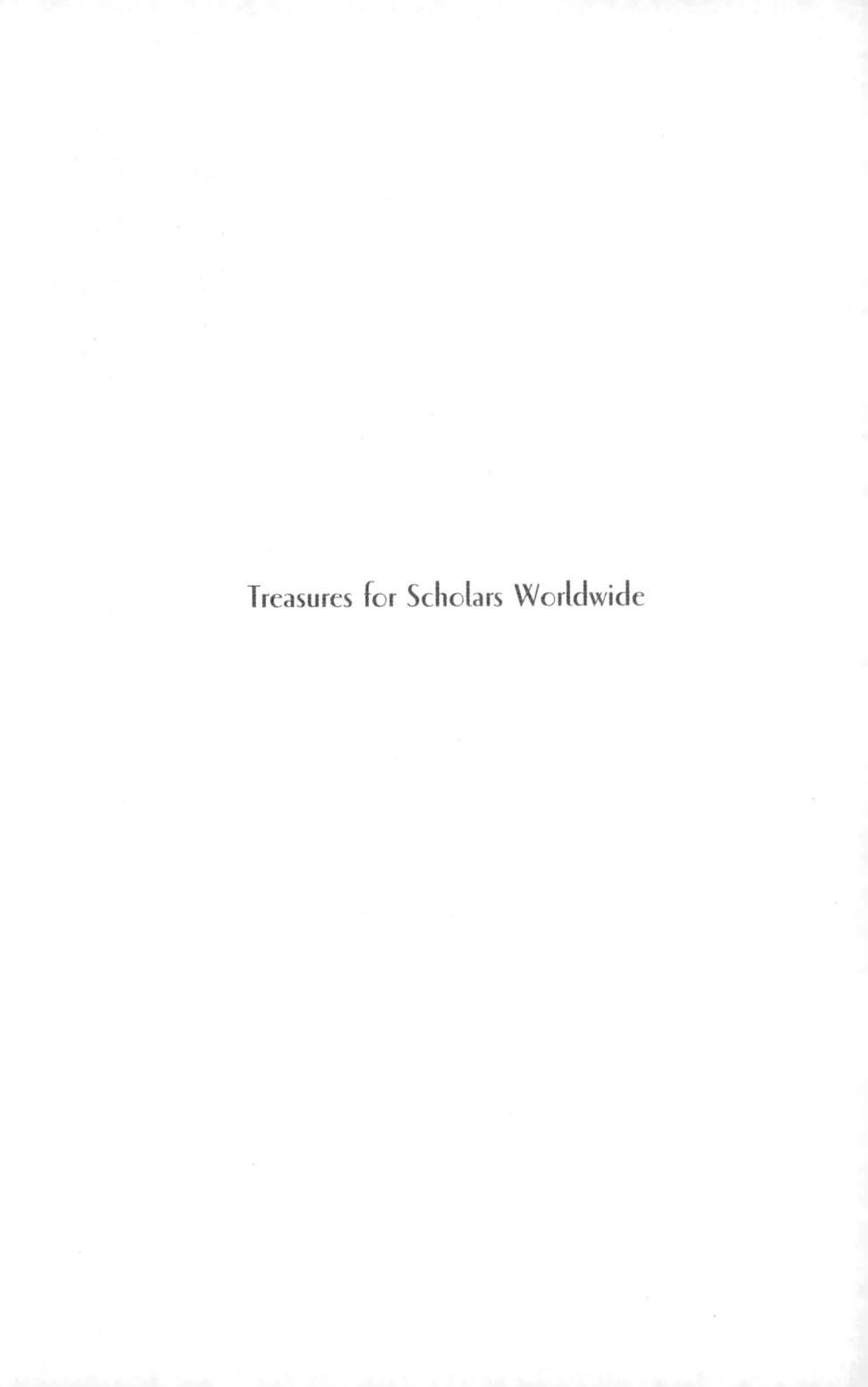

Treasures for Scholars Worldwide

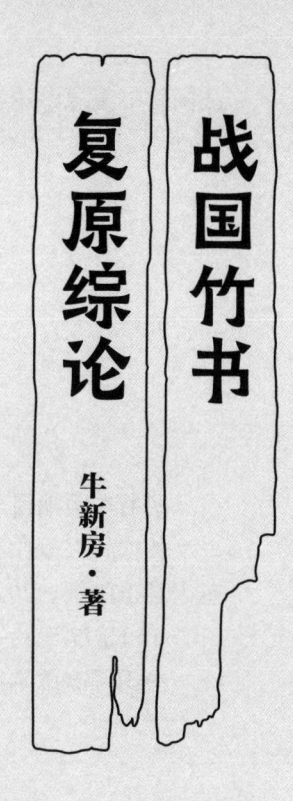

# 战国竹书复原综论

牛新房·著

广西师范大学出版社
·桂林·

战国竹书复原综论
ZHANGUO ZHUSHU FUYUAN ZONGLUN

**图书在版编目（CIP）数据**

战国竹书复原综论 / 牛新房著. -- 桂林：广西师范大学出版社，2024.11. -- ISBN 978-7-5598-7423-8

Ⅰ. K877.5

中国国家版本馆 CIP 数据核字第 2024DG7605 号

广西师范大学出版社出版发行

( 广西桂林市五里店路 9 号　邮政编码：541004 )

　网址：http://www.bbtpress.com

出版人：黄轩庄

全国新华书店经销

广西广大印务有限责任公司印刷

(桂林市临桂区秧塘工业园西城大道北侧广西师范大学出版社集团有限公司创意产业园内　邮政编码：541199)

开本：880 mm × 1 240 mm　1/32

印张：11.5　　　　字数：200 千

2024 年 11 月第 1 版　　2024 年 11 月第 1 次印刷

定价：88.00 元

如发现印装质量问题，影响阅读，请与出版社发行部门联系调换。

本书是国家社科基金年度项目"近年出土战国书籍类竹简整理方法之研究"(项目批准号：16BZS013)结项成果，及华南师范大学历史文化学院研究型教材建设成果。

# 目 录

绪 论 ……………………………………………1

**第一章 战国竹书复原的要素**……………26
第一节 竹简形制………………………………27
第二节 字体及书写格式………………………46
第三节 简序编号………………………………66
第四节 简背划痕………………………………83
第五节 篇题位置………………………………96
第六节 其他要素………………………………104

**第二章 战国竹书复原的步骤**……………111
第一节 拼合、遥缀……………………………114
第二节 编联、编联组…………………………131
第三节 篇序排定………………………………136
第四节 篇际调整………………………………148

1

## 第三章　战国竹书复原应注意的问题·················162
第一节　数据信息和图版质量·················162
第二节　符号问题·················172
第三节　隶定问题·················181
第四节　命名问题·················190
第五节　其他问题·················203

## 第四章　历史上战国竹书的发现与整理·················216
第一节　汉代战国竹书的发现与整理·················217
第二节　西晋战国竹书的发现与整理·················225
第三节　古代学者整理战国竹书的方法与意义·········235

## 第五章　由战国竹书的复原整理看先秦书籍···········246
第一节　先秦书籍的流传与收藏·················248
第二节　先秦书籍的传抄与改写·················262
第三节　出土文本和传世文本的关系·················272

## 结　语·················283

**附　录**⋯⋯⋯⋯⋯⋯⋯⋯⋯⋯⋯⋯⋯⋯⋯⋯⋯287
一、四批战国竹书基本信息　⋯⋯⋯⋯⋯⋯⋯⋯287
二、四批战国竹书整理凡例　⋯⋯⋯⋯⋯⋯⋯⋯329

**参考文献**⋯⋯⋯⋯⋯⋯⋯⋯⋯⋯⋯⋯⋯⋯⋯337
**后　记**⋯⋯⋯⋯⋯⋯⋯⋯⋯⋯⋯⋯⋯⋯⋯⋯357

# 绪　论

## 一、战国竹书

早在20世纪20年代王国维就曾指出，"古来新学问起，大都由于新发见。有孔子壁中书出，而后有汉以来古文家之学；有赵宋古器出，而后有宋以来古器物、古文字之学……然则中国纸上之学问赖于地下之学问者，固不自今日始矣。自汉以来，中国学问上之最大发现有三：一为孔子壁中书；二为汲冢书；三则今之殷虚甲骨文字，敦煌塞上及西域各处之汉晋木简，敦煌千佛洞之六朝及唐人写本书卷，内阁大库之元明以来书籍档册。此四者之一已足当孔壁、汲冢所出，而各地零星发见之金石书籍，于学术有大关系者，尚不与焉。故今日之时代可谓之'发见时代'，自来未有能比者也。"[①]一百年来王国维所提到的几项新发现都已成了专门之学，在其去世之后出土的大量战国文字资料（特别是简帛资料）与上述几项发现相比毫不逊色，近几十年来，战国文字研究的兴起便是证明。清代

---

[①] 王国维：《最近二三十年中中国新发见之学问》，《王国维文集》第四卷，中国文史出版社，1997年版，第33页。

小学的发展为20世纪出土文献的研究奠定了坚实的基础，现代考古学的建立与发展，使出土文献资料有了可靠的依据。1949年后，随着国家建设的发展和有组织的考古发掘，出土了大量战国秦汉时期的文字资料，而其中简帛资料尤为突出，为研究这一时期的历史、思想、文化等提供了全新的材料，其价值越来越引起学界的重视。

战国是中国历史上的一个大变革时期，王室衰微，七雄争霸，各国为了壮大国力，变法图强，先进生产技术的应用，使社会生产得到了较快的发展。同时，在思想文化领域也出现了百家争鸣的繁盛局面，反映在语言文字上，则是各国"言语异声，文字异形"（许慎《说文解字·叙》），王国维最早指出战国时期秦用"籀文"，东方六国用"古文"。[1]随着出土战国文献资料的丰富和研究的深入，我们知道东方六国的"古文"也各有不同，李学勤在20世纪50年代提出了战国文字分系说，即东方的三晋、齐、楚、燕、两周，再加上西方的秦。[2]随后，学者在此基础上将战国文字分为五系，即齐、燕、三晋、楚、秦，[3]这一分法得到了学界的广泛认同。

出土的战国文字资料按其载体来分，主要有铜器、石器、货

---

[1] 王国维：《战国时期秦用籀文六国用古文说》，《观堂集林（外二种）》，河北教育出版社，2001年版，第186—187页。

[2] 李学勤：《战国题铭概述》，《文物》1959年第7、8、9期，后收入《李学勤早期文集》，河北教育出版社，2008年版。

[3] 参看何琳仪：《战国文字通论（订补）》（江苏教育出版社，2003年版）第一章"战国文字的发现与研究"中的相关论述。

币、玺印、陶器、漆器、简牍、缣帛等种类。与甲骨文类似，铜器、石器、货币、玺印、陶器、漆器等材料上的文字与其载体有着密切的关系，文字较少，内容简单。而简牍类材料因其便宜性，是战国文字资料最主要的载体，其所记载的内容与载体之间一般不存在内在的关系，也就是说，简牍类材料成为了普遍性的文字载体，其所抄写的文字数量也是最多的。从其所记内容来看，大致可分为文书和书籍两个大类，而每个大类又可以再分为两个小类，文书类可分为丧葬文书（如遣策、告地策等）和文书档案（如书信、簿籍等）两种，书籍类可分为实用书籍（如日书、法典等）和图书典籍（如《老子》《缁衣》等）两种，①这是按大类划分的分类方法。还有学者分得更详细，认为可以分为十类：1.编年；2.文书；3.田律；4.日书；5.地图；6.书信；7.卜筮；8.遣策；9.典籍；10.小说等。②所谓"战国竹书"，即指前述两种分类方法中的"图书典籍"或"典籍"，因目前发现的战国典籍书写材料主要是竹简，牍的数量极少，缣帛类的数量也比较少，所以"战国竹书"就是抄写在竹简上的典籍。在实际的整理研究中，战国时期其他类别的竹简材料与秦汉时期的简帛典籍材料等也涉及复原的问题，其整理复原的方法对典籍类竹简的整理复原也有重要的参考价值，但考虑到典籍类竹简的数量较大，且学者的研究实践表明其整理复原又有自身的特

---

① 凤仪诚：《古代简牍形式的演变——从葬物疏说起（初稿）》，"2008年国际简帛论坛"论文。
② 参看何琳仪：《战国文字通论（订补）》，第25—32页。

点，故本书以近年出土的战国竹书的复原为探讨对象，同时也参考战国时期其他类别的竹简材料与秦汉时期的简帛典籍材料等的整理复原方法，展开论述。战国竹书在历史上虽也有发现，但除了当时学者的相关记述和个别的整理本，没有实物留传下来，当时学者的一些整理复原方法典籍里有零散的记载，可以为今天的整理复原提供借鉴，本书所探讨的对象主要是近年出土的、现在能见到实物的战国竹书，古代学者的整理复原方法也可作为参考。

由于地理气候等原因，现在所能见到的战国竹书实物多是战国时期的楚国疆域内出土的，因此学界在对这些资料命名时，或称为楚墓竹简，如《郭店楚墓竹简》，或称为战国楚竹书，如《上海博物馆藏战国楚竹书》，或称为战国竹简，如《清华大学藏战国竹简》。随着研究的深入和细化，可以发现这样的称呼有诸多不便，如包山楚墓出土的楚简多为文书、卜筮、遣策之类，而没有典籍类的文献，如果我们像学界常用的称呼那样，把郭店楚墓出土的竹简称为"郭店楚墓竹简（或郭店楚简）"，把包山楚墓出土的竹简称为"包山楚墓竹简（或包山楚简）"，就不能看出二者在具体内容上的差别，甚至同一墓葬中可能出土抄写多种类别内容的竹简，如不区分就更容易引起混乱。有鉴于此，有必要对典籍类竹简（也包括其他类别的竹简）的命名细化。值得注意的是，郭店楚墓出土的竹简材料在1998年以《郭店楚墓竹简》为名出版，而在2011年新出整理本时，命名为《郭店楚墓竹书》，包山楚墓出土的竹简材料在

1991年以《包山楚简》为名出版,而在2024年新出整理本时,命名为《包山楚墓竹简》,从名称可以看出随着研究的深入,对不同类别竹简材料命名的精确化。杨博认为"战国楚竹书""广义是指集中在楚地出土的所有战国中晚期简牍文字,狭义则是特定的专书",进而指出"称为楚竹书的楚简牍,按现在的简帛文献分类方法,均可归入'典籍类简牍'。用'战国楚竹书'来指代'楚简牍'中的典籍类文献,当不致引起大的歧义与问题"。①称为"楚竹书"虽然比笼统地称"楚墓竹简(或楚简)"合理一些,可以看出竹简的内容是书籍类的,但也有一些问题。"楚竹书"是以其出土地加竹简内容的性质来命名的,我们知道,虽然大部分楚地出土的竹书是以典型的楚文字书写的,但其中也常含有其他系的文字因素,反映了战国时期各国思想文化的交流,甚至不能排除由其他地区直接流传到楚地的竹书。所以很多学者对"楚竹书"的说法也提出了疑问,这方面研究最深入的是冯胜君。冯胜君根据裘锡圭和李家浩两位先生的研究,指出虽然"楚地出土的战国简都是楚人的抄本",但某些篇章"与典型楚文字相比,在文字形体和用字习惯方面都存在大量显著差异",所以他提出"在目前的情况下对这类包含较多他系文字因素的竹书,比较稳妥的界定似应为'具有某系文字特点的抄本'。'具有某系文字特点'是指简文中包含有较多的该系文字

---

① 杨博:《战国楚竹书史学价值探研》,上海古籍出版社,2019年版,第3—4页。

因素，类似《五行》篇那种包含零星的非楚文字因素的简文不在此列。'抄本'一词则涵盖了两种情况：一种是某系书手的抄本，一种是楚人以某系书手的抄本为底本的转录本。在楚人的转录本中可以包含一些楚文字的因素，这应该不会影响对'具有某系文字特点'的界定。正如《五行》篇包含零星他系文字因素，但我们仍然可以认为它'具有楚系文字特点'一样。"①用这类称法来界定某些具体篇章确实是比较合适的，并且也为研究战国文字各系之间的关系提供了可靠的基础，但是如果我们把战国竹书当做一个整体来研究的话，这样的称法就显得有些繁琐。称为"战国竹简"与笼统地称"楚墓竹简（或楚简）"，存在同样的问题，从历史上发现的战国竹书来看，其他各国也确有书籍类竹简出土，并且我们相信随着考古的发展，将来也应该能见到其他各国书籍类竹简的出土。因本书是将战国竹书作为一个整体来研究，所以不用"具有某系文字特点的抄本"的说法。结合以上论述，我们认为把这些典籍类竹简称为"战国竹书"是比较稳妥的称呼，这样可以避免上述几种称呼的不便与异议。学界也日渐习惯这样的称呼，如贾连翔指出，以"战国"为名，是因目前出土的先秦竹书主要都是战国时期，以"竹"为名，是说明书写的材质非木牍、缣帛，而是最为常见的竹简，以

---

① 冯胜君：《有关战国竹简国别问题的一些前提性讨论》，《古文字研究》第二十六辑，中华书局，2006年版，第318页。更详细的研究可以参看冯胜君《郭店简与上博简对比研究》（线装书局，2007年版）"国别篇"中的相关论述。

"书"为名，是说明文献的内容非文书、遣策、日书、卜筮祭祷或其他，而是狭义上的书籍。[①]因此在本书的论述中，统一用"战国竹书"指代研究对象。但学者在各自的研究实践中习惯了使用"郭店楚简（郭店简）""上博楚简（上博简）""清华简"等说法或简称，在下面的行文中引到各家论著时，为保持原貌对此类说法不做改动。同时，为了叙述的一致性，在行文中也会用到"郭店简""上博简""清华简"等简称。

以上各家的讨论，深化了我们对战国出土文献资料，特别是竹简类资料的认识和分类，但出土材料仍在不断地发现和公布，仍有很多未知的东西有待揭示，在研究的过程中，学者根据自己的研究对象或论述的需要对各类竹简都有自己的界定，目前学界还没有形成统一的分类标准。相信对研究对象的准确命名也会随着研究的深入和细化，学界会取得一致的意见，而本书所使用的"战国竹书"只是根据研究的需要而采用的名称，是一种权宜之计。战国竹简内容的丰富，同属于书籍类的实用书籍，如日书、法典等，甚至文书类的材料，在竹简形制、竹简编联、竹简命名等方面与本书所关注的"战国竹书"都有相通之处，相关的研究成果也是可供参考和借鉴的。

---

[①] 贾连翔：《战国竹书形制及相关问题研究——以清华大学藏战国竹简为中心》，中西书局，2015年版，第15页。

## 二、本书所涉及的战国竹书概况

战国竹书或随主人埋入地下，或因避秦火而被隐藏，在后世时有发现。历史上著名的发现主要有两次，分别为孔壁中书和汲冢竹书。由于材料自身的特性，历史上发现的战国竹书实物都未能保存下来，我们只能从相关的记载及流传至今的整理本略见其貌。随着现代科技的发展，20世纪后半期以来发现的战国竹书实物都得以保存，为研究带来了很大的方便。下面就把现代发现的战国竹书，按发现时间为序作简单介绍。

1. 长台关竹书：1957年河南省信阳长台关一号楚墓出土两组战国时期竹简，第一组为竹书，第二组为遣策。第一组竹简，共计119支，全部为残简，残存500余字。残简长短不齐，残存最长者约33厘米，据编痕推算，估计原简长45厘米左右，每简约30字。[①]这批竹书先后收入《河南信阳楚墓出土文物图录》[②]、《信阳楚墓》[③]、《战国楚竹简汇编》[④]，后两种有释文和考释。对这批竹书做最早研究的是李学勤，他根据文中有"先王""周公""君子""三代"等，认为是"一篇属于儒家的论述政治道德的文章"，并指出"这是我国近代以来第一次发现真正的战国竹书"。[⑤]后又认为是《墨子》佚

---

[①] 河南省文化局文物工作队第一队：《我国考古史上的空前发现，信阳长台关发掘一座战国大墓》，《文物参考资料》1957年第9期，第21—26页。

[②] 河南省文化局文物工作队：《河南信阳楚墓出土文物图录》，河南人民出版社，1959年版。

[③] 河南省文物研究所：《信阳楚墓》，文物出版社，1986年版。

[④] 商承祚编著：《战国楚竹简汇编》，齐鲁书社，1995年版。

[⑤] 李学勤：《信阳楚墓中发现最早的战国竹书》，《光明日报》1957年11月27日第3版，后收入《李学勤早期文集》，第69—70页。

篇。①李零认为是周公与申徒狄的对话，篇题定为《申徒狄》更合适。②杨泽生也对之作了深入的研究，认为其属于儒家。③关于长台关竹书的研究情况，可参看田河的《信阳长台关出土竹书研究概述》。④

2. 慈利竹书：1987年，湖南省慈利县城关石板村36号战国墓出土了一批竹简，断裂错位现象十分严重，无一完简，共有残简4371段。残存最长者36厘米，短者不足1厘米，估计整简长45厘米，数量约1000支，字数共约21000。后经统计，简头817个，简头简尾难以分辨者27个。根据同出器物的特征，墓葬年代应为战国中期前段。⑤据张春龙介绍这批竹简主要内容可以分为两类，一类是有传世文献典籍可资对勘的，如《国语·吴语》《逸周书·大武》等，另一类是《管子》《宁越子》等书的佚文或古佚书。少部分简简背标有数字。《吴语》简长46厘米，宽1厘米左右，三道编绳，每简约书

---

① 李学勤：《长台关竹简中的〈墨子〉佚篇》，《徐中舒先生九十寿辰纪念文集》，巴蜀书社，1990年版，第1—8页，后收入《简帛佚籍与学术史》，江西教育出版社，2001年版，第352—358页。

② 李零：《长台关楚简〈申徒狄〉研究》，《揖芬集——张政烺先生九十华诞纪念论文集》，社会科学文献出版社，2002年版，第309—322页。

③ 杨泽生：《长台关竹书研究（四篇）》，《战国竹书研究》，中山大学出版社，2009年版，第36—57页。

④ 田河：《信阳长台关出土竹书研究概述》，《长春师范学院学报（人文社会科学版）》2005年第24卷第4期。

⑤ 湖南省文物考古研究所、慈利县文物保护管理研究所：《湖南慈利石板村36号战国墓发掘简报》，《文物》1990年第10期；湖南省文物考古研究所、慈利县文物保护管理研究所：《湖南慈利县石板村战国墓》，《考古学报》1995年第2期；张春龙：《慈利楚简概述》，《新出简帛研究》，文物出版社，2004年版，第4—11页。

写50字。除了发掘简报公布的零星图片，整体资料尚未公布。

3. 郭店竹书：1993年8月，位于湖北省荆门市郭店村的郭店一号墓被盗掘，10月再次遭到盗掘，荆门市博物馆在报请有关部门同意之后，对其进行了抢救性发掘。据发掘报告，郭店一号墓从墓葬形制和器物特征看，具有战国中期偏晚的特点，下葬年代当在公元前4世纪中期至前3世纪初。除出土了大量铜器、陶器、漆木器等外，最引人注意的是出土了800余支竹简，共约13000字，其内容有《老子》甲、乙、丙三组及《太一生水》、《缁衣》、《五行》、《成之闻之》、《尊德义》、《性自命出》、《六德》、《鲁穆公问子思》、《穷达以时》、《唐虞之道》、《忠信之道》、《语丛》四组，其中部分有传世文本可供参照，如《老子》《缁衣》，但更多的是没有传世文本的先秦佚篇，多为儒家、道家文献。[1] 其内容经湖北省荆门市博物馆整理，于1998年5月由文物出版社以《郭店楚墓竹简》为名出版公布。2011年文物出版社又出版了由武汉大学简帛研究中心、荆门市博物馆编著的《楚地出土战国简册合集（一）·郭店楚墓竹书》，参考了学界的研究成果，是一种新的整理本。

4. 上博竹书：1994年春，在香港的文物市场上也出现了一批楚简，张光裕将这一情况电告上海博物馆的马承源馆长，上海博物馆经过鉴定决定出资收购这批楚简。5月间，楚简送抵上海博物馆，完、残简共1200余支。同年秋冬之际，又出现了一批竹简，由香港

---

[1] 湖北省荆门市博物馆：《荆门郭店一号楚墓》，《文物》1997年第7期，第35—48页。

朱昌言等几位先生联合出资收购，捐赠给上海博物馆，共497支。上海博物馆对这批竹简进行了清理和保护，大致分为80余篇，3万余字，涉及哲学、文学、历史、政论等方面，除少数有传世文本可对照外，多为古佚书。其中，郭店竹书中的《缁衣》《性自命出》，在这批竹简中有重篇。这批竹简的出现时间与郭店楚简的发掘时间相隔不远，且简文内容所记史事多与楚国有关，文字字体又是习见的楚文字风格，自然容易使人把二者联系起来。但由于这批竹简是劫余之物，出土的时间、地点都不清楚，只是传闻来自湖北，出土地点是否为郭店墓地，也只是推想而已，并无确证。[①] 经学者们初步整理后，这批竹书2001年以《上海博物馆藏战国楚竹书》为名由上海古籍出版社出版了第一册，目前已出至第九册。

5. 香港中文大学竹书：除了上海博物馆所收藏的那批战国竹书之外，香港中文大学文物馆也曾经在文物市场上收购一批流失的竹简，其中有战国竹简10支，后来发表在《香港中文大学文物馆藏简牍》一书中。[②] 随着上博竹书的陆续公布，经学者研究，香港中文大学文物馆所收藏的10支战国竹简，第1支属于《缁衣》，第2支属于《周易》，第3支属于《子羔》，这三支竹简分别可以与上博竹书《缁衣》第9简下端、《周易》第32简下端、《子羔》第12简相拼

---

① 马承源主编：《上海博物馆藏战国楚竹书（一）·前言》，上海古籍出版社，2001年版，第1—4页。
② 陈松长编著：《香港中文大学文物馆藏简牍》，香港中文大学文物馆，2001年版。

合。港简第4支应归于《三德》篇。港简第5、6、8字迹与《季康子问于孔子》一致，其中第6支或可接在《季康子问于孔子》简4之后。港简第10支与《有皇将起》《鹠鹏》两篇字迹、形制相同，归属待定。① 可见，这两批竹简应是同一墓葬所出。其余的两支，我们相信随着上博竹书的完全公布，它们也应该能有所归属。

6. 清华竹书：清华大学于2008年7月入藏了一批校友捐赠的竹书，经过清理保护、初步释读及研究工作，最终确定共为2388支（包括少数残片），北京大学对清华简无字残片样品做了AMS碳14年代测定，树轮校正的数据显示"清华简"的年代约为公元前305±30年，即相当战国中期偏晚，与由古文字学观察的估计一致。竹简中不仅有失传2000多年的《尚书》、编年体史书，还发现了从未出现过的周武王时的乐诗。李学勤指出，目前对"清华简"的研究可以确定以下三点：第一，这批简的性质是书籍，不是文书和遣策。第二，这批简中的书籍大多与历史有关。如果按照传统的四部分类，应该属于经部，但其内涵仍是富于历史价值的。第三，这批简里有《尚书》。另外还有一项重要内容，《系年》是一种编年体的史书，所记史事上起西周之初，下到战国前期，这种史书体裁和已看到的一些文句，都很像《竹书纪年》。② 经过整理，这批竹书2010

---

① 参看李松儒：《战国简帛字迹研究——以上博简为中心》，上海古籍出版社，2015年版。
② 参看李学勤：《初识清华简》，中西书局，2013年版；刘国忠：《走近清华简（增补版）》，清华大学出版社，2020年版。

年以《清华大学藏战国竹简》为名由中西书局出版了第一册，目前已出至第十三册。

7. 安大竹书：安徽大学于2015年初入藏了一批竹简，据北京大学加速器质谱实验室对相关残片标本的检测，测定年代距今约2280年，国家文物局荆州文物保护中心经化学检测分析，确认这批竹简时代为战国早中期。内容为书籍类文献，除了《诗经》外，其他的多是佚书。经过整理，这批竹书2019年以《安徽大学藏战国竹简》为名由中西书局出版了第一册，目前已出至第二册。

以上是现代发现的几批战国竹书，其中长台关竹书保存状况太差，难以成篇，慈利竹书资料尚未正式公布，难见其具体内容，故本书的主要研究对象是郭店竹书、上博竹书、清华竹书、安大竹书，[①]因香港中文大学竹书中的某些竹简与上博竹书密切相关，可附于上博竹书。行文中所引相关竹简数据来源于《郭店楚墓竹简》[②]、《上海博物馆藏战国楚竹书》(一——九)[③]、《清华大学藏战国竹简》

---

[①] 郭店竹书是考古发掘品，作为一个整体讨论其相关的各种问题是没有问题的，但是上博竹书、清华竹书、安大竹书是购买来的，出土情况不明确，且像上博竹书是分几批购入的，是否出自同一墓葬很难确定，这给我们讨论其相关问题带来了不便。在目前的情况下，我们暂且把这三批竹书都当做同一墓葬的出土品看待，后面的行文中不再做特别说明。

[②] 荆门市博物馆：《郭店楚墓竹简》，文物出版社，1998年版。

[③] 马承源主编：《上海博物馆藏战国楚竹书》第一——九册，上海古籍出版社，2001—2012年版。另外，冯胜君在《郭店简与上博简对比研究》一书中，对郭店竹书和上博竹书前五篇各篇的简长、简端形态、编纶、契口、编联方式、每简容字等有详细描述，关于郭店竹书的数据有参考冯胜君的统计。

(壹—拾叁)①、《安徽大学藏战国竹简》(一—二)②，原整理者在每一篇的说明中对竹简的现存数量、保存状况、长度、契口、容字、篇题位置、命名依据、简背划痕、简序编号、整理程序等信息，都有详细的介绍，因原整理者有接触实物的机会，且保存整理方法科学得当，这些数据基本都是准确的。正文的相关讨论以这些数据为基本资料，除个别需要修正和后来发现补充的新信息外，都以原整理者的《说明》为准，为了避免正文繁复，将这些内容放在附录一中。

　　需要说明的是，附录一中所统计的数据只是原整理者的初步统计，随着研究的深入，有些篇章的竹简有拼合，不同篇之间的竹简有互相调整的可能，如郭店竹书，在后来重新整理出版的《楚地出土战国简册合集（一）·郭店楚墓竹书》中，充分吸收了学界对竹简的拼合、分篇等的研究成果，且公布了一些后来发现的竹简及相关信息，为研究提供了更为准确的资料。上博竹书、清华竹书、安大竹书三批竹简尚未完全公布，目前的数据还有调整的可能，也有一些整理者后来发现补充的信息，如上博竹书中某些竹简的归属还有待研究，清华竹书有整理时遗漏的竹简及不同册的竹简的分篇有需要调整等情况，都需要所有竹简全部公布后的进一步研究，甚至重新整理。

―――――――――――

① 李学勤主编：《清华大学藏战国竹简》第壹—玖册，中西书局，2010—2019年版；黄德宽主编：《清华大学藏战国竹简》第拾—拾叁册，中西书局，2020—2023年版。

② 黄德宽、徐在国主编：《安徽大学藏战国竹简》（一）（二），中西书局，2019—2022年版。

从附录一所列各篇竹简的详细信息来看，各批竹书的竹简形制基本没有什么规律可言，竹简有长有短，同篇竹书每支简的字数也不固定，字距有疏有密，编绳两道或三道，固定编绳的契口一般是在竹简的右侧，但也有个别的是在左侧；各批竹书的抄写者也非一人，甚至有的同一篇文章由不同人共同抄写完成，上博竹书中多见同一篇章由不同人分别抄写完成的情况，即出现内容相同但书写者不同的两个抄本的情况，而另外两批则没有这种情况出现；郭店竹书几乎都没有篇题，而上博竹书和清华竹书则部分有篇题，上博竹书的篇题多书写在正数或倒数第3支竹简的背面，清华竹书的篇题一般都在最后一简的背面；郭店竹书除了极个别篇章外（简背有数字的篇章，也不是每简都有，而是断续的，且不能确定就是为了标明简序的），简背都没有标记简序的数目字，上博竹书只有《卜书》在每支简的正面下端有标记简序的数目字，清华竹书则有不少篇章简背标有连续且是为了标记简序的数目字，有的简背还有划痕，安大竹书目前公布的第一册也是有标记简序的数目字和简背划痕的，为竹书的整理复原带来了便利。

### 三、战国竹书复原概述

整理复原是出土文献研究的第一步，对于战国竹书来说更是如此，因为我们面对的战国竹书实际上是编绳缺失、竹简缺失或残断、顺序混乱的零散竹简，战国竹书的整理复原就是要根据各种信息，尽可能地复原其本来的编次样貌，这一工作的好坏直接影响到对战国竹书的理解与应用。

郭店竹书是发掘品，比较完整，保存状况相对较好，加上原整理者的出色工作，为随后的研究奠定了很好的基础。因竹简本身没有简序编号，也没有篇题等提示竹简排序的信息，当时的整理经验不足，也没有留意到简背划痕对复原的价值，所以也没有提供这些信息。正式公布后，不少学者基于自己对竹简的内容理解，对简序排列有不少不同于原整理者的意见，主要涉及竹简的拼合、编联及同一篇竹简内部简序的调整、篇际之间的调整等。李家浩[1]、王博[2]、陈剑[3]、陈伟[4]、廖名春[5]、庞朴[6]等对《老子》乙、《穷达以时》、《唐虞之道》、《成之闻之》、《尊德义》、《语丛一》、《语丛四》等篇的简序作了新的调整。陈剑、广濑薰雄、邓少平、黄杰根据后来公布的信息，讨论了《尊德义》和《成之闻之》的简背数字与其简序的关

---

[1] 李家浩：《关于郭店〈老子〉乙组一支残简的拼读》，《中国文物报》，1998年10月28日；《读〈郭店楚墓竹简〉琐议》，《郭店楚简研究》(《中国哲学》第二十辑)，辽宁教育出版社，1999年版。

[2] 王博：《关于郭店楚墓竹简分篇与连缀的几点想法》，《郭店简与儒学研究》(《中国哲学》第二十一辑)，辽宁教育出版社，2000年版。

[3] 陈剑：《郭店简〈穷达以时〉、〈语丛四〉的几处简序调整》，《国际简帛研究通讯》第二卷第五期，2002年版。

[4] 陈伟：《郭店竹书别释》，湖北教育出版社，2002年版。

[5] 廖名春：《郭店楚简儒家著作考》，《孔子研究》1998年第3期。

[6] 庞朴：《初读郭店楚简》，《历史研究》1998年第4期。

系。①福田哲之专门检讨了各家对《语丛三》的排序意见。②顾史考对《尊德义》中几处整理者没有说明的几处竹简拼合提出了修订意见。③总体来看，郭店竹书公布后，学者对整理的编联排序，除了个别的拼合调整之外，更多的是因对文意的理解不同而对同一篇竹书内部的编联组之间的顺序有不同意见，主要涉及《成之闻之》《尊德义》《六德》三篇，单育辰的《郭店〈尊德义〉〈成之闻之〉〈六德〉三篇整理与研究》④对这三篇的复原编联等问题有综合性研究。对郭店竹书做整体讨论的，主要有李零的《郭店楚简校读记(增订版)》⑤，对各篇都有不同的调整；刘钊的《郭店楚简校释》⑥结合各家的调整，重新疏解了郭店竹书的全部简文；陈伟等著的《楚地出土战国简册[十四种]》"二 郭店1号墓简册"⑦吸收了各家的意见，对简文做了

---

① 陈剑：《郭店简〈尊德义〉和〈成之闻之〉的简背数字与其简序关系的考察》，《简帛》第二辑，上海古籍出版社，2007年版；广濑薰雄：《郭店楚简〈尊德义〉和〈成之闻之〉的简背数字补论》，简帛网，2008年2月19日；邓少平：《由简背数字论郭店〈成之闻之〉"天常"章的位置》，复旦大学出土文献与古文字研究中心网，2010年3月22日；黄杰：《新见有关郭店简〈尊德义〉等篇编联的重要信息》，简帛网，2013年6月6日。

② 福田哲之：《郭店楚简〈语丛三〉之再探讨》，《中国出土古文献与战国文字之研究》，万卷楼图书股份有限公司，2005年版。

③ 顾史考：《郭店楚简〈尊德义〉篇简序调整三则》，复旦大学出土文献与古文字研究中心网，2010年12月15日。

④ 单育辰：《郭店〈尊德义〉〈成之闻之〉〈六德〉三篇整理与研究》，科学出版社，2015年版。

⑤ 李零：《郭店楚简校读记(增订版)》，北京大学出版社，2002年版。

⑥ 刘钊：《郭店楚简校释》，福建人民出版社，2005年版。

⑦ 陈伟等：《楚地出土战国简册[十四种]》，经济科学出版社，2009年版。后来出版的《楚地出土战国简册合集(一)·郭店楚墓竹书》(文物出版社，2011年版)，内容与此基本一致。

详细的注释；刘传宾的《郭店竹简文本研究综论》①是郭店竹书文本研究的集大成之作，其中第三章"郭店竹简编连与拼合研究"及该书附录一"郭店竹简编连与拼合研究各家意见汇总"对此有全面系统的梳理总结。

上博竹书是由盗墓者盗掘而得的，几经转手，最后由上海博物馆分几批入藏，其保存状况较差，竹简损毁严重，很多篇章都不完整，在陆续公布后，关于其复原问题，学界展开了热烈的探讨，因相关论著较多，散见于各种期刊、集刊、学术网站及论坛讨论等处，无法在此一一介绍，这里仅介绍一些比较重要的及综合性论述供参考。在上博竹书的复原研究中，陈剑取得的成果最多，在其所写的一系列论文中，分别对《孔子诗论》《子羔》《从政》《容成氏》《仲弓》《曹沫之陈》《竞建内之》《鲍叔牙与隰朋之谏》《季康子问于孔子》《君子为礼》《弟子问》《三德》《孔子见季桓子》《王居》等篇的简序作了调整。②此外，李学勤③、裘锡圭④、

---

① 刘传宾：《郭店竹简文本研究综论》，上海古籍出版社，2017年版。

② 陈剑：《〈孔子诗论〉补释一则》，《国际简帛研究通讯》第二卷第三期，2002年；《上博简〈子羔〉、〈从政〉篇的竹简拼合与编连问题小议》，《文物》2003年第5期；《上博竹书〈仲弓〉篇新编释文（稿）》，简帛研究网，2004年4月19日；《上博简〈容成氏〉的竹简拼合与编连问题小议》，《上博馆藏战国楚竹书研究续编》，上海书店出版社，2004年版；《谈谈〈上博（五）〉的竹简分篇、拼合与编联问题》，简帛网，2006年2月19日；《〈上博（六）·孔子见季桓子〉重编新释》，复旦大学出土文献与古文字研究中心网，2008年3月22日；《〈上博（八）·王居〉复原》，复旦大学出土文献与古文字研究中心网，2011年7月20日。这些论文均已收入其著《战国竹书论集》，上海古籍出版社，2019年版。

③ 李学勤：《楚简〈子羔〉研究》，《上博馆藏战国楚竹书研究续编》，上海书店出版社，2014年版，第13页；《〈诗论〉简的编联与复原》，《中国哲学史》2002年第1期。

④ 裘锡圭：《谈谈上博简〈子羔〉篇的简序》，《上博馆藏战国楚竹书研究续编》，上海书店出版社，2004年版，第9页。

刘信芳①、庞朴②、董珊③、白于蓝④、郭永秉⑤、陈斯鹏⑥、福田哲之⑦、程鹏万⑧、沈培⑨、复旦吉大古文字专业研究生联合读书会⑩、邬可晶⑪、林清

---

① 刘信芳：《孔子诗论述学》，安徽大学出版社，2003年版。
② 庞朴：《〈恒先〉试读》，简帛研究网，2004年4月26日。
③ 董珊：《读〈上博藏战国楚竹书（四）〉杂记》，简帛研究网，2005年2月20日。
④ 白于蓝：《〈上博简（二）〉〈容成氏〉编连问题补议》，《华南师范大学学报（社会科学版）》2004年第4期；《上博简〈曹沫之陈〉释文新编》，简帛研究网，2005年4月10日；《〈曹沫之陈〉新编释文及相关问题探讨》，《中国文字》新三十一期，艺文印书馆，2006年。
⑤ 郭永秉：《从上博楚简〈容成氏〉的"有虞迥"说到唐虞史事的疑问》，简帛研究网，2005年11月7日。
⑥ 陈斯鹏：《上海博物馆藏楚简〈曹沫之阵〉释文校理稿》，简帛研究网，2005年2月20日；《〈柬大王泊旱〉编联补议》，简帛研究网，2005年3月10日。
⑦ 福田哲之：《上博四〈内礼〉附简、上博五〈季康子问于孔子〉第十六简的归属问题》，简帛网，2006年3月7日。
⑧ 程鹏万：《上博三〈彭祖〉第4简的归属与拼合》，复旦大学出土文献与古文字研究中心网，2010年1月17日。
⑨ 沈培：《上博简〈姑成家父〉一个编联组位置的调整》，简帛网，2006年2月22日；《〈上博（六）〉中〈平王问郑寿〉和〈平王与王子木〉应是连续抄写的两篇》，《简帛》第六辑，上海古籍出版社，2011年版；《〈上博（六）〉和〈上博（八）〉竹简相互编联之一例》，复旦大学出土文献与古文字研究中心网，2011年7月17日；《清华简和上博九"就"字用法合证》，简帛网，2013年1月6日。
⑩ 复旦吉大古文字专业研究生联合读书会：《上博八〈子道饿〉校读》，复旦大学出土文献与古文字研究中心网，2011年7月17日；《〈上博八·颜渊问于孔子〉校读》，复旦大学出土文献与古文字研究中心网，2011年7月17日；《上博八〈成王既邦〉校读》，复旦大学出土文献与古文字研究中心网，2011年7月17日；《上博八〈命〉校读》，复旦大学出土文献与古文字研究中心网，2011年7月17日；《上博八〈王居〉、〈志书乃言〉校读》，复旦大学出土文献与古文字研究中心网，2011年7月17日。
⑪ 邬可晶：《〈上博（九）·举治王天下〉"文王访之于尚父举治"篇编连小议》，简帛网，2013年1月11日。

源[①]、季旭昇[②]、顾史考[③]等也有所探讨，推动了上博竹书的复原研究。对上博竹书的篇序调整和复原综合论述的主要有，俞绍宏《上海博物馆藏楚简校注》[④]对上博竹书做了全面的校注，引述了各家对简序复原的意见；白于蓝《简帛古书通假字大系·前言》[⑤]"二、竹简的编联与拼接"引述了各家对上博竹书的篇序调整意见，涉及35篇；侯乃峰《上博楚简儒学文献校理》[⑥]对上博竹书中20余篇儒家文献有全面的校理，对各篇的复原排序也有讨论。李松儒的《战国简帛字迹研究——以上博简为中心》从字迹学的角度对上博竹书各篇的字体进行了分析，其结论证明了此前学者的分篇意见，并为上博竹书的分篇归类提供了很好的帮助。[⑦]

清华竹书目前公布了十三册，由于不少篇章简背都有简序编号和简背划痕，为竹书的复原带来了很大的便利，竹简排序方面的问

---

[①] 林清源：《〈上博九·陈公治兵〉编联及相关问题》，《"中研院"历史语言研究所集刊》第八十六本第三分，2015年。

[②] 季旭昇：《〈上博九·史蒥问于夫子〉释读及相关问题》，《吉林大学社会科学学报》2015年第4期。

[③] 顾史考：《上博楚简〈用曰〉章解》《上博简〈凡物流形〉试解》，收入《上博等楚简战国逸书纵横览》，中西书局，2018年版；《上博楚简二〈子羔〉篇新编及概述》，《出土文献与中国古典学》，中西书局，2018年版；《上博楚简三〈仲弓〉新编》，《战国文字研究的回顾与展望》，中西书局，2017年版；《上博六〈孔子见季桓子〉简序追补》，《出土文献与古文字研究》第六辑，上海古籍出版社，2015年版。

[④] 俞绍宏：《上海博物馆藏楚简校注》，中国社会科学出版社，2016年版。

[⑤] 白于蓝：《简帛古书通假字大系·前言》"二、竹简的编联与拼接"，福建人民出版社，2017年版。

[⑥] 侯乃峰：《上博楚简儒学文献校理》，上海古籍出版社，2018年版。

[⑦] 李松儒：《战国简帛字迹研究——以上博简为中心》，上海古籍出版社，2015年版。

题相对较少。其中最早公布的一篇《保训》，简背没有数字，整理者的排序存在问题，白于蓝对之做了调整。①简背没有数字的《程寤》，整理者所排的简序也存在问题，②肖芸晓关于《数表》的排序有很好的意见，另外对清华竹书的收卷和书手情况也有很好的探讨，③陈剑对《越公其事》篇的简序做了调整，④王辉认为"越公其事"不是篇名。⑤孙沛阳关于简背划线的研究，为战国竹书的复原带来新的思路，在清华竹书的复原中得到了很好的应用。⑥李松儒对清华竹书的字迹等问题有很好的论述，为清华竹书分类分篇提供了依据。⑦关于清华竹书的整理复原，贾连翔的研究成果最多，结合实

---

① 白于蓝、段凯:《清华简〈保训〉篇竹简编连问题刍议》，《古文字研究》第三十辑，中华书局，2014年版。

② 复旦大学出土文献与古文字研究中心研究生读书会:《清华简〈程寤〉简序调整一则》，复旦大学出土文献与古文字研究中心网，2011年1月5日。

③ 肖芸晓:《清华简〈算表〉首简简序小议》，简帛网，2014年4月21日;《清华简〈算表〉收卷方式小议》，简帛网，2014年6月12日;《清华简收卷研究举例》，《出土文献》第七辑，中西书局，2015年版;《试论清华简书手的职与能》，《简帛》第二十五辑，上海古籍出版社，2022年版。

④ 陈剑:《〈越公其事〉残简18的位置及相关的简序调整问题》，复旦大学出土文献与古文字研究中心网，2017年5月14日。

⑤ 王辉:《说"越公其事"非篇题》，复旦大学出土文献与古文字研究中心网，2017年4月28日。

⑥ 孙沛阳:《简册背划线初探》，《出土文献与古文字研究》第四辑，上海古籍出版社，2011年版。

⑦ 李松儒:《清华简书法风格浅析》，《出土文献研究》第十三辑，中西书局，2014年版;《清华五字迹研究》，《简帛》第十三辑，上海古籍出版社，2016年版;《〈清华大学藏战国竹简〉（陆）之〈管仲〉字迹研究》，《书法研究》2016年第4期;《清华七〈子犯子余〉与〈赵简子〉等篇字迹研究》，《出土文献》第十五辑，中西书局，2019年版;《清华简〈良臣〉〈祝辞〉的形制与书写》，《汉字汉语研究》2020年第1期;《清华简〈筮法〉与〈子产〉字迹研究》，《简帛》第二十一辑，上海古籍出版社，2020年版;《谈清华简〈心是谓中〉的书写情况》，《简帛研究二〇二一秋冬卷》，广西师范大学出版社，2022年版;《清华简〈治政之道〉〈治邦之道〉中的"隐秘文字"及其作用》，《文史》2021年第2辑;《清华简字迹研究》，山东画报出版社，2023年版。

物对清华竹书的多篇简序都有探讨，并对清华竹书在形制方面的情况有系统的总结，深化了战国竹书整理复原的研究，为整理复原提供了很大的方便。①

除了上述针对各批各篇竹书整理复原的研究论著之外，在一些通论性的著作中也有对这一问题的总结和概述，如《二十世纪简帛学研究》②、《简帛文献学通论》③、《二十世纪出土简帛综述》④、《楚简册概论》⑤、《简牍帛书格式研究》⑥、《当代中国简帛学研究（1949—2019）》⑦，其中都有论述"简帛书籍"的专门章节，也都谈到了战国竹书整理复原的方法问题。李零《简帛古书与学术源流》⑧第五讲

---

① 贾连翔：《反印墨迹与竹书编连的再认识》，《出土文献》第六辑，中西书局，2015年版；《战国竹书文字布局小识》，《出土文献》第七辑，中西书局，2015年版；《战国竹书整理的一点反思——从〈天下之道〉〈八气五味五祀五行之属〉〈虞夏殷周之治〉三篇的编连谈起》，《出土文献》第十三辑，中西书局，2018年版；《清华简〈郑武夫人规孺子〉篇的再编连与复原》，《文献》2018年第3期；《从〈治邦之道〉和〈治政之道〉看战国竹书"同篇异制"现象》，《清华大学学报（哲学社会科学版）》2020年第1期；《浅谈竹书形制现象对文字识读的影响——以清华简几处文字补释为例》，《出土文献》2020年第1期；《〈封许之命〉缀补及相关问题探研》，《出土文献》2020年第3期；《清华简〈四告〉的形制及其成书问题探研》，2021年"古文字与出土文献青年学者西湖论坛"论文集；《清华简"〈尹至〉书手"字迹的扩大及相关问题探讨》，《出土文献综合研究集刊》第十三辑，巴蜀书社，2021年版；《战国竹书形制及相关问题研究——以清华大学藏战国竹简为中心》，中西书局，2015年版。

② 沈颂金：《二十世纪简帛学研究》，学苑出版社，2003年版。

③ 张显成：《简帛文献学通论》，中华书局，2004年版。

④ 骈宇骞、段书安：《二十世纪出土简帛综述》，文物出版社，2006年版。

⑤ 陈伟：《楚简册概论》，湖北教育出版社，2012年版。

⑥ 程鹏万：《简牍帛书格式研究》，上海古籍出版社，2017年版。

⑦ 李均明等：《当代中国简帛学研究（1949—2019）》，中国社会科学出版社，2019年版。

⑧ 李零：《简帛古书与学术源流》，三联书店，2004年版。

"简帛古书的整理与研究",陈剑《上博竹书的拼合与编联问题杂谈》[1],刘传宾《出土简牍编联与拼缀方法综论》[2]等也专门论述战国竹书的整理复原方法,有重要的参考价值。

## 四、相关说明

本书主要探讨战国竹书的复原方法,所谓复原是指通过竹简本身提供的各种要素,尽可能地把散乱的战国竹书复原为文意顺畅的初始文本,也即恢复其原来编联成册时的文本顺序,但考虑到竹简的损毁和丢失等原因,有些篇章难以完全复原,只能就所留存下来的竹简大体排列其顺序。战国竹书的复原,一般流程是,最初的整理者根据相关的线索对竹简作初步分类,按内容分篇排序,简单注释,公布整理本,研究者再根据整理本做相关研究,往往会对整理者的整理本有所修正,这些研究都推动了战国竹书的复原。[3]本书行文中的"整理者"均指竹简的整理报告者,具体人员参见各书的说明。战国竹书的整理研究是多方面的,本书主要针对的是复原方

---

[1] 陈剑:《上博竹书的拼合与编联问题杂谈》,《学灯》第一辑,上海古籍出版社,2016年版。
[2] 刘传宾:《出土简牍编联与拼缀方法综论》,《天津师范大学学报(社会科学版)》2018年第4期。
[3] 李零《简帛古书与学术源流》第五讲"简帛古书的整理与研究",把整理和研究分为两个不同的层次,大致把竹简的发掘、保护、拼对、复原归为整理,而把内容的释读、考证等称为研究,其实前期的整理工作是对竹书的初步研究,并且如李零所言,竹简拼合、复原与内容的释读、文字的考证等往往是相互的,不可能完全分开。

法的研究，对于其他方面的研究，如文字、文献、思想等方面的研究不做专门讨论，但战国竹书的复原又需参考多方面的因素，因此在相关论述中也偶有涉及。

因学界对本书涉及的一些术语还没有统一的规范用词，关于战国竹书的界定及不同的简称，前文已述，此不赘。另外的一些术语，如竹简的"拼合"，有的学者用"缀合"，竹简的"编联"，有的学者用"编连"，竹简的"编绳"，有的学者用"编纶"，竹简的"简背划痕"，有的学者用"简背划线"等，甚至同一个学者在不同时期的用词也不一致，在行文中，我们一般采用前一种用词，即"拼合""编联""编绳""简背划痕"等，但引用学者的相关论述时则一律保持原貌，因此行文中的用词有不统一之处。为了排版方便，书中引用各批战国竹书的释文，不涉及文字讨论的地方，一般不严格隶定，用宽式释文，释文参考综合学界意见而得，不一一注出。

战国竹书研究的兴起当以1998年郭店竹书的公布为标志，20余年来学者对书籍类竹简的研究，在很多方面都取得了不错的成绩，积累了大量的研究成果，毋庸讳言，这些成果良莠不齐，但任何学科的进步都是由不断总结前辈的经验教训而来的，因此对这20余年来的研究成果进行梳理总结，为以后的研究提供借鉴应该是一件有益的事。吴振武在给李守奎等编著的《上海博物馆藏战国楚竹书（一——五）文字编》所写的序中曾说，"我希望将来有人来写一部古文字或古文字资料发明史，看看那些成功的、半成功的以及失败的经验，是如何促进了这门学科的成长并不断丰富着我们的知识，更可藉此昭示古文字学者的智慧——也就是人类的智慧——所能达到的高度"。[①]古文字研究如此，战国竹书的复原研究也是如此，这也正是本书的研究价值所在。

本书主要探讨战国竹书的复原方法，与其他的研究一样，学者在研究战国竹书的过程中都有自己所遵循的方法，这些方法或显或隐，有的成功，有的失败，片言只语中往往包含着有用的信息。本书从大量的研究论文中选取或成功或失败的典型例子，探讨其得失，分析其原因，为以后研究之借鉴。行文中为了说明问题，对学者的研究成果多采用直接引用的方式，对各家说法或正确或错误的批评并不代表对学者研究的否定，更不敢存后来居上之念。

---

[①] 吴振武：《上海博物馆藏战国楚竹书（一——五）文字编·序》，作家出版社，2007年版。

# 第一章　战国竹书复原的要素

战国竹书作为一种早期书籍形式，是由专门的书手书写在长短不一的竹简上的，在实际使用时每条竹简都是由编绳编联在一起的，但现在所见到的战国竹书实物，无论是发掘出土的，还是被盗后又辗转流传而被收购回来的，几乎都已经没了编绳，再加上各种原因导致的竹简残断或遗失，所以我们所面对的战国竹书实际上是一堆杂乱无序的单支竹简，因此战国竹书的复原便成了研究工作的第一任务，这一工作做得好坏直接影响到下一步的研究。复原所做的第一步就是根据竹简的物理形态进行初步分类，如竹简的长短、契口（编绳位置）、简端的修治情况、字体风格及书写格式等，这些要素一般不涉及文意的理解，单靠观察即可分辨归类，是整理复原战国竹书的基本要素。随着战国竹书出土数量的增多和对之研究的深入，除了上述基本要素之外，某些竹简的正面或背面存在连续或不连续的数字、某些竹简的简背存在连续或不连续的划痕、战国竹书的篇题位置、个别竹简上的反印文字等，都对战国竹书的复原有重要的参考价值，也是整理复原战国竹书的要素。

## 第一节　竹简形制

### 一、简长

在以竹木简作为主要书写材料的时期，竹简的形制与所书写的内容之间是否存在着一定的关系，这是研究者所关注的一个问题。典籍记载的古书简册制度，经常被学者们所引用的是《仪礼·聘礼》疏引郑玄《论语序》里的一段话：

《易》《诗》《书》《礼》《乐》《春秋》，策皆二尺四寸；《孝经》谦，半之；《论语》八寸策者，三分居一，又谦焉。

20世纪上半叶在西北地区出土了大量的汉代简册，王国维结合典籍记载和当时所见到的汉简实物，把简册制度概括为：（1）古代策的长短皆为二尺四寸之分数，最长者二尺四寸，其次二分取一，其次三分取一，最短者四分取一；（2）牍的长短为五之倍数，最长者三尺，其次二尺，其次一尺五寸，其次一尺，最短者五寸；并提出"以策之大小为书之尊卑"。① 这一理论为后来的多数学者所接受。其后对简牍制度作深入探讨的是陈梦家，他根据典籍的记载，并结合自己整理武威汉简的实际经验，指出"汉人所述经典简策长度，都是汉尺二尺四寸"，"先秦列国简书，亦如此长度"，"汉人写书所用的简策的长短，是因其内容而分别的，如《论衡》所述'大者为经，小者为传记'"，皇帝册封诸侯的诏书是"长二尺"，"平常

---

① 王国维原著，胡平生、马月华校注：《简牍检署考校注》，上海古籍出版社，2004年版。

的诏书则是尺一",而"民间经典以下的传记诸子和书信,则用一尺简"。①这大概反映的是汉代的书籍简的制度,与我们所见到的武威汉简的实物大体是相符的。之后的学者或赞同或反对王国维的观点,使得这一问题的研究不断深入。②

20世纪后半叶以来,随着战国简牍的大量出现,学者以以往的研究为基础,试图总结战国简册制度。周凤五专门分析了郭店竹书的形制,认为竹简的长短与所书写的内容之间存在一定的关系,他指出:

1.《缁衣》《五行》《性自命出》《成之闻之》《尊德义》《六德》等六篇简长均为32.5厘米,是郭店简中最长的一批简,应归入儒家经典之列;

2.甲组《老子》简长只较上述六篇短0.2厘米,但两道编绳间距13厘米,与《缁衣》《五行》基本相同,是一个已经"儒家化",甚至"子思学派化"了的道家经典,"甲组《老子》在郭店竹简之中很可能与儒家的《缁衣》《五行》等六篇同样享有经典的地位";

3.乙组《老子》简长30.6厘米,丙组《老子》简长26.5厘米,其原因是"文字经过修改,已经'儒家化'了的甲组《老子》可以视同经典,但竹简要略短一些;仅供采择应用的乙、

---

① 陈梦家:《由实物所见汉代简册制度》,《汉简缀述》,中华书局,1980年版,第293、294页。
② 参看胡平生为《简牍检署考校注》所写的"导言"(其主要内容曾以《简牍制度新探》为题,发表于《文物》2000年第3期)、张显成《简帛文献学通论》(中华书局,2004年版)第三章"简帛制度"之"竹木简的形制"、程鹏万《简牍帛书格式研究》(上海古籍出版社,2017年版)中的相关内容。

丙两组,虽同出于《老子》,竹简也较儒家传注为长(乙组《老子》竹简长于《忠信之道》《唐虞之道》,丙组《老子》长于《语丛》类四篇),但只能归入传注之列";

4.《忠信之道》《唐虞之道》简长在28.1—28.3厘米之间,是因为这两篇文献属孟子学说,重要性不如占郭店简主体的子思学说诸篇,自然应"归入传注类而非尊为经典";

5.《太一生水》简长26.5厘米,"撷取甲、乙、丙三组《老子》的'反'、'辅'二字创造'反辅'之说,糅合楚国'太一'信仰与'稷下学派'道家、阴阳数术家之学,赋予道家宇宙论崭新诠释的《太一生水》之为传注,则更不在话下了";

6.《鲁穆公问子思》《穷达以时》简长只有26.4厘米,是因为这两篇"估计出于子思的弟子或门人后学之手,其重要性似较前述子思手著各篇略逊一等";

7.《语丛一》简长17.2—17.4厘米,《语丛三》简长17.6—17.7厘米,《语丛二》《语丛四》简长15.1—15.2厘米,这是郭店简中简长最短的四篇。究其原因,"《语丛一》《语丛二》《语丛三》在先秦属于儒家典籍的'传注'类",用简长度"合于两汉学者所述儒家典籍以简长区分经、传的标准",而《语丛四》则是"当时游说之士的实用教材",重要性自然不如儒家经传。[1]

---

[1] 周凤五:《郭店竹简的形式特征及其分类意义》,《郭店楚简国际学术研讨会论文集》,湖北人民出版社,2000年版,第53—63页。参看冯胜君《从出土文献谈先秦两汉古书的体例(文本书写篇)》注10对周凤五论文主要内容的总结,《文史》2004年第4辑,第26页。

可以看出，周凤五认为竹简长度与竹书内容存在着一定的对应关系，竹书内容按儒家经典—儒家化的道家文献—传注类—子思门人后学各篇—游说之士的实用教材的顺序，重要性依次降低，而与此相对应的竹简长度也依次缩短，即竹简长度按其所书写内容的重要性依次递减。也有学者不同意这种观点，针对周凤五的研究，冯胜君认为"周先生对郭店简各篇简长同所抄录内容之间的关系做了有益的探索，但应该说其结论尚不能令人十分满意。如他对三组《老子》、四篇《语丛》以及《忠信之道》、《唐虞之道》等篇性质的界定，还不能取得学术界多数学者的认可，还势必影响其结论的可信度"，指出"先秦时期的用简制度看来与古书中所记汉代用简制度是有较大的不同的"。① 程鹏万同意冯胜君的意见，认为郭店《语丛》一至四都是长七八寸，可能是与其抄写的内容有关，抄写的都是一些格言警句之类，是为了携带怀揣之便；郭店竹书多为一尺二寸、一尺四寸而上博竹书多为二尺、二尺四寸；《缁衣》《性自命出》有郭店与上博两个版本，郭店竹书长在一尺四寸，而上博竹书的长度在二尺四寸，可见楚简的长度与书写内容之关系并不十分密切。②

胡平生认为，王国维提出的"以策之大小为书之尊卑"，是简牍制度的"重要定律"，竹简长度大致可分为五种，分别为二尺四寸、二尺、一尺四寸、一尺二寸、六寸五分等。"长二尺"是楚国

---

① 冯胜君：《从出土文献谈先秦两汉古书的体例（文本书写篇）》，第26、27页。
② 程鹏万：《简牍帛书格式研究》，第88页。

书籍类竹简的一种常制，不过不是唯一制度，其中郭店竹书的《语丛》长15厘米，是当时的袖珍本。"春秋战国之时，百家争鸣，诸子无高下尊卑之分，因此册之长短大小，除了便携型外，大概主要取决于个人的好恶。好之者长大，不好者短小。再者，因为长简制作、书写不易，也是一种价值的体现，可以成为拥有者身份、地位的标志，所以王家贵族的藏书册长规格应当较大较长，平民百姓用书较小较短。不过这方面可资比较的材料不多"。①冯胜君一方面指出"在战国时期，典籍类竹简的抄写内容同所用竹简长度之间，至少是没有明显的规律性的"，"用简的长短可能更多的取决于主人的喜好"；另一方面又说"那么是不是简长和所抄写内容之间就毫无关系呢？恐怕也不能这么说。在郭店和上博两批竹简中，较长的都是一些相对重要的儒家或道家典籍，王国维所说的'以策之大小为书之尊卑'，还是大体符合战国典籍类竹简的实际情况的"。②在这一问题上似乎没有明确的态度。

如前所述，王国维所考查的主要是汉代的简牍制度，其所谓的"以策之大小为书之尊卑"，在汉代来说是适合的，但在战国时期还没有形成这样的制度，诚如胡平生所言"春秋战国时期，百家争鸣，诸子无高下尊卑之分"，儒家还没有"独尊"，那么"书"当然也就没什么"高下尊卑之分"了。至于胡平生所谓的"好之者长大，

---

① 胡平生：《简牍检署考校注》"导言"（其主要内容曾以《简牍制度新探》为题，发表于《文物》2000年第3期）第27—29页。

② 冯胜君：《郭店简与上博简对比研究》，线装书局，2007年版，第45—46页。

不好者短小""王家贵族的藏书册长规格应当较大较长，平民百姓用书较小较短"，更是推测之论，因为作为陪葬的书籍大概都是墓主生前所喜欢的，根本谈不上"好之者"或"不好者"，何况我们现在所能见到的战国竹书，根据其所出的墓葬和内容来看，基本都是"王家贵族"之书，而没有平民百姓之书，何以区别其长短？再者同墓出土的竹书，竹简长度不一，形制多种多样，何谈"王家贵族"与"平民百姓"之分？故胡平生的结论难以令人信服。

郭店竹书、上博竹书、清华竹书、安大竹书各自的内容不同，既有后世所谓的儒家经典，也有诸子百家之言，又有史书、卜筮、数学、字书等各类性质的竹书，竹简形制亦修治有别、长短不一、书手各异，其长短并不存在一定的规律，与其所书写的内容也似乎没有必然的联系。虽然西晋出土的汲冢竹书，据当时的整理者所记，有简长"二尺四寸"之例，但这并不能推论出"先秦列国简书，亦如此长度"，这四批竹书就是反证。总之，在我们对战国竹书的制作者、管理者、收藏者，及战国时期书籍的制作、流传、收藏、阅读等过程还没有更多信息之前，还不能就战国竹书的长度和竹书的内容得出什么有规律和价值的结论，也不能仅根据竹简的长度来定性竹书的性质。程鹏万对战国到秦汉的各类竹简做了详细的统计分析，[①]并引用林沄的观点，认为"用简的长度从战国到东汉是逐渐

---

① 程鹏万:《简牍帛书格式研究》,第79—112页。

缩短，逐步制度化的"①。根据对以上四批竹书的竹简长度的统计来看，这些战国竹书的长度最短的15.1厘米（《语丛》二、四），最长的则有57厘米（《性情论》），但这并不是说战国竹书的长度就是随意的，其实大多数的竹简长度都是45厘米左右，约合战国时的二尺，这可能跟当时的竹简制作工艺、收藏保管条件等有关，更可能的是与手持竹书阅读的习惯有关，而与书写的内容则无直接关系，也就是说竹简的长度只是一种外在因素，是竹书的一种物理形态，类似于我们今天不同开本的书籍。后世的书籍制度，如上述汉代的简册制度所反映的那样，是在长期的实践中逐渐形成的，代表的是学术思想的尊卑。

具体到战国竹书所使用的竹简的长度，因其是最直观、最容易辨识的，根据基本的测量，对长短不一的竹简进行初步的分类，便是复原战国竹书的开始，当然这只是针对完简或拼合后的完简而言，有了这一步，才能进入下一步的工作。

关于竹简的长度，还有个问题需要说明。出土战国竹书的保护要求非常高，并不是每位研究者都能目验实物的，所以一般的研究者只能根据出版的图版进行研究，即使最初的整理者也多是对着照片开展工作的，如果出版物的图版存在问题就会给研究带来许多不便。其实就算是实物，因为出土后与空气的接触，也会造成竹简的损伤，从而导致竹简形制的走样，字迹的模糊，长度的缩减等。除

---

① 林沄：《古代的简牍》，《中国典籍与文化》1994年第1期。

了图版的清晰度外，具体的数据也是影响研究的一个大问题，而竹简长度则与竹简拼合编联直接相关。白于蓝在研究《曹沫之陈》的过程中发现，"该篇在注释中所公布出来的竹简长度数据与旁边'黑白原大竹简'的实际尺寸往往不统一，有些甚至出入很大"，注释中的数据与实际测量数据存在明显出入。据统计，两种数据比较，完全相同者仅只有7处、相差0.5厘米以内（含0.5厘米）者有38处、相差0.5—1厘米（含1厘米）者6处、相差1—1.5厘米（含1.5厘米）者6处、相差1.5—2厘米（含2厘米）者2处、相差2厘米以上者5处。出现这种情况的原因还不清楚，但"这种实际存在的差距给重新拼合整理带来了实质性的困难"。[①] 陈剑在复原《仲弓》的过程中，还发现了另外一个问题，他从容字、编痕、文意等方面指出此篇的简18应该拼接在简26的下面，合成一支完简，但按照小图版长度计量，拼合后简长24.2厘米，完简简10长23.7厘米，"确实也长出不少，何况简18的下端还要补出一小段空白简"，针对此问题，"我们将小图版上竹简的长度一一加以测量，除以其原简长，可以发现各简的缩放比例是不同的。按其缩放比例，小图版上的竹简可以分为简1~10、简11~19、简20~29三组。第一组和第三组缩放比例大致相同，皆在0.5左右，而第二组却在0.55左右。简18与简26，正分属于缩放比例不同的两组……其间缩放比例0.05的出入，如以实际简长20厘米即不到一半简长计，在小图版上就会出现1厘米左

---

[①] 参看白于蓝：《〈曹沫之陈〉新编释文及相关问题探讨》，《中国文字》新三十一期。

右的出入，据之拼合竹简试图将其左右对齐时，问题就变得非常明显了。这给我们直接利用小图版进行竹简拼合造成不少困扰。以前研究者就本篇竹简的拼合有多种不同意见，可以说凡有可能的方案都被考虑过了，但却没有人提出过简26与简18的拼合，我想大概就跟前面提到的简18在小图版上的位置问题，和这里所说小图版上竹简长度的矛盾不无关系吧"[1]。再如《治政之道》简42整理者公布的简长是41.3厘米，但此简是完简，实测长度是44.1厘米，与同篇其他完简长度一致，显然整理者公布的长度是错误的。以上这些问题，可能是各种原因造成的，如摄影、制图、缩放比例、排版校对等，这就需要我们每一步都必须精确精密，才能为后来的整理复原提供可靠的基础，否则就可能会错失准确复原的机会。总之，竹简的长度是战国竹书复原的第一要素，必须做到准确无误，这既需要技术的进步，又需要整理者的细心。

## 二、简端

李零指出，"简文的拼复，是以竹简编联的方法为基础，而且最重要的依据是简端、简尾和契口、编痕的位置"。[2]李零所说的"简端"指的是竹简的上端，"简尾"指的是竹简的下端，一般竹简的上下端的形状都是一样的，所以我们统称为"简端"，而不再区

---

[1] 陈剑:《上博（三）·〈仲弓〉剩义》,《战国竹书论集》, 第264—265页。
[2] 李零:《简帛古书与学术源流》, 第156页。

分"简端""简尾"。现在所见到的战国竹书的简端形状大致有三种类型,没有修治的呈平齐状的(如《太一生水》《彭祖》)、修治为梯形(如《鲁穆公问子思》《五行》)、半圆形的(如《孔子诗论》《鲁邦大旱》),郭店竹书三种类型都有,而上博竹书、清华竹书、安大竹书则以平齐状的为主,其他类型较少。

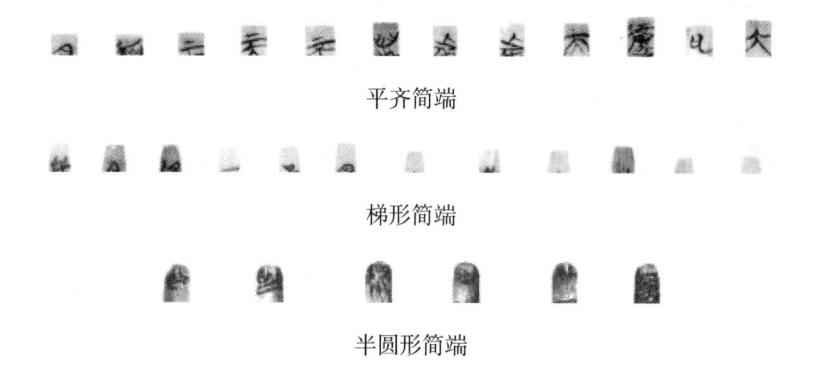

平齐简端

梯形简端

半圆形简端

周凤五考查了郭店竹书的简端形状后指出,竹简简端是否修治为梯形也是区分其所写内容的一个重要标志,《缁衣》、《五行》、《性自命出》、《成之闻之》、《尊德义》、《六德》、甲组《老子》、《鲁穆公问子思》、《穷达以时》九篇的简端都是梯形有别于其他的竹书,是儒家"子思学派"经典的主要形式特征。[①]也有学者不同意战国竹书的形制有规律的观点,如冯胜君认为:

由于周先生对郭店简各篇性质的界定尚未在学界取得共

---

① 周凤五:《郭店竹简的形式特征及其分类意义》,《郭店楚简国际学术研讨会论文集》,第53—63页。

识，而且从上博简的情况来看，也有不少与周先生所论矛盾和冲突之处。如上博《缁衣》篇与郭店《缁衣》篇性质应该相同，但其简端平齐，并未如郭店《缁衣》那样修治成梯形，所以周先生所论至少是不具有普遍性的。上海博物馆购藏的战国竹简中，《孔子诗论》、《子羔》、《鲁邦大旱》等篇简端均被修整为半圆形，制作比较考究，这或许是因为其内容与其他篇相比更为重要的缘故。《性情论》篇简端平齐，但35号简的下端也呈半圆形，比较特殊。①

冯胜君还认为，"所抄写内容格外重要或主人特别喜欢的典籍，可能更愿意将简端修饰美观一些。而且梯形或半圆形简端还可以保护竹简，使简端受到外力时不容易破裂。除此之外，恐怕也没有什么微言大义可寻"。②所以竹简简端的形状与其所书写的内容似乎也看不出必然联系。诚如周凤五所指出的那样，郭店竹书中《缁衣》、《五行》、《性自命出》、《成之闻之》、《尊德义》、《六德》、甲组《老子》、《鲁穆公问子思》、《穷达以时》九篇的简端都是梯形，就算我们认可周凤五对其性质的界定，但同属郭店楚墓出土的其他儒家经典简端并没有修治成梯形，可见这样的分法是有问题的；上博竹书、清华竹书的竹简简端平齐的居多，看不出儒家经典与其他类性质的竹书的区别。从郭店竹书的情况来看，同一墓葬出土的竹

---

① 冯胜君：《从出土文献谈先秦两汉古书的体例（文本书写篇）》，第27页。
② 冯胜君：《郭店简与上博简对比研究》，第49—50页。

书，竹简形制和书写者各异，显然这些不是墓主人或者说竹书的持有者所决定的，这些竹书很可能是通过各种渠道得来的，那么这些不同的简端形态，只能是制作者的行为，而与持有者无关。这就好比，今天的人买书，可以选择精装本，也可以选择平装本，但书籍具体的开本和设计则是出版方决定的。总之，就目前所能见到的战国竹书来看，我们还不能为其简端形制做出规律性的总结。作为一般实用性的而不是出于某种特定目的而制作的书籍，其形制应是由竹简材料本身的限制及实际使用过程中的便利性等因素决定的，也就是冯胜君所说的竹书主人的喜好和出于保护竹书的因素决定的，而具体实施的则是竹书的制作者。在儒家著作被尊为经典之前，其书写的材料也不会比别的著作需要更多的精工制作。

虽然如此，但竹简的简端形态毕竟也是一种很直观的要素，特殊的简端可以通过观察与其他形状的区别开来，为初步分类提供帮助，如最初参与整理上博竹书的李零认为，《子羔》《孔子诗论》《鲁邦大旱》三篇竹简形制、字体完全相同，应是合抄在一起的，即三篇合为一卷。① 这三篇竹书的简端都是半圆形的，从这一点上来说，简端的形态也能支持李零的看法。同篇或合抄的几篇竹书的竹简形态应该是一致的，简端形态也是检验的标准之一，当然也不能排除例外情况，如冯胜君指出《性情论》篇简端都是平齐的，唯有简35下端呈半圆形，推测来看，应该是此简内容抄错，抄手用了一支与

---

① 李零:《上博楚简三篇校读记》，中国人民大学出版社，2007年版，第6页。

本篇其他简属于不同制作批次的竹简，补抄后编入了本篇，这属于特殊情况。

### 三、契口（编痕）

目前所见到的战国竹书，竹简一般都是有契口的，契口的作用是为了固定编绳，所以一般情况下契口与编痕是重叠的。既然契口是为了固定编绳，使竹简不至于上下移动，从情理上推测，同一篇竹书或合抄在一起的不同篇竹书，每一支竹简的契口应该是在竹简的同一位置的，否则整篇竹书编联起来就会参差不齐，既不美观，又不适用。同样的道理，同一篇竹书或合抄在一起的不同篇竹书的契口在竹简上的方位——无论是右契口还是左契口，也应该是一致的。在战国竹书的实际使用中，契口被编绳掩盖，一般是看不到的，而我们面对的战国竹书，竹简的编绳多已残缺不存，如此契口就在竹简上显现了出来。对于契口不明显的竹简，因为编绳的掩盖，使竹简上编绳处的颜色与其他地方明显有差别，编绳的痕迹可以清晰地显现出来，也就是说契口和编绳位置是重叠的。在战国竹书的复原过程中，二者的作用也是相同的，且与竹简的长度和简端一样，面对竹简时，可以直接观察到，是我们复原竹书的基本要素。

下面我们通过几个例子来看契口（编痕）对战国竹书整理复原的作用。

在1998年出版的《郭店楚墓竹简》一书中，有一批长度较短的竹简，整理者作了大致分类，分别命名为《语丛一》《语丛二》《语丛三》《语丛四》，其中的《语丛一》《语丛三》长度基本一致，字体相同，内容又相关，因此有学者就《语丛一》《语丛三》的分篇问题提出了新的意见。庞朴根据清代毕沅整理《墨经》的经验，指出：

> 墨经的故事，给了我们一个启发，使人不能不去设想，现在《语丛三》的那些双栏简，有无可能也是某种"经"？现在语丛一、二、三里被连读着的许多简，是否混有本该分栏旁读的简？
>
> 带着这一想法重读《语丛三》的最后九支简，果然觉得它们本来也许真是残"经"。请看，"亡意亡固亡我亡必"固不待言，"名二物三"、"生为贵"、"亡亡由也者"、"亡物不物，皆至焉"、"有性有生"这些句子，不是都颇有点"经"味吗？
>
> 而且，我们甚至可以认为，《语丛一》第七十一简"亡物不物，皆至焉，而……"，便是《语丛三》第六十四、六十五简下栏经文"亡物不物……"的"说"的起始部分。《语丛三》第四十二、四十三简"或由其避或由其不进或由其可"，便是第六十六简上栏经文"亡亡由也者"的"说"的一部分。经文"生为贵"的"说"文，也许便是《语丛一》第十八——二十一简的"天生百物，人为贵……"等等。经文"有性有生"的"说"文，也许正在《语丛一》开头那一些"有这有那"里面混杂着，等待我们去进一步整理。①

从上引论述可以看出，庞朴只是根据自己的阅读经验，提示了《语

---

① 庞朴：《〈语丛〉臆说》，《郭店楚简研究》（《中国哲学》第二十辑），辽宁教育出版社，1999年版，第329—330页。

丛一》和《语丛三》在内容上的密切相关性,至于二者是否应该重新整合编排,庞朴未作说明。之后,涂宗流、刘祖信在其所著《郭店楚简先秦儒家佚书校释》一书中却对庞朴的意见进行了进一步发挥,对《语丛一》和《语丛三》两篇作了重新整合编排,将《语丛》一、三合在一起、重新编联,分为上、下篇:《语丛一、三》上篇存简88支,分为8章,以"天生百物,人为贵"为中心,拟定篇名为"天生百物";《语丛一、三》下篇存简96支,分为8章,以"子孝父爱、非有为也"为中心,拟定篇名为"父子兄弟"。[1]福田哲之不同意这种看法,他指出:

> 在简长上,《语丛一》与《语丛三》也难以明确区分,但是应该注意之点是,在编缀竹简的上中下三道编线之位置上也看出差异。特别是如果以图版来测量差异显著的下方编线之位置时,《语丛一》中编线的痕迹位在离竹简下端约2公分处,而《语丛三》中则位在距下端约0.5公分处。根据《郭店》的《凡例》,竹简图版之大小是原件的尺寸,即使考虑到某种程度的缩小误差,也不得不说两者之不同显而易见。因此,编线位置不同的《语丛一》与《语丛三》显然是不同的书册。
>
> 或许,《郭店》中也认为区分《语丛一》与《语丛三》的最大根据是这个编线位置,然而,身为《郭店》整理者之一的刘

---

[1] 参看涂宗流、刘祖信:《郭店楚简先秦儒家佚书校释》,万卷楼图书股份有限公司,2001年版,第221—288页。

祖信，对此点完全未提及，而尝试进行《语丛一》与《语丛三》之整合与改编，此举不得不令人费解。但是，无论如何，《郭店》中《语丛一》与《语丛三》之区分，从形制方面来看毫无疑问，所以《校释》整合两者而重新改编为《天生万物》《父子兄弟》两篇之见解无法成立。①

福田哲之的看法应该是正确的，涂宗流、刘祖信不顾《语丛一》和《语丛三》两篇在形制上的差别，仅根据二者在内容上的相关性，就试图作出重新整合编联，显然是不妥当的。

在《曹沫之陈》篇复原过程中，编痕位置也起到了非常关键的作用，例如原简22、23释文：

> 俤（弟）君子，民之父母。'此所以为和于邦。"臧（庄）公曰："为和于豫女（如）可（何）？"敔（曹）蔑（沫）曰："三军出，君自衔（率），【22】必聚群又（有）司而告之：'二厽（参）子孛（勉）之，怂（过）不才（在）子才（在）□。'亓（期）会之不难，所以为和于豫。"牐（庄）公或（又）酭（问）：【23】

据原书介绍，简23"由两段缀合成完简，中略残，上、下端亦残。"据原书图版，简23的确是由上下两支断简缀合而成，断开位置位于"过不在子在"之"在"字之下，白于蓝指出此两支断简其实并不应该拼接在一起，简23上当与简51下缀合，拼合后的释文为：

---

① 福田哲之：《郭店楚简〈语丛三〉之再探讨》，收入其著《中国出土古文献与战国文字之研究》（佐藤将之、王绣雯合译），万卷楼图书股份有限公司，2005年版，第123—124页。

必聚群有司而告之:"二三子勉之,过不在子在【23上】寡人,吾战敌不顺于天命,反师将复。战【51下】

这样拼接的好处有两个方面:第一,从拼接长度上看,据黑白图版,简23上现存长度为23.2厘米,简首编绳前残去,参照其他简简首编绳前的长度一般是在1.3厘米左右,两者相加约24.5厘米;简51下长23.4厘米,简首"寡"字上半残损,残去约0.2厘米。两者相加约23.6厘米。故该简总长度在48.1厘米左右,这个数据与"完简"之标准长度47.5厘米相距不远。第二,从文义上来看,"二三子勉之,过不在子在寡人"显然文从字顺。①

上文提到的陈剑对《仲弓》篇简18应该拼接在简26下面的方案,其中的一个重要参考,也是编痕位置。在上博竹书(三)《仲弓》篇的小图版中,简18是放在比较靠上的位置的,陈剑指出"此简上下皆残,原小图版中置于上半位置。但此简无简首,其上半也没有编痕,以其为完简的上半段之残并无确据。而且其最末一字'垄(来)'有被编绳压迫而漫漶的痕迹,其情况与简23B的末字'甕(丧)'、简7的末字'皋'(下端)均可以对比。如以末字'垄(来)'所在为中间一道编痕,则又将太靠下,与其他竹简中间一道编痕的位置不合。可见小图版中应将简18的位置下移,'垄(来)'字即简尾末字,其下还有一小段空白简残去"。② 这一意见显然是正确的。

---

① 白于蓝:《〈曹沫之陈〉新编释文及相关问题探讨》,《中国文字》新三十一期。
② 陈剑:《上博(三)·〈仲弓〉剩义》,《战国竹书论集》,第263页。

据竹田健二的统计，郭店竹书中《六德》中的第33、34、36、44四支竹简，《语丛三》中的第8、17、18、19、21、23—47、49、52—55、58—68、70—72共四十八支竹简，及所附"竹简残片"中的第7、8、9、13四支竹简是左契口，也就是说在郭店竹书共700余支竹简中，左契口的只占很少一部分。上博竹书前四册中，左契口的竹简只有《曹沫之陈》中的第15、59、63b、64b四支竹简，右契口占绝大多数。①造成这种情况的原因，还有待进一步研究，②可以肯定的是左契口的竹简并不是特殊的。"迄今所公布的上博楚简及郭店楚简的照片中，尚未见到有左右契口混杂在一支简上的现象。因此，可以认为在上博楚简及郭店楚简中不存在某一支竹简上有左右契口混杂在一起的情况"，所以"在复原竹简的缀合时，作为客观的线索，竹简的契口是有效的，根据契口的位置，可以确认竹简缀合、复原是否妥当"。③以此为线索，竹田健二指出，《曹沫之陈》中由李零缀合的第63、64简，由陈剑缀合的第57简与第15简，由李锐缀合的第48简与第59简、第37a简与第63b简等可能是有问题的。因为第63简、第64简各自的下段部分是左契口，而其各自的上段部分却是右契口。同样的问题也出现在第57简与第15

---

① 竹田健二：《〈曹沫之陈〉中竹简的缀合与契口》，《简帛研究二〇〇五》，广西师范大学出版社，2008年版，第270—271页。
② 李天虹（《〈性自命出〉的编联及分篇》，《简帛研究二〇〇一》，广西师范大学出版社，2001年版）认为，"这种现象可能是抄写者的疏忽所致，将简文抄在了本该书写文字一面的背面"。
③ 竹田健二：《〈曹沫之陈〉中竹简的缀合与契口》，《简帛研究二〇〇五》，第270—271页。

简、第48简与第59简、第37a简与第63b简的缀合上,第15、59、63b简都在第三编线处有左契口,而第57、48、37a简却是右契口。因而,这些缀合、复原的各个竹简都变成了左契口与右契口混杂的简,故"若同一竹简上右契口与左契口是不能混杂的,则以上所举李零等所缀合、复原的竹简都不成立,这些都是误缀",竹田健二还指出,在《曹沫之陈》中,能够确认是左契口的第15、59、63b、64b这四支简,都是在中间部分折断的竹简的下半部,而有左契口的上半部的竹简一支也没有。因此,"有左契口的竹简的下半部,即第15、59、63b、64b这四支简,应该理解为都缺少上半部,而不得与其它竹简缀合"。[1] 需要指出的是,诚如竹田健二所言,第48简与第59简的缀合的确属于误缀,白于蓝已纠正这一错误,指出"简48与简46下当缀合为一支整简"。[2] 一般来说,竹简的制作者对竹简的修治应该是遵循同样的工序,一支竹简上的所有契口的方向应该是一致的,竹田健二对左右契口的观察是敏锐的,因为《曹沫之陈》竹简残断严重,且多是中间折断,篇幅也较长,文意复杂,很长一段时间内,对此篇的复原无法突破,也无从检验竹田健二的认识。幸运的是在安大竹书中也发现了内容基本一致的《曹沫之陈》,保存状况较好,二者比较,上博竹书《曹沫之陈》可以

---

[1] 竹田健二:《〈曹沫之陈〉中竹简的缀合与契口》,《简帛研究二〇〇五》,第272页。
[2] 白于蓝:《〈曹沫之陈〉新编释文及相关问题探讨》,《中国文字》新三十一期。

复原，除个别竹简稍有残断外，不存在缺简，是一篇完整的文献。[①]从完整复原后的《曹沫之陈》来看，一支竹简上左右契口是可以共存的，如上博竹书《曹沫之陈》第57简与第15简的拼合，因有安大竹书《曹沫之陈》的参照，二者的拼合是正确的，其他竹简也同样，因此"同一竹简上右契口与左契口是不能混杂"的认识是不正确的，这是战国竹书中的特例，值得注意。

由以上的论述，我们可以得到这样的认识，契口（编痕）是竹简上客观存在的，无论是两道编绳还是三道编绳，处于同一道编绳上的契口（编痕）在同篇的各支竹简上的位置也应该是基本相同的，这可以作为我们对竹书进行分篇、复原的一个客观依据。此外，在目前所见到的战国竹书中，完整的竹简上，左右契口的方向基本是一致的，但也不排除特殊情况，不能简单地以"同一竹简上右契口与左契口是不能混杂"作为判断竹简拼合是否正确的依据，而应从简文本身出发，多方面考虑。总之，竹简契口（编痕）与竹书复原有着密切的关系，在竹书的分篇、复原过程中应充分重视。

## 第二节　字体及书写格式

除了形制外，我们面对战国竹书时，最直观的就是字体和书写

---

[①] 李鹏辉：《据安徽大学藏战国竹简〈曹沫之陈〉谈上博简相关简文的编联》，《文物》2022年第3期。

格式，所以可以依据字体和书写格式做进一步的复原。字体和书写格式也是分篇的基本依据，如上博竹书中的《天子建州》《郑子家丧》《君人者何必安哉》《凡物流形》等篇，清华竹书中的《郑文公问太伯》都有两种抄本，整理者根据字体和书写格式作了分篇，是完全正确的。李零指出，"竹简的发表形式，我个人的看法是，最好还是参照考古报告的编写形式，尽量反映客观情况，而较少掺杂主观想象。所以，按形制（简长和简形）、字体分类，而不是按内容分类是十分必要的。这样做的好处是，它不但便于研究简文的实际分类和内部联系，而且也可以避免把内容不同但合抄在一起的东西身首异地分在不同的地方"。[①] 这样做当然是最好的，但考虑到整理的复杂性，过程的长期性，目前数量较大的几批战国竹书都是分册出版，如上博竹书、清华竹书、安大竹书等，就存在形制和字体完全一样而被分在不同分册的情况，如上博竹书中的《孔子诗论》《子羔》《鲁邦大旱》三篇竹简形制、字体完全相同，应是合抄在为一卷的。[②] 这就给竹书复原带来了许多干扰，有些复原问题需要等后面的竹简公布后才能解决。学者在整理复原战国竹书的过程中，一般都会从字体和书写格式的角度考虑分篇、编联等，就是认识到了其价值。但也有特殊情况，同一篇文献可能存在字体和书写习惯完全不同的两个以上书手共同抄写完成，这种情况就不能单纯靠字

---

① 李零:《上博楚简三篇校读记》，第9页注2。
② 李零:《上博楚简三篇校读记》，第6页。

体分篇、复原，如清华竹书中的《治邦之道》与《治政之道》，字体有别，抄写习惯也不同，前者没有简序编号，后者有简序编号，但从内容来看，确属于一篇文献。①

当然，字体有时是一种笼统的说法，就像后世所谓的严正、飘逸、质朴等形容字体的词语，并不能使我们严格地区分不同人的书写特点，况且还可能存在抄写者可能照着底本临摹，而有意隐藏自己的书写习惯的情况。李孟涛指出：

> 以郭店竹简为例，如果我们参照李零在其《郭店楚简校读记》中按文字风格进行的分组，就可得到布局和内容上相近的五组。看到这些截然不同的文字风格会使我们推断这些文献是由不同的抄写者书写的。虽然这个结论实际上有可能是正确的，但我们必须注意到，这并非是一个完全合理可靠的结论，因为我们无法排除同一抄写者使用不同风格的文字书写不同的文献。职业抄写者通常有可能掌握多种类型与风格的文字书写技能。
>
> ……………
>
> 在某些文本较长的写本中普遍存在着这样一种现象，即有一个或多个文本采用了同一文字风格但由多人书写而成，这样，其文本中就包含有不同的手迹。如上所述，手迹是指文字在某种特定文字风格中多种相同特点的表征化。而不同手迹的

---

① 黄德宽主编：《清华大学藏战国竹简（玖）》，第125页。

表现方式则必须在那些比特定文字风格特征更加细微的环节中才能寻找到。另外，很重要的一点是，我们不能将某一"手迹"的概念与某一"独特书写者"的概念相混淆。不同的抄写者，即便他们受训于同一学派并从那里继承了同样的运笔结字方式，也很难达到如此高度的一致，以致无法分辨出它们出于不同的手迹。实际上，遇到这种例子的可能性几乎没有。另一方面，一个书写者可能会在一生中的不同时期使用不同的手迹。由于简文的各个部分好像是在同一时期内写成的，因此很难将同一篇简文中的不同手迹归于一人之手。而这些观察结果对于古代简帛文字来说，也许具有十分重要的作用，因为虽然使用不同手迹书写成的不同简文很可能是不同书写者写的，我们还是不能完全排除同一人在他一生中的不同时期完成那些简文的可能性。

通常来说，在由文字拼写而成的文献中进行文字笔迹的分析时，学者们的研究视野已趋于从对文字的概括印象转向具体细节。这些相关的细节范围从简文的布局特征（例如空间的利用、文字的大小、文字间隙等）到字体与正字法的特性以及单独笔画的特征（如书写速度、用力程度、用墨饱和度、补笔频率、单画间的连接与倾斜度）。尤其是运笔结字方面的特征例如笔画次序、笔画的状貌，虽然不能作为笔迹分析的唯一标准，但将为我们提供最重要的信息。

…………

另一个问题是，区别不同的手迹需要对反复出现的各种字元元素进行观察。即使是再短的拼写文字文本也会提供给我们相当数量可供比较的字元。在由文字拼写而成的写本中进行文字笔迹的分析不依赖于文献的内容，因为尺寸和形状基本相同的字母会重复出现在完全不同的词语当中。在汉字文本中，书法分析必须依赖于出现最多的文字以及频率最高的文字偏旁。某种独特书法的文字特征区别不同的手迹并非具有同样重要的作用。常见的、简易的字形特征基本体现了书写者运笔过程中的习惯，这些特征相对于那些复杂字形中所体现出的高度的有意识选择性特征更具参考价值。①

诚如李孟涛所言，"手迹"与抄写者之间可能存在着复杂的关系，但不可否认，不同抄写者的"手迹"也确实存在差别，特别是对于常见的、简易的字形特征更能体现细微的差别，这就要求我们从概括性的描述，比如某系文字，转向更细节的观察，才能从中找出蛛丝马迹。

李松儒借用现代文件检验学中的"笔迹"概念，把"字迹"的概念应用于简帛文字的研究，把字迹特征概括为概貌、用字写法、形态、错字、搭配比例、运笔、标识符号等，并对以往研究中利用"字迹"整理复原战国秦汉简帛的成果做了详细的梳理。她自己的

---

① 李孟涛：《试谈郭店楚简中不同手迹的辨别》，《简帛研究二〇〇六》，广西师范大学出版社，2008年版，第12—15页。

研究也取得了很多有价值的研究成果，把字体研究推向了深入细化的方向，为战国竹书的复原做出了很大的贡献。①肖芸晓根据李松儒等学者的研究成果，指出已发表的清华竹书中存在多种字迹，并以表格的形式详细地列举了这些书手的笔迹特征，很直观地呈现了他们之间的差别，然后指出：

> 清华简的不少形制特征都与书手十分相关，每个书手各有大致上特定且固定的形制安排：写不写，怎么写，在哪里写，篇题、简号、与标识符号的书写。同时，简背修治与简背划线的情形或与书手并不直接相关，体现出竹材修治与竹简书写的分工。尽管书手的形制特征并不绝对，书手之间也或有复杂的师承、同门或合作关系，但形制信息的"书写纪律"或"书写习惯"足以让我们重新审视书手这一群体在决定竹书面貌中起到的重要作用。对多数清华简的书手们来说，他们不仅负责美观且尽量正确地书写简文，也负责在形制上统一安排篇题、简号、与标识符号，从而对文本的指称、长度、内部顺序以及文意理解都试图加以固定与控制。这些副文本（paratext）信息的意义，不仅在于帮助后世学者复原竹书、理解文意、释读文字，更在于他们能够如实反映当时学人在制造文本时的考量，体现出当时的书者与读者如何看待与使用他们的书籍。②

---

① 李松儒：《战国简帛字迹研究——以上博简为中心》，上海古籍出版社，2015年版；《清华简字迹研究》，山东画报出版社，2023年版。

② 肖芸晓：《试论清华简书手的职与能》，《简帛》第二十五辑，第84—85页。

战国竹书在传抄的过程中，抄写者扮演着重要的角色，并不总是被动地抄写，而是把自己的书写特点体现于书籍的传抄中，虽然这些区别可能是很细微的，但通过对比也是可见的，使得我们今天能够根据字迹的不同来做战国竹书的复原。

一般来说，同一篇竹书应是由一个抄手完成的，而同一个抄手却可以抄写多篇，但也有特殊情况，如同一篇竹书存在不同的字体，甚至同一支简也存在不同的字体。李松儒指出：

> 郭店简《五行》第10支简与第11支简的上半部，和其它简的字迹差异甚大，无论风格、字体、字形均不相类，肯定不是出自同一抄手之笔，但根据文意这支简无疑可以编入《五行》这一篇文章中。再如上博简《竞建内之》的同一支简上还存在着不同抄手交互书写的字迹，有的竹简上只有一、两个字与其他字迹不同。如图：

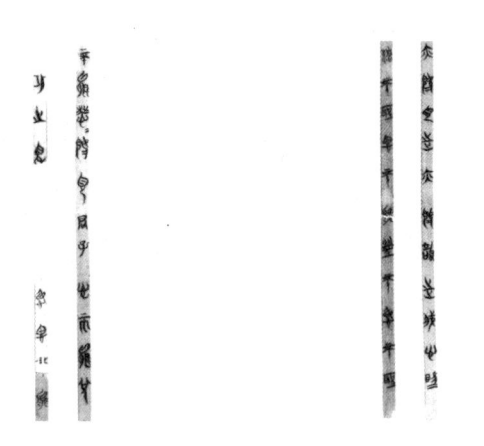

《五行》简10、简11支上半部　　《五行》简10、简11支下半部

《竞建内之》第20简 　　　　《竞建内之》第19简

……这可能是在抄写过程中因为某种原因而临时更换了抄手所致,这种情况是十分值得我们注意的。战国时期的书写习惯及书写规范离现代的书写情况已经有了很大的距离,由于缺乏传世文献及出土文献在这方面的研究资料,所以目前我们还不能对出现这样的现象给予合理的解释。[①]

这是同一篇内或同一支竹简上存在不同字体的情况,其他的如郭店竹书《缁衣》《语丛四》有两种字迹,《语丛三》有四种字迹,上博三《周易》有三种字迹,《武王践阼》、《凡物流形》、《天子建州》乙本简9都有两种字迹,[②] 清华竹书《治政之道》《治邦之道》有三种

---

[①] 李松儒:《郭店楚墓竹简字迹研究》,吉林大学硕士学位论文,指导教师:吴振武教授,2006年,第19页。其中,《五行》简10、简11支上半部、下半部两图为笔者所增。

[②] 李松儒:《战国简帛字迹研究——以上博简为中心》,第178—179页。

字迹，①《四告》有六种字迹、四位书手。②

  鉴于以上的复杂情况，在战国竹书复原的过程中，我们应将竹简形制、字体相同的篇章尽可能地放在一起综合考虑，同时也要注意竹简抄写过程的复杂性，即使字体不同，也并不表示没有属于同一篇的可能性。如上博竹书中的《从政》篇，原整理者分为甲、乙两篇，其中甲篇包含19支竹简，其中第6、第7号简系一简之折，可以拼合为一支整简，乙篇包含6支竹简。陈剑认为：

> 我们分析这25支简各方面的情况，不太明白整理者为什么一定要将它们分为甲乙两篇。本篇没有篇题、篇号，仅甲篇第19简这一支简的简末文句抄完后留有空白，表明其为一篇之末简；甲乙两篇在简长、字体、编绳数目与位置等方面也看不出什么明显差别。整理者据以分篇的根据"两组竹简长度各异，编绳部位亦不相同"（《上海博物馆藏战国楚竹书（二）》，第213页），其实相当薄弱，因为所谓乙篇中只有一支整简，即第1简。而此简长42.6厘米，跟甲篇的几支整简5、8、11、18长度完全相同。甲篇余下的三支整简第1、15简长42.5厘米，第19简长42.8厘米，也没有多少出入。所谓编绳位置的问题，细看图版，也很难看出两篇有什么不同。

---

① 李松儒：《清华简〈治政之道〉〈治邦之道〉中的"隐秘文字"及其作用》，《文史》2021年第2辑。

② 贾连翔：《清华简〈四告〉的形制及其成书问题探研》，2021年"古文字与出土文献青年学者西湖论坛"论文集。

进而指出,"分属甲乙两篇的有些简可以拼合、连读。总之,这25支简本应属于同一篇,《从政》篇并无所谓甲篇乙篇的问题"。①这一结论显然是可信的。再如上博竹书中的《竞建内之》与《鲍叔牙与隰朋之谏》两篇,陈剑通过内容、形制、字体等方面的比较,认为二者应合为一篇:

> 从竹简形制来说,据原《说明》,两篇竹简在简长、三道契口的位置等方面完全相同。从内容来说,其前后贯通已如上述。
>
> ……………
>
> 从书写风格来看,《鲍叔牙》篇大多数简上的文字笔画较细,与《竞建》篇颇有不同。这大概是将两篇合为一篇的最大障碍。但可注意的是,恰好是两篇相连处的《鲍叔牙》篇的简4比较特别。此简文字明显近于《竞建》篇,而跟《鲍叔牙》篇简2等那类笔画很细的书体也有明显不同。如果承认《鲍叔牙》篇的简4可以归入《竞建》篇,那么接下来的编联和两篇合为一篇就是顺理成章的事了。②

随后,郭永秉又作了进一步的补充,指出"陈剑先生所举的《鲍叔牙》简4的字体与《竞建》的字体有明显差别,还是更为接近《鲍叔牙》的其他简文。但是仔细辨析《竞建》的字体,其实也并不

---

① 陈剑:《上博简〈子羔〉、〈从政〉篇的竹简拼合与编连问题小议》,《文物》2003年第5期。
② 陈剑:《谈谈〈上博(五)〉的竹简分篇、拼合与编联问题》,简帛网,2006年2月19日。李学勤也有类似的看法(《试释楚简〈鲍叔牙与隰朋之谏〉》,《文物》2006年第9期),可参看。

一致。我们觉得其中不少字显然就是《鲍叔牙》的书手抄写的",
"《竞建》和《鲍叔牙》应该就是由两个书手抄写完毕的。这说明陈剑先生将两篇合为一篇的看法应是可信的"。至于"为什么《竞建》会多次出现两种字体交叉,而且有的只是穿插一两个不同字体在内",郭永秉认为"《竞建》经后一书手校对笔削,然后接抄《鲍叔牙》"或"也有可能是经过刮削后重新书写上去的"。[1]类似的还有上博竹书《性情论》,据整理者介绍,"一般每简约三十六字,第一简及第四十简、第四十一简则每简约有四十六字之多,在同篇中,行款字数上下如此大是少见的,显然是两次抄写而成。从行款现象分析,估计本篇书写完后,又作了两项工作,一是核对原文,二是废弃原漏抄不全的第一简及第四十、四十一简,并且重新作了补抄。由于补抄文字的插入,使原行款、字数发生明显变化,因此,这三简的书体、行款、字数彼此相合,而与第二简至第三十六简不同"。[2]之所以存在这样的情况,很可能是校勘的结果,战国竹书在抄写完成后,还需校勘一遍,对错讹的地方,可能直接刮削修改,甚至换一支新的竹简,这样就会出现上述的情况,校勘者既可能是另外一个人,这样就会同一篇出现两种字体,也可能是同一个人,而呈现出像《性情论》那样的书写格式上的变化。类似的情况还见

---

[1] 郭永秉:《关于〈竞建〉和〈鲍叔牙〉的字体问题》,简帛网,2006年3月5日。禤健聪(《上博楚简(五)零札(一)》,简帛网,2006年2月24日)也认为,"全篇有两种不同字体,值得注意的是,原《竞》篇简2、7、8等均有字与原《鲍》篇的字体笔画相合,似是原字漫灭而后补全者"。

[2] 马承源主编:《上海博物馆藏战国楚竹书(一)》,上海古籍出版社,2001年版,第219页。

于上博竹书中的《武王践阼》篇，据李松儒研究，此文由两个人书写（第三个人校改），其中一个抄手参与抄写了两部分内容，另一部分即《武王践阼》的别本，该抄手没有完成这部分别本，而由另一抄手接替完成了这个任务，两部分后又合编在一起。① 据贾连翔的研究，清华竹书也存在校勘补写的情况，既有同一抄手的补写，也有另外的人校勘补写的情况，如《保训》简1，《系年》简15、89、116，《命训》简9，《汤处于汤丘》简8、9、16、19，《汤在啻门》简6、7等处存在同一抄手的补写，而《厚父》简8、9，《殷高宗问于三寿》简12等处的补写字迹则明显与原文明显不同，应属于另外一个人，推测可能是"专门校对古书的人，抑或是阅读古书的人"。② 此外，一般书写于竹简背面的标题，也有刮削的情况，如清华竹书《芮良夫毖》第一支简简背原有篇题"周公之颂志"，但有明显刮削痕迹，整理者指出《周公之琴舞》与《芮良夫毖》形制、字迹相同，内容也都是诗，当为同时书写，而《芮良夫毖》首简背面的篇题"周公之颂志"与其正面内容毫无联系，疑是书手或书籍管理者据《周公之琴舞》的内容概括为题，误写在"芮良夫毖"的简背，发现错误后刮削未尽，《周公之琴舞》又称"周公之颂志（诗）"的可能性很大。③

所谓书写格式是指书写的内容（包括文字和非文字的内容）在

---

① 李松儒：《上博七〈武王践阼〉的抄写特征及文本构成》，复旦大学出土文献与古文字研究中心网，2009年5月18日。

② 贾连翔：《战国竹书形制及相关问题研究——以清华大学藏战国竹简为中心》，第174—179页。

③ 李学勤主编：《清华大学藏战国竹简（叁）》，中西书局，2012年版，第132页。

竹简上呈现出来的布局样貌，与字体一样，也是直接呈现出来的，特别是一些特殊的书写格式，可以使我们快速从一批杂乱无序的竹简中分辨出来，而同一篇竹书内部的各类标识符号的使用，也可以使我们快速地对同一篇竹书进行编联、分出章节等。

郭店竹书《缁衣》篇有传世文本，但二者的有一些明显的差别，据整理者介绍，简本无今本第一及第十六两章，"缁衣"一词即在第一章中，今本第一章似是在《缁衣》定名后添加上去的。简本与今本的章序有很大不同，简本《缁衣》的第十四、十五、十六三章被合并为了两章，作为传世本《礼记·缁衣》的第七、八章，而传世本《礼记·缁衣》第一、十六、十八章，竹书《缁衣》中却不存在。除了章序外，二者文字也有不少出入，简本应较今本所据之本原始。从各章在意义上的联系看，简本章序多较今本合理。后出的上博竹书《缁衣》与郭店竹书一致，学者一般都同意整理者的看法，并有更深入的分析研究。① 只要看一下两种简本的书写格式，就可以看出简本的准确性更高，郭店竹书本分为二十三章，每一章的最

---

① 关于两种简本与传世本的对比可参看彭浩：《郭店楚简〈缁衣〉的分章及相关问题》，《简帛研究》第三辑，广西教育出版社，1998年版；廖名春：《荆门郭店楚简与先秦儒学》，《郭店楚简研究》(《中国哲学》第二十辑)，辽宁教育出版社，1999年版；邢文：《楚简〈缁衣〉与先秦礼学》，《郭店楚简国际学术研讨会论文集》，湖北人民出版社，2000年版；张富海：《郭店楚简〈缁衣〉篇研究》，北京大学硕士学位论文，指导教师：沈培教授，2002年；虞万里：《上博简、郭店简〈缁衣〉与传本合校补正》(上、中、下)，《史林》2002年第2期、2003年第3期、2004年第1期；夏含夷：《试论〈缁衣〉错简证据及其在〈礼记〉本〈缁衣〉编纂过程的原因和后果》，收入《古史异观》，上海古籍出版社，2005年版；冯胜君：《郭店简与上博简对比研究》，线装书局，2007年版。

后都有"■"这样的符号作为分章标识,在最后一简的正面空白处写有"二十又三",上博竹书本每一章的最后都有"■"这样的符号作为分章标识,虽然最后没有郭店竹书本那样的写明"二十又三",但章序是一样的。两种竹书本《缁衣》的分章符号和郭店竹书本的"二十又三"的总章数的提示,都说明简本的分章是明确合理的,且是战国时期流行的常见版本,而传世本则发生了错乱和混入。

整理者认为郭店竹书《语丛三》第64号简以后的9支竹简,各简皆分上下两栏抄写,具体书写格式如下图所示:

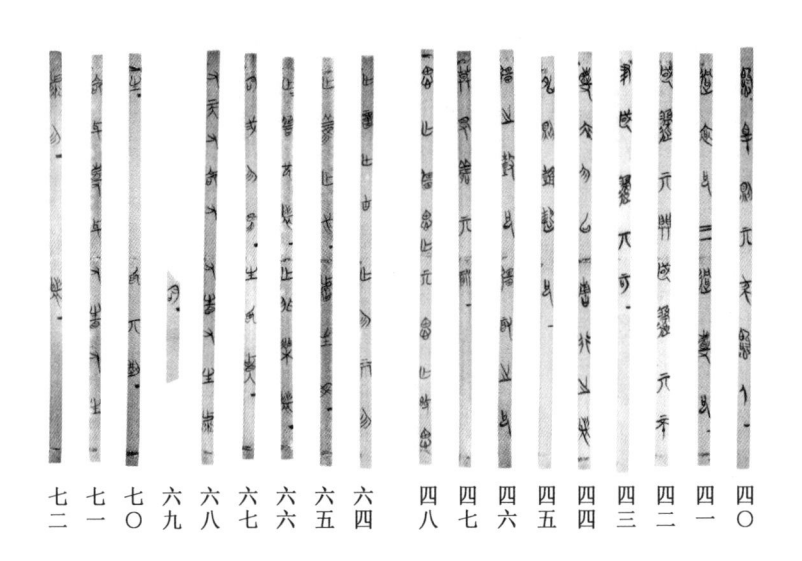

| 七二 | 七一 | 七〇 | 六九 | 六八 | 六七 | 六六 | 六五 | 六四 | | 四八 | 四七 | 四六 | 四五 | 四四 | 四三 | 四二 | 四一 | 四〇 |

可以看出,整理者的依据就是前面的竹简都是在最后的文字下加一小短横,表示一句话的结束,而第64号简以后的9支竹简则是在竹简的上下部文字处都有小短横,这可能就是提示需分栏来读。

但就这几支简来看，除了第64、65两支简上半段可以连读，释文作"亡（毋）啻（意），亡（毋）古（固），亡（毋）義（我），亡（毋）必"，与《论语·子罕》"子绝四：毋意，毋必，毋固，毋我"可对读，下半段连读，释文作"亡勿（物）不勿（物），膚（皆）至安（焉）"。其他的内容却看不出分栏连读的必然性，加之语句简洁，又有残断，整理者也只是分栏各自作了释文，并未连读。这几支简的书写格式特别，具体情况还有待研究。

上博竹书《孔子诗论》篇大都是满简书写，有几支简却是上下简端留有8厘米左右的空白，书写格式显得较为特殊。这些特殊的书写格式代表什么含义，对本篇竹简的分章编联有何意义，学界现在还没有达成共识，有待进一步地研究。[①] 上博竹书《采风曲目》篇记载的内容是五声中宫、商、徵、羽各声所属歌曲的篇目，最后两支简只抄录了几个篇目，下端留有长段空白，不知是否提示简文原是分段（章？）书写，留有长段的空白代表一段的结束，因竹简残断严重，又不能和其他简缀合，还不能给出明确的结论。此外，本篇有的简背面竹青上有满简文字，有的简背面抄写有三截文字，内容属于他篇，也是目前所见的战国竹书中的特殊书写格式。

在目前发现的战国竹书中，有些竹简形制、字体、书写格式完全相同，但分属于不同的篇，各为起讫，不连续抄写，一般都是分

---

[①] 参看康少峰：《〈诗论〉简制、简序及文字释读研究》，四川大学博士学位论文，指导教师：彭裕商教授，2005年；谭中华：《〈孔子诗论〉编联分章问题研究综述》，吉林大学硕士学位论文，指导教师：冯胜君教授，2007年；贾旭东：《〈孔子诗论〉综合研究》，吉林大学硕士学位论文，指导教师：冯胜君教授，2020年。

篇整理。有学者认为原是合编为一册的，如郭店竹书的《鲁穆公问子思》和《穷达以时》，《成之闻之》《尊德义》和《六德》，上博竹书《孔子诗论》《子羔》和《鲁邦大旱》，清华竹书中也存在多篇这样的情况，但都因编绳的损坏，没有明确的证据支持这些篇原是合编在一起的。有一些书书写格式却明确表示不同的篇的确属于合编在一起的，与上述各为起讫不同的是，这些篇是连续抄写的，上一篇抄完，下一篇不另起一支简，而是接着抄写，中间一般有分割符号，或留一小段空白。如上博竹书《昭王毁室》和《昭王与龚之脾》两篇，前篇的结束语与后篇的起始同在第5简上，有墨节"▬"分割；《鬼神之明》和《融师有成氏》两篇，前篇的结束语与后篇的首句同在第5简上，有墨节"▬"分割；《庄王既成》和《申公臣灵王》两篇，前篇的结束语与后篇的首句同在第4简上，有墨钉"▬"分割，并留有一小段空白；《举治王天下（五篇）》本篇竹书共五篇文章接续抄写，篇与篇之间以墨节为界。此外，《平王问郑寿》和《平王与王子木》也是合编的，前篇的结束语与后篇的首句同在《平王与王子木》第1简上，只是没有分割符号，而是留有一段约2—3字的空白。[①]

在目前所见到的战国竹书中，有一些特殊的内容，其书写格式与常见的竹书迥异，很容易被识别出来。如清华简《算表》，缩略图如下：

---

[①] 沈培：《〈上博（六）〉中〈平王问郑寿〉和〈平王与王子木〉应是连续抄写的两篇》，简帛网，2007年7月12日。

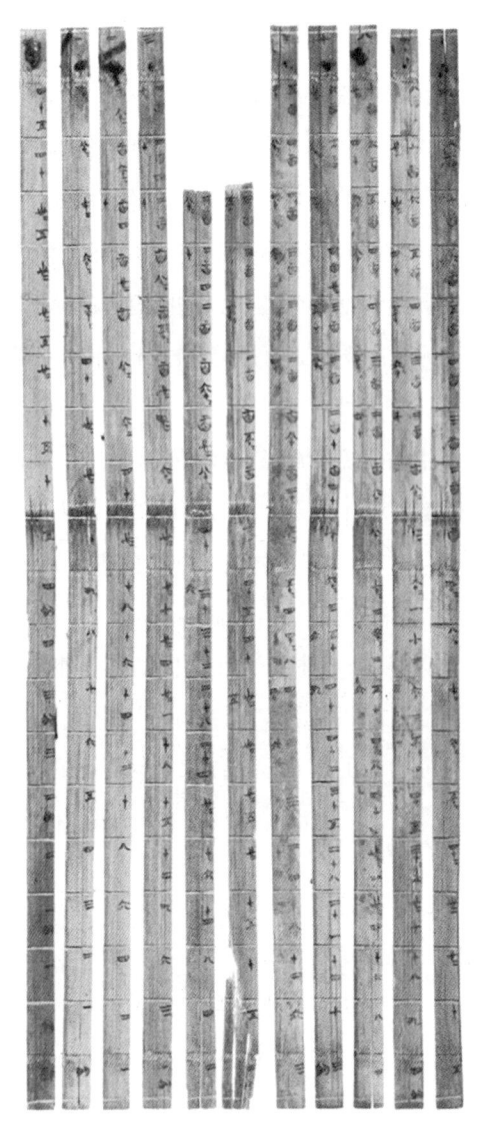

整理者描述：

　　凡见十八条朱色栏线横穿于上述二十一支简简面，三道编绳亦作为栏线使用，与朱色栏线一起，用以分隔数字等。除最上端及最下端的朱色栏线外，其他栏线皆二次形成，即先画墨色细线，再在墨线所在位置画朱色线或设编绳。

本篇每简上端第一栏下半位置皆设圆孔，孔内大多见残存线状丝带残留（原当有二十一处，其中两处已缺，今存十九处）。

其中一简无数字，但每一栏内皆有圆孔及丝带残留物，凡二十处。据观察，丝带必须捻成线状才能穿过所有小孔，其平展状态宽约0.3厘米。

本篇第二〇简背面上端至下端间附着有一条丝带残迹，则此丝带之长度至少与简的长度相当。据残留物情况推测，其他简原本都设有丝带，但后已断绝，故今仅见不连贯的残迹。

《算表》构成一表格形态，表格应有的行、列、单元格三要素皆具备。

十八条朱色栏线横穿于二十一支简之简面，而三道编绳亦作为栏线使用，与朱色栏线一起，构成表格之横"列"，全表凡二十列。按内容与功能划分，其中首列据所见项目可分为上半列与下半列两部分。

每一支竹简自然构成为表格纵向之竖"行"，全表凡二十一行。行、列交叉组成四百二十个长方形，构成此表之"单元格"，用于分隔构成项目的数字、引绳圆孔等。其中右起第一、第二行之首格上半空白，未设项目。[1]

---

[1] 李学勤主编：《清华大学藏战国竹简（肆）》，中西书局，2013年版，第135—136页。

此《算表》类似于我们今天的九九乘法表,制作精美,形制和书写格式都比较特殊,这与其内容有密切的关系。此外,出土战国竹书中还有与"易"经有关的一些内容,在书写格式上也往往有自己的特点,与其他内容的竹书有明显的不同。如上博竹书《周易》,有六种符号,且红黑交替,"每卦书写的格式为:一、卦画;二、卦名;三、首符;四、卦辞、爻辞;五、尾符。在尾符后,作留白处理,不再接续书写下一卦内容,以明每个别卦的独立性"①。清华竹书中的《筮法》全篇文字分栏书写,并且附有插图和表格,体例犹如一幅帛画②:

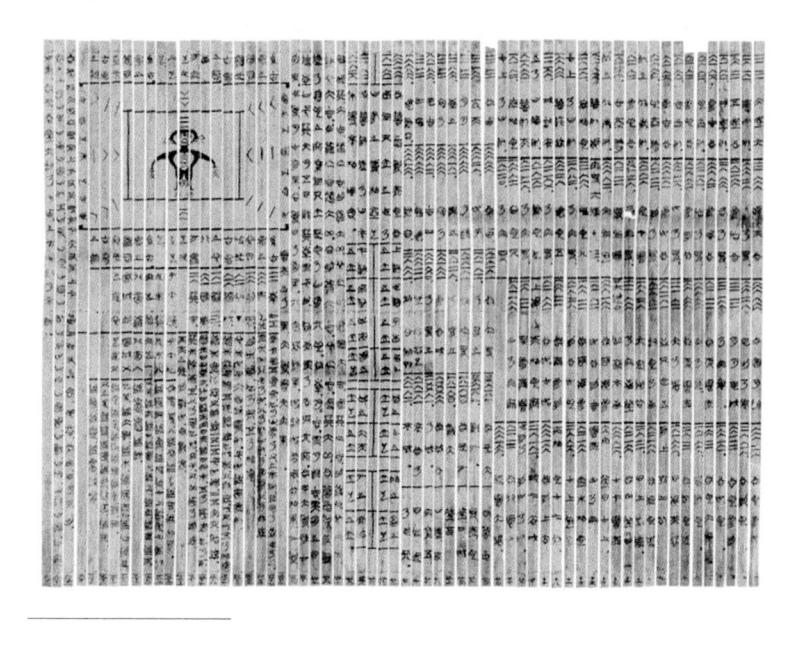

---

① 马承源主编:《上海博物馆藏战国楚竹书(三)》,上海古籍出版社,2003年版,第134页。
② 李学勤主编:《清华大学藏战国竹简(肆)》,第75—78页。

其对应阅读顺序如下图：

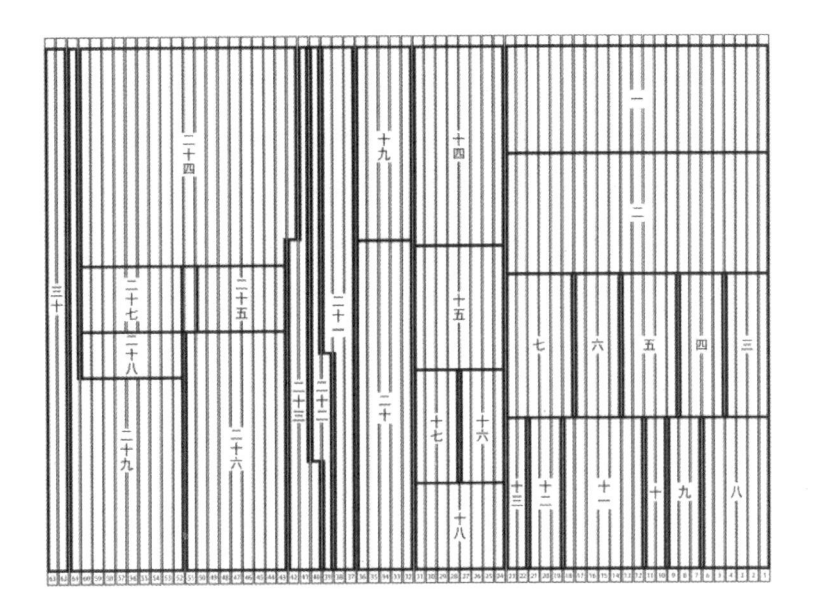

为了把所有的内容都安排在这一篇竹书上，书写格式布局设计严谨，通过不同的分区，恰好把全部内容书写在整篇竹简上，这种特殊的书写格式也刚好能为这种特别的内容服务，同时此篇每支简正面的最下部还有简序编号，制作者是花了一番心思的。可见在战国竹书上，制作者会根据不同的内容使用一些不同的书写格式，可以使我们快速地分辨出来，有时也会在一篇竹书的内部，使用一些表示分割篇章的符号，这些都为整理复原带来了很大的便利。前面提到的郭店竹书和上博竹书《缁衣》，就是这样的例子。

## 第三节　简序编号

所谓的简序编号是指书写在竹简正面或背面的标明简序的有规律的数字，类似于我们今天常见的书籍页码。如果竹书的每支竹简上都有这样的数字，我们的竹书复原工作就会非常顺利，但目前所见到的战国竹书有简序编号的只是少部分，书写位置也不固定，还没有成为定制，并且我们对其认识也是逐渐深入的。

慈利竹书的部分竹简简背有数字，整理者介绍，"少部分简简背标有数字，相当于我们今日书籍的页码编次……数字或居简背之首，或居中，或居简末……四千余片简只有几十片背面尚留墨痕，即使以整简八百余计，亦十不存一"[①]。由于慈利竹书整体资料尚未公布，仅就已公布的部分《吴语》来看，据何有祖的研究，简背数字与正面所书写的内容并不存在什么关系，他认为"这有两种可能，一种，即该数字与简文所形成的上下文并无任何瓜葛，其数字也许与简文顺序无关。作为另一种可能，慈利简文有着比今本《吴语》更为细致的划分，并且每个局部的顺序都是重新从'一'开始。在数字信息不足的前提下，就会形成以上局部连续的数据链，当然数字间的差距越小当越能说明该链的可靠"[②]。肖毅认为"这些数字可能相当于页码，也可能是书手抄写时的编码，无论哪种情况都为我

---

[①] 张春龙：《慈利楚简概述》，《新出简帛研究》，文物出版社，2004年版，第4—11页。
[②] 何有祖：《慈利竹书与今本〈吴语〉试勘》，简帛网，2005年12月26日。

们了解竹书《吴语》的篇章结构等提供了信息，由于材料较模糊，比如不知道简背数字在正面相对应的位置、简的残缺情况等等，有些问题颇为费解"。[1]所以，目前我们还不能对慈利竹书的简背数字得出有意义的结论。

郭店竹书简背的数字，在原来出版的《郭店楚墓竹简》一书中并未说明，而是到了2006年原整理者才公布了《尊德义》篇第11、12、15、28简及《成之闻之》第13简的简背，分别写有"百八""百四""百一""百""七十二"几个数字，《成之闻之》篇一支简的简背数字距竹简上端17.5厘米，《尊德义》篇四支简的简背数字距竹简上端14.5厘米，简背写有数字的五支简，其书写方向均与正面文字相反，其书写风格相同，很可能是同一位抄手所写，但简背面的数字有何作用，是简的记数还是简上文字的记数，尚不清楚。[2]陈剑对此作了专门的研究，他首先排除了"简上文字的记数"的可能性：

> 首先，在现有战国楚简中，还没有看到在竹简正面或背面记简文字数的先例；其次，秦汉简帛记简文字数的，大都记于一章或一篇之尾，紧接于正文部分，是对全章或全篇字数的统计，没有看到记在篇中某简或某几简背面的；同时，从秦汉简帛记简文字数的情况也可以看出，上举郭店简的这些数字太

---

[1] 肖毅：《慈利竹书〈国语·吴语〉初探》，简帛网，2005年12月30日。
[2] 刘祖信、鲍云丰：《郭店楚简背面记数文字考》，"新出楚简国际学术研讨会"论文，武汉大学，2006年。

小,仅相当于几支简的字数。如果它们分别是对其前几支简简文字数的统计,也看不出这样做有什么特别的必要性。[1]
既然排除了简背的数字是"简上文字的记数"的可能性,那么这些数字是不是"简的记数"呢,陈剑结合郭沂、周凤五和林素清、李零、王博、陈伟、顾史考、李学勤、廖名春等多位学者的研究成果,就简背数字与简序的关系做了多方面的考虑,但最终认为:

> 我们在最初着手将《尊德义》和《君子之于教》(引按:指《成之闻之》)两篇的简背所记数字,跟其简序结合起来考察时,曾希望能够对个别竹简的编联起到某种决定性的作用。但考察的结果是颇为令人失望的。总结本文所论,这两篇简背所记数字序列,通过跟研究者将其竹简重新编联的可靠结果的比较可以看出,跟简序既有完全相合的,也有虽不合但只是略有出入的,还有相差很远无法排入同一组之中的。这些数字的性质,最可能是出于某种目的对有关竹简从后往前清点计数,随手记在简背的数目字,因此某些简背数字跟竹简的先后顺序是存在对应关系的。但由于资料太少,其计数的起点不明,还可能存在计数起点不同、计数起点相同的也因计数不止一次而略有出入等多种复杂情况,因此它们对于有关竹简的编联和全篇简序的排定虽不无参考作用,但难以完全依赖。在关键的编联

---

[1] 陈剑:《郭店简〈尊德义〉和〈成之闻之〉的简背数字与其简序关系的考察》,《简帛》第二辑,第210页。

之处，最重要的还是要看文意是否通顺无碍。①虽然如此，广濑熏雄在此基础上又作了进一步研究，他采取了陈伟将《尊德义》第11简与第16简连读的意见，而简背有数字的四支简刚好在同一编联组中，为说明问题，现将相关简文引录如下：

知礼而不知乐者，亡知乐而不知礼者。善取，人能从之。上也11【百八】

不以嗜欲害其仪轨。民爱则子也，弗爱则仇也。民五之方挌，26

十之方争，百之而后服。善者民必富，富未必和，不和不安，不安不乐。27

善者民必众，众未必治，不治不顺，不顺不平。是以为政者教道12【百四】

之取先。教以礼，则民果以轻。教以乐，则民弗（？）德清将。教13

以辩说，则民褰陵长贵以忘。教以势，则民野以争。教以技，14

则民小以吝。教以言，则民吁以寡信。教以事，则民力啬以衒利。15【百一】

教以权谋，则民淫愳远礼亡亲仁。先之以德，则民进善安16

---

① 陈剑：《郭店简〈尊德义〉和〈成之闻之〉的简背数字与其简序关系的考察》，《简帛》第二辑，第224—225页。

化。故率民向方者，唯德可。德之流，速乎置邮而传28
【百】

命。其载也亡重焉，交矣而弗知也。明德者，且莫大乎礼
乐。29

在这一编联组中，简背数字是从后往前计数的，所记数字与竹简顺序存在一定的关系：

这样一来，如果从28号简【百】数起的话，到11号简正好是【百八】。

很奇怪的是，如果从【百】数起的话，只有【百八】是对的，【百一】、【百四】都对不上。相反，如果从【百一】数起的话，只有【百四】是对的，【百】、【百八】就对不上了。陈剑先生说"可以设想，在从某个起点开始计数数到一百左右时，容易出现一两号的差错，这是完全可以理解的"。据此笔者进一步推测，当时清点的人很有可能好几次从头计数。比如说，第一次计数的时候，他数到28号简，以为这是第一百枚，记下了"百"；第二次计数的时候，他数到15号简，以为这是第一百零一枚，结果出了一枚简的差错，但只好记下"百一"；他后来又计数，这次12号简是第一百零四枚，正好与第二次计数的结果符合；到后来再次计数，这次11号简是第一百零八枚，又与第一次计数的结果符合。

虽然简背数字和简序不能完全对上，但其对应关系还是很清楚的。正如陈剑先生所说，简背数字是从后往前清点的数

目。根据这些简背数字,《尊德义》11-26-27-12-13-14-15-16-28的编连可以说是铁案了。

随后,广濑熏雄又对《成之闻之》第13简的简背数字"七十二"作了探讨,认为陈剑对《成之闻之》篇的排序大体是可取的,但有一处需要调整,即将简29—23—22—30的顺序改为22—23—21—29,再将《成之闻之》放在《尊德义》的后面,"其简背数字和简序果然有对应关系",即如果从《成之闻之》第13简的简背数字"七十二"数起的话,"(《尊德义》篇)28号简【百】是【百三】,15号简【百一】是【百五】,12号简【百四】是【百八】,11号简【百八】是【百十一】。其误差都在三~四内。此误差不小,但也不大。可见这些简背数字都是从同一起点开始计数的"。由此得出结论:

> 陈剑先生说"我们在最初着手将《尊德义》和《君子之于教》两篇的简背所记数字,跟其简序结合起来考察时,曾希望能够对个别竹简的编联起到某种决定性的作用。但考察的结果是颇为令人失望的"。笔者就是因为这个失望,才重新考虑这个问题。结果发现,陈剑先生对简背数字的理解是对的,而且《尊德义》和《成之闻之》的排列方案只需要作部分调整,大部分都可从。更重要的是,做这一调整时,简背数字确实起到了决定性的作用。①

---

① 广濑熏雄:《郭店楚简〈尊德义〉和〈成之闻之〉的简背数字补论》,简帛网,2008年2月19日。

随着郭店竹书整理的深入，后来又有新的发现，据官琼梅介绍，在对竹简进行脱水处理的过程中，又发现简背有字迹，共涉及17枚简，其中《成之闻之》10枚，《尊德义》7枚，并对这些字迹做了摹写和记录，具体情况如下：

表一 《成之闻之》背面文字

| 1 | 2 | 3 | 4 | 5 | 6 | 7 | 8 | 9 | 10 |
|---|---|---|---|---|---|---|---|---|---|
|   |   |   |   |   |   |   |   |   |   |
| 4号简 | 5号简 | 6号简 | 9号简 | 11号简 | 12号简 | 14号简 | 16号简 | 17号简 | 18号简 |

表二 《尊德义》背面文字

| 1 | 2 | 3 | 4 | 5 | 6 | 7 |
|---|---|---|---|---|---|---|
|   |   |   |   |   |   |   |
| 4号简 | 5号简 | 6号简 | 9号简 | 11号简 | 12号简 | 14号简 |

这些文字的位置基本一致，《成之闻之》简背的这些文字距简头17.3到18厘米，《尊德义》简背的这些文字距简头14.2到14.5厘米，也就是说这些字迹在两篇竹简的背面处于同一水平。[①] 这些摹本文字奇怪，无法释读，黄杰敏锐地指出，这是因为这些文字上下颠倒了，调整之后如下：

---

① 官琼梅：《郭店楚简背面新发现的字迹》，《中国文物报》2013年5月8日第8版。

## 第一章　战国竹书复原的要素

《成之闻之》

| | | | | | | | | | |
|---|---|---|---|---|---|---|---|---|---|
| 4背 | 5背 | 6背 | 9背 | 11背 | 12背 | 14背 | 16背 | 17背 | 18背 |

《尊德义》

| | | | | | | |
|---|---|---|---|---|---|---|
| 10背 | 13背 | 16背 | 24背 | 25背 | 26背 | 29背 |

针对这些字迹，黄杰认为是数字，但由于公布者的临摹水平不高，可能有不准确的地方，所以有的无法释读，就可以确认的一些数字，应该与之前公布的联系起来，并对竹简的复原有一定帮助，具体论述如下：

《成之闻之》简5背的数字较易辨认，为"八十"。早先发现简13背有"七十二"。本篇简4~20可以连读。这样，简5背的"八十"，与简13背的"七十二"，恰好呼应，由此可以确定，简5背的数字应当就是"八十"，没有摹错或漏字。其他背面有数字的简也都属于简4~20一节，以简5背的"八十"为基点，各简背面的数字可推论如下：

| 八十一 | 八十 | 七十九 | 七十六 | 七十四 | 七十三 | 七十一 | 六十九 | 六十八 | 六十七 |
|---|---|---|---|---|---|---|---|---|---|
| 4背 | 5背 | 6背 | 9背 | 11背 | 12背 | 14背 | 16背 | 17背 | 18背 |

将这个推论结果与摹本对照，看不到很多相合的地方。问

题可能在于摹本的准确度不高，这应当与这些文字残泐比较严重且摹本的发表者可能不是古文字方面的专业人士有关。但也有相符之处，如17背的数字，摹本为"十八"，与我们的推论结果"六十八"后两个数字相符，应当不是偶然。我们推测，或者"六"字已残泐，肉眼难以辨认，所以官文只摹出"十八"。

《尊德义》早先发现背面有数字的简共有四枚，即简11背"百八"、简12背"百四"、简15背"百一"、简28背"百"。该篇简12～16可以连读，简12、15背面的数字与此相符。正是因为这一点，学者们确定这些数字与简序存在对应关系，应当是简背计数字。不过也有一个问题，即按简28背的数字"百"，它应当接在简15之后，但这样明显无法成立，因为接在简15下的是简16，从文句看简28也不可能接在简15下。之前讨论这些数字的学者们都对这一现象感到困惑，他们大多推测是计数的人点错了，还有人推测这几个数字是两次清点时所写。现在看来，实际情况恐非如此。之前学者们在讨论这几个数字时，依据的只是整理者的介绍，没有看到图版。2011年11月出版的《楚地出土战国简册合集（一）·郭店楚墓竹书》给出了这四枚简背面的图版。看该图版，四只简上端平齐，所以四个数字的相对位置关系应当和原来竹简成卷时它们的相对位置关系差不多。从四个简背数字的相对位置看，我们怀疑简28背"百"下很可能还有一个数字，只是现在肉眼已经无法见到。

这样，原来学者们认为这些数字写错了，可能是不符合事实的。况且，在没有确凿证据的情况下，作原材料有错的推定，向来不是一种好的处理办法。

该篇简10与简11可以确定连读，简11背为"百八"，所以简10背数字应当是"百九"。在简12～16一节中，由简12背"百四"、简15背"百一"，可推出简13背面应是"百三"，简16背应是"百"，与官文中简16背文字的摹本大致相符。

简24背似为一完整数字"八十八"。有学者曾将简24接在简11下，连读为"善取，人能从之，上也。悥（勠）裝（劳）之，旬（即—次）也"，从文意看似乎有一定道理，但是现在所见的两简背面数字分别为"百八"、"八十八"，不支持这种编联。

简25背似为"八十"，但《成之闻之》简5背已有"八十"，学者们一般认为《尊德义》《成之闻之》篇应是编成一卷、连续计数的，也就是说，两篇的简背数字应当属于同一个计数系统。简25接于简24下，所以简25背面的数字应当是"八十七"，摹本可能有疏漏或者原简文字有残泐。

简26背似为"百"，不过上文已指出"百"是简16背的数字，所以此处"百"下当还有数字。根据文意，可以确定简26、27接在简12之前，则简26背的数字应是"百六"。

简29背似为"八十□"。从文意看，简28、29可以确定连读，但简28背的数字为"百……"，那么，简29背应当也是

"百……",摹本与此相差较大,我们推测,要么是摹本不准确,要么这个摹本是别的简的背面数字、作者误将其作为简29背面数字了。

由于简28背的数字为"百……",简28、29又要接在一起,所以,简28与29应当在简2~11的编联组之前。

……

综上所述,新见的《成之闻之》《尊德义》简背数字,为我们带来的竹简编联方面的新认识主要是关于《尊德义》的。根据这些数字,《尊德义》中一些编联组的先后顺序可以确定,具体来说,简28~29、2~11、26~27、12~16、24~25等组应当按我们所列的先后顺序排列,其中简11与简26之间有一只简,简16与简24之间有11只简。这个顺序与以往的诸种编联意见或多或少都有不同。[1]

可见,这些写在简背面的数字与简序是存在一定的关系的,但又无法完全符合复原后的简序,如黄杰所言,其中可能有误摹,具体情况有待更清晰准确的图版公布方能进一步讨论。另外还值得注意的是,如果这些数字是简序编号的话,就目前公布的资料来看,存在两个问题,一是这些数字不连续,且以上几位学者考虑的各种方案都存在数字和实际简序不一致的问题,二是这些数字偏大,《成之闻之》简17背的"十八",黄杰推断应该是"六十八",从竹简的

---

[1] 黄杰:《新见有关郭店简〈尊德义〉等篇编联的重要信息》,简帛网,2013年6月6日。

编联来看应该是合理的，这样这两篇的简背数字，明显起始太高，而未见前面的数字，也就是说没有从"一"开始计数，这与清华竹书中明确的简序编号，一般从"一"开始连续书写的做法不同。

上博竹书目前已公布的五十余篇中，只有第九册的《卜书》篇有简序编号，据整理者介绍，本篇今存完简4枚、残简6枚，完简有标记简序的数目字，标在第三道编绳下的简尾空白处，具体是该篇的简1、2、7、8分别书写有"一""二""七""八"。残简失去编号，但是最后一简有一个黑方块，是全篇结束的标记，位置也很明确。整理者根据简文内容并参考了简背划痕，排定全篇顺序。

简序编号在竹书复原中起到重要作用的是清华竹书，目前已公布的十册清华竹书共有55篇，其中有简序编号的有29篇，超过半数，这些篇的整理复原也依赖于这些简序数字得以进行，基本都准确无误。而没有简序编号的篇章，则往往存在问题，如《程寤》[1]、《保训》[2]等篇，可见简序编号在竹书复原中所起的作用。清华竹书中有简序编号的29篇中，简序编号写在竹简背面的有21篇，写在竹简正面的有8篇。书写于竹简正面的一般都在竹简的最下端，书写于竹简背面的一般都在竹节位置，如后图：

---

[1] 复旦大学出土文献与古文字研究中心研究生读书会：《清华简〈程寤〉简序调整一则》，复旦大学出土文献与古文字研究中心网，2011年1月5日。

[2] 白于蓝、段凯：《清华简〈保训〉篇竹简连编问题刍议》，《古文字研究》第三十辑，中华书局，2014年版。

可以看出这些简序编号位置基本一致，都处于同一水平，从"一"开始按序书写，根据复原的简文内容来看，竹简排序和这些数字顺序完全一致，据此可以确定，这些书写于简背的数字就是为了标明简序的，学界对之有不同的称法，为了与简上其他内容和数字（如计篇章总字数的数字等）相区别，我们称之为"简序编号"，其作用与今天书籍的页码一样。当然作为抄写本，偶然的计数错误也是存在的，如《系年》篇共有竹简138支，简背原有的排序编号有一

处误记，简52、53背面的编号都写作"五十二"，简88、89又分别被写作"八十七""八十九"，也就是说到简89才纠正过来，计编号至137号，最末一支简无编号。推测其原因，可能是原来估计抄写整篇内容需要137支竹简，就准备并编联了137支竹简，且按顺序写上数字（过程中发生了计数错误），但最后发现不够用，于是就又补充了一支竹简，而这最后的一支竹简因是后加的，忘了写上数字。《殷高宗问于三寿》篇原由28支简编联而成，序号有错乱，其中原编号"十五"者当排在第十简位置，而原编号"十"者当排在第十五简位置，据文义当互换。推测其原因，可能是在抄写内容之前，已写好了简序编号，而未用编绳编联起来，抄写者在拿一支一支竹简抄写的时候，偶然发生了错乱。再如《治政之道》共43支竹简，前41支简序编号完整，且排列无误，但有序号"四十二"的简却无法接在简41之后，根据文意中间应插入无序号的简42，而标有序号"四十二"的简只能排在本篇的最末，作为本篇的第43支简。除此之外，还有几篇的简序编号值得注意。据整理者介绍，《四时》与《司岁》连续编号，从形制上看，为一卷竹书。本卷竹书正面简尾编号分两组，第一组为一至五一，第二组为四七至五三，第一组末简，即编号为五十一的简与第二组的首简，即编号为四十七的简，据内容当编排在一起。本篇简文的编号为一至四十三，《司岁》篇编号为四十三至五十一，四十七至五十三，编号存在重叠，故《司岁》篇重加整理号。本卷竹书共用了四节竹简，其中《四时》简一至一四为一节竹简，简一五至三四为一节竹简，《四时》简三五至四三和《司岁》简一至八为一节竹简，《司岁》简九至一五为一节竹简，每一节竹简简背都有单独的刻划线。不同篇的竹书连续编号，同一篇竹书重复部分编号，为我们提供了战国竹书形制的新认识。再如，《行称》与《病方》原抄录在一卷竹书上，竹简正面地脚处有次序编号，已编至"十九"，今第十二、十五简佚失，第十一简仅剩下部一小半，其余十六支简基本完整。第一至十简与第十三、十四简内容性质全然不同，字迹也分属两种，今分作两篇处理。第十六至十九简首尾完整，除编号外无其他文字，在出土战国竹书中尚属首见。因第十四简文末已见截止符，可推知本卷原自第十五简后均为空白简，从用途看，其上应还可备抄其他内容。《行称》内容见于本卷竹书前十支简，仅剩一小部分的第十一简，除编号外，未见正文文字，由此推测本篇内容不会超过十一支简。第十简末句虽已写至简尾，但内容已很完整，不排除本篇有就此完结的可能。如果再参考《四告》全卷的抄写格式，第十一简也可能原为一支空白的"隔简"。这些是清华竹书简序数字中的特例，为我们提供了新的知识。值得注意的是，简序编号的字迹大都与正文相同，即书写简序编号者与正文抄手是同一人，但也偶有例外，如《皇门》篇的简序编号与正文字迹明显不同，显然不是同一人所写。[①]目前已公布的安大竹书《诗经》简面下端有编号，而《仲尼曰》则是简背有编号，都可以据以复原竹书。

战国竹书，作为书籍的早期形态，在制作的过程中，特别是对于先写后编的竹书来说，有简序编号是最理想的状态，能保证编联

---

[①] 贾连翔：《战国竹书形制及相关问题研究——以清华大学藏战国竹简为中心》，第196页。

的准确性。竹书制作完成之后，在阅读和收藏的过程中，可能会有各种问题，比如"韦编三绝"的故事，就是竹书的编绳可能会毁坏烂掉，如此则需要重新编联，如果有简序编号就可以帮助阅读或收藏者快速准确地恢复原貌。这就好比一本现代的书籍，如果装订线脱落，各部分散乱，我们可以按照页码，很方便地重新恢复其顺序。为竹简编写序号，显然是古人书籍制作技术的一大进步，如果这一技术能普及开来，对我们研究出土文献来说，可以省很多工夫，但可惜的是，就目前所见，这一制作方法是偶然的，在其他出土的战国竹书中很少有这样的例子，清华竹书中也只是占一半多。从出土的秦汉时期的书籍类竹简来看，虽然在其他方面有进步，这一方法显然没有得到继承，不能不说是书籍史的一个遗憾。那么我们不仅要追问，当时的部分书写简序数字的书籍制作者（抄写者）是如何意识到这一问题的。肖芸晓对清华竹书前九册的十几位抄手所抄写的书籍做了系统的分类，并对各位书手的不同制作习惯作了分析：

> 我们看到，笔迹 A 的 12 篇竹书全部在简背竹节处标明简号，几乎全部写有标题——无篇题《尹至》与《尹诰》篇幅短小（仅有五支简与四支简），似乎难以独立成册，且它们与内容相关且有篇题的《赤鹄》原编为一卷，即是说《尹至》与《尹诰》所在的简卷也存在篇题，那么由笔迹 A 书写的全部简册便全部存在篇题。于此相对的是，书手 B 的 10 篇竹书全无篇题，且只有《皇门》一篇存在简号。书手 C 的七篇竹书也全无篇题，简背皆无简号，《𥅀命》一、二与《祷辞》简号均写在正面底部，与绝大多数编号书于简背竹节处的情况不同。书手 D

的三篇竹书均无篇题，背面皆无简号，仅是内容与布局特殊的《筮法》在简正写有简号。书手E的两篇竹书均存在简号，《厚父》存在篇题。书手F的两篇竹书皆无简号与篇题。以往的研究中，我们也曾总结清华简的标识符号与书手有关，一书手有一书手相对统一稳定的标识符号习惯，可见清华简的符号更可能来自书写者而非使用者——那么，这些符号即是竹书制作者是对于文本意义的规定与固定，而非是来自某位读者对未加标点文字的理解与阐释。

与篇题、简号、标识符号相比，简背划线的分类似于书手关系较小。正如不少学者指出，部分清华简与北大简的简背划线应早于破筒制简，那么这一工序便更可能早于书写过程，背划线的存在与形体不一定取决于书手。

据此，我们可以总结：对于清华简来说，不少形制特征（如篇题、简号、标识符号）都与书手紧密相关；无论出于自发还是被外界要求，一书手有一书手大致上特定且固定的形制安排。尽管书手特定的规制并不绝对，书手之间也或有复杂的师承、同门、或合作关系，但这些形制上的"书写纪律"或"书写习惯"足以让我们重视书手这一群体在决定竹书面貌中起到的重要作用。对清华简的书手们来说，他们不仅在文字上掌控大量常用字的稳定书写，也在形制上负责统一安排篇题、简号、与标识符号。这既可能出于这十八位书手本人在书写过程中的主动控制，也可能源自外界的被动要求（比如来自书手的雇主或上级监管者），也或许是书手忠实反映底本的情况——但无论如何，维持这种统一必然需要一定程度的书写能力与有意识的主观控制。我们强调书手的能动作用，非是局限于清华简这十八种笔迹指涉的"这十八个人"，而是强调以书手为代表的知识社群在文献传播中的关键作用：在制造与传递文献的过程中，一篇竹书的完成远非书手"抄"这一个动作可以实现。①

这一分析有一定的合理性，如此，我们只能说，书写简序编号的习惯是当时个别书手的自发行为，还没有成为行业规范，而这几个书籍史上的先行者，与其他制作者（抄写者）一样，没有在历史上留下名字。作为后世的研究者，我们应该感谢他们在书籍史上留下的创造性的一笔，给我们的研究带来了极大的便利。

总之，简序编号是整理复原战国竹书的可靠依据，虽然偶有错讹，但其在整理复原中的作用是至为重要的，可以作为战国竹书复原的最直接依据。

## 第四节 简背划痕

随着对战国竹书研究的深入，竹简背面除了篇题、补写文字、简序编号等，对竹书复原有重要作用的简背划痕也引起了学者的注意。由于以往公布的竹简，只注重竹简写字一面的内容，故除了个

---

① 肖芸晓：《抄工与学者：试论清华简书手的职与能》，2021年"第九届出土文献青年学者国际论坛会议"论文集。

别有文字等特殊情况的竹简，竹简背面的照片都没有公布。清华竹书则公布了全部竹简的背面照片，学者通过研究发现编排成册的竹简简背刻有基本连贯的"简册背划线"，同时上博竹书里公布了竹简背面照片的几支简，也存在这样的刻划线。这些连续的或呈一定规律分布的简背刻画线，与竹简正面的简文顺序有一定的关系。随着研究的深入，我们知道这些所谓的"画线"并不是为了竹简的顺序而有意识地刻画上去的，且存在不连续的情况，只是竹简制作过程中留下的一些用刀类工具刻划下的痕迹，所以称之为"简背划痕"是比较合适的。

孙沛阳最早发现简背划痕的价值，并对之做了初步的研究，他认为：

> 简册背划线可以帮助解决一些竹简编联问题。但是，古人并不一定每次书写都按序取简，也不一定有足够多的竹简来写完一长篇文字，这些不可知的因素，说明简册背划线对于简序编排并无决定性作用。所以，虽然简册背划线有提示简序的作用，但只是辅助性的，不可以孤立运用。只有同时综合考虑竹简上其他信息，诸如竹简尺寸、文字内容等，与简册背划线形态彼此互证，以简文通读为首要标准，才会真正发挥简册背划线的作用。[①]

这一问题目前的资料还不够丰富，有待进一步探讨。

---

[①] 孙沛阳:《简册背划线初探》,《出土文献与古文字研究》第四辑，第458页。

第一章　战国竹书复原的要素

郭店竹书最初公布时除了个别简背有文字的竹简外，都没有公布简背照片，后来又零星地公布了一些简背有数字的竹简，在晚出的《楚地出土战国简册合集（一）·郭店楚墓竹书》中公布了一些竹简的简背照片，据贾连翔考察，部分竹简背面有划痕，见于《五行》《成之闻之》《尊德义》《语丛四》等篇，如下图所示[①]：

1　2　3　4　5　6　7

---

① 贾连翔:《战国竹书形制及相关问题研究——以清华大学藏战国竹简为中心》，第82—83页。

这些划痕显得较为密集，与清华竹书上的明显不同，由于公布的信息有限，这些划痕对竹书复原也没有积极的意义。上博竹书《卜书》篇存完简4支、残简6支，完简有简序编号，残简失去编号，最后一简有一个黑方块，是全篇结束的标记，位置明确。虽然没有公布竹简的简背照片，但整理者提到现在的简序是"据简文内容编联，并参考了简背划痕，全篇顺序得以排定无误"[①]，这是上博竹书中唯一提到简背划痕在编联复原中具有参考作用的一篇。

清华竹书存在大量简背有划痕的例子，目前已公布的竹简中，有25篇简背有连续划痕，对竹简复原起到了很大的参考作用，特别是没有简序编号的竹简。整理者明确提到在整理复原的过程中有参考这些简背划痕，如《郑武夫人规孺子》篇"简序为整理者据内容及简背划痕排定"，《心是谓中》篇"今简序根据文意并结合简背划痕等排列"，《天下之道》"简序参考划痕等综合排定"等。另外简背划痕也可以提示可能存在缺简，如《八气五味五祀五行之属》篇"据简背划痕，第三、四简，第四、五简之间有缺简，其他基本完整"。这些都是理想的情况，简背划痕按规律呈现，也有一些特殊的情况，如《赵简子》"简背有划痕，但原册未按划痕规律编联。今按序号复原，则内容连贯顺畅"，《邦家之政》"简背有划痕，但原册未按划痕规律编联。今按序号复原，则内容连贯顺畅"，《成人》"背面有刻划痕迹，其中简一至简一九的划痕呈倒序排列"。一

---

① 马承源主编：《上海博物馆藏战国楚竹书（九）》，上海古籍出版社，2012年版，第291页。

些篇幅比较长的竹书或两篇连续抄写的竹书，简背划痕则存在多条各自起讫的情况，前者如《系年》，后者如《四时》与《司岁》连续编号，从形制上看，为一卷竹书，共用了四节竹筒，其中《四时》简一至一四为一节竹筒，简一五至三四为一节竹筒，《四时》简三五至四三和《司岁》简一至八为一节竹筒，《司岁》简九至一五为一节竹筒，每一节竹筒简背都有单独的刻划线。

在北京大学藏汉简《老子》中也存在简背划痕，据韩巍介绍[①]：

> 由于多数划痕既浅且细，肉眼在适宜光线下可以观察到，但照片却很难清晰再现。经过研究，我们决定对全部竹简背面的划痕进行测量，记录其起止位置的数据，并以竹简背面轮廓线图和测量数据为基础，绘制成"简背划痕示意图"。
>
> ……
>
> 我们首先根据今本《老子》章序排定了汉简《老子》的竹简次序，然后再观察其简背划痕的走向，发现相邻竹简背面的划痕大多能够前后衔接，形成一条条完整的"划线"。这些划线都是从竹简上端开始，向右下方斜行，划至竹简中部，大多终止于第二道编绳上方。大多数划线的起始处都接近竹简头端，穿过了第一道编绳所在位置。如果划线是在竹简编联成册之后形成的，那么必然会避开编绳，从而使划线在编绳处中断，而实际情况却并非如此，这充分证明刻划是发生在编联之

---

① 韩巍：《西汉竹书〈老子〉简背划痕的初步分析》，北京大学出土文献研究所编：《北京大学藏西汉竹书（贰）》，上海古籍出版社，2012年版，第227—228页。

前。最初我们曾设想刻划是在竹简制成之后实施的，也就是说将修治完成的竹简背面向上，整齐排成一排，然后在其上划出一条条划线。但是我们也注意到，在前后两条划线交界之处往往会出现划线不能正常衔接的现象，似乎不能用简序在划线完成后发生颠倒、错乱等理由来解释。经过反复观察并核对原简，我们终于认识到划线不是形成于竹简制成之后，而是在制简之前；也就是说，制简工匠先在截成适宜长度的竹简上划出螺旋状的划线，然后再将竹筒劈破，制成一枚枚竹简。

具体以《老子上经》第一组的十八支竹简为例，其划线示意图如下：

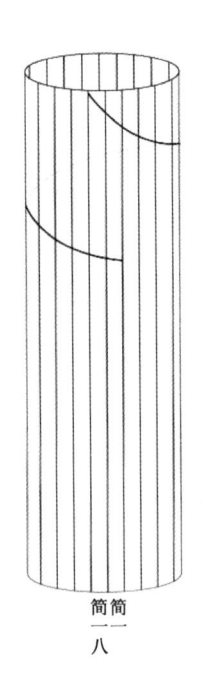

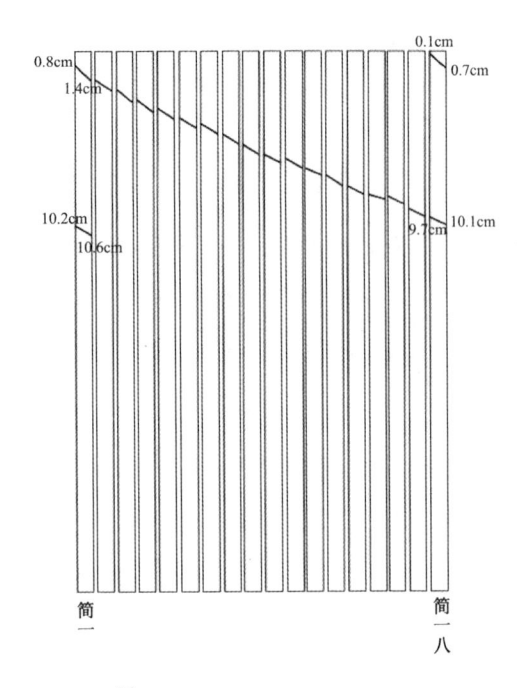

图一

由此可以得出几点规律：

一、每组划线最后一枚简的划痕大多能够与该组第一枚简衔接，而不能与下一组划线的第一枚简衔接，也就是说一组划线可以闭合为一个完整的螺旋形圆周。这说明划线应该是在制简之前刻划在竹筒上的，每组划线所包含的竹简都是由同一个竹筒破开制成。划线在竹筒上形成一个完整的螺旋形圆周后，往往还要再向前延伸一小段，与划线的起始处发生重叠，因此多数划线都会有一到两枚竹简出现上下两道划痕。未出现重叠的划线，可能是刻划时就没有发生重叠，也可能是重叠处的竹简被废弃。一条完整的划线包含十六至十九枚竹简不等，由于竹筒的粗细有别，制成的竹简数量自然不尽相同……

二、每组划线的起始处距离竹筒头端0至0.3厘米不等，考虑到制简时边缘的损耗，每条划线应该都是从竹筒顶端开始刻划的。但在竹简制成后摆放之时，很少把位于刻划线起始处的竹简放在每组第一位，大多是把第二或第三枚竹简放在第一位。因为竹筒是圆柱体，从何处破开制简，竹简从何处开始摆放，完全可以是随意的行为……

三、很多相邻竹简的划痕不能严密衔接，后一枚简的划痕往往比前一枚简低0.5到0.3厘米左右，而且前后几枚竹简划痕的间隔距离往往接近。这是因为划线先刻划在竹筒上，在破开竹筒、制成竹简的过程中，必然要对竹简边缘刮削修治，带来一些损耗，由此造成相邻竹简划痕之间的间隔。还有少数地方，相邻几枚竹简之间出现后一枚竹简的划痕比前一枚简高出几毫米的"反常"现象；这也是由于划痕事先刻划于竹简上，在破简、制简过程中会发生一些特殊情况（比如竹简的一端被截短等），造成这种少量的划痕"错位"。

四、大约有八处相邻两枚竹简的划痕不能衔接，而划痕之间的距离恰好相当于一枚竹简的情况。其原因有两种可能：一是制简时两简之间有一枚竹简损坏而被废弃，二是抄写时两简之间的一枚竹简写错而被废弃。[①]

这些分析是合理的，对战国竹书简背划痕的研究也极有启发意义。据贾连翔对清华竹书相关简背划痕的考察可知，战国竹书的简背划痕既有与上述汉代竹简相似的情况，也有一些新的认识，可以分为A、B两大类型，每一类型又可分为Ⅰ、Ⅱ两式，即：A型，具有一道划痕，或者具有可以首尾贯连的两道划痕。AⅠ式：斜线划痕方向为由左上至右下；AⅡ式：斜线划痕方向为由右上至左下。B型，具有两道各自贯连的划痕。BⅠ式：两道斜线划痕呈平行关系；BⅡ式：两道斜线划痕呈相交关系。以AⅠ式为例，借助3D软件可复原出效果图，如下所示：

---

① 韩巍：《西汉竹书〈老子〉简背划痕的初步分析》，北京大学出土文献研究所编：《北京大学藏西汉竹书（贰）》，上海古籍出版社，2012年版，第232—233页。

前视图　　后视图　　透视图

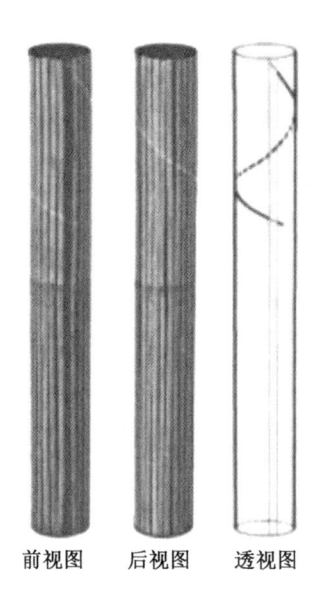

对比可知，战国竹简的划痕与西汉竹简的划痕基本一致，都遵循了一样的制作方法，"可以进一步地说明，划痕现象是在竹简上的竹节被削刮之前即已形成。学者们普遍认为划痕现象产生于竹简编连之前，实验的结果与大家的推测是一致的，同时将形成的时段更加具体化了"[①]。同时对战国竹简的划痕做了进一步的推论：

  首先，由于划痕产生于竹筒形态，因此，划痕具有贯连关系的竹简，其竹节的位置和形态也必然相一致。第二，工匠在竹筒上制作划痕时难以保证旋转方向和角度的绝对一致，因此延展开的简背斜线划痕每每具有一定的弧度，而且斜线角度并

---

① 贾连翔:《战国竹书形制及相关问题研究——以清华大学藏战国竹简为中心》，第88—100页。

不规律。第三，在旋转刻划时难以控制准确旋转了一周，当超过一周时，就会在迫近划痕结尾处的几支竹简背面形成上下两道平行划痕，当不足一周时，又会出现竹节位置、形态都相同但简背却没有划痕的竹简。

除此之外，在实验中补入的"模拟简"，按照划痕的贯连关系推测，它们应该曾经真实存在过。或者是由于竹材本身自然生长的局部缺陷而被淘汰掉，或者是由于加工过程的人为损耗，又或者是由于抄手的书写失误而成为废简，它们最终没有被编连进竹书简册中。

简背划痕的主要作用就是方便竹简的排序，正是由于斜线划痕可以依次贯连这个特点，使得它可以成为排序的重要依据。而排序的目的又是什么？这可以从两个方面进行考虑：

一方面，在古代竹书制作过程中，依划痕编排次序取简进行抄写，在逐支编连成简册时，相邻两支竹简由于在切割时共同拥有一道切缝，将它们临接编连后，会形成"严丝合缝"的效果，同一竹材的质地肌理会基本相同，竹书也可以呈现出较为统一的面貌，要之，可以使竹书编连更为方便，面貌更为美观。当然，并不是所有竹简背面都有划痕现象，这也说明这一工艺并非竹简加工的必要环节，而是在有特殊要求的竹简加工中使用。目前看来，这一现象主要发现在书籍类的竹简中，也是由于此类用途的竹简最后一定要编连成册，故而采用了这种加工工艺。

另一方面，竹书在使用过程中会发生编绳残断，简背划痕可以作为重要的编连依据。对于今天整理研究竹简的学者来说，同样可以利用这一功能，孙沛阳先生已经指出："可以利用简册背划线来尝试调整局部简序，或者检验编连的正确与否。"然由于划痕产生于竹简形态，到最终编连成册的过程中，仍有诸多可能产生问题的环节存在，因此我们对划痕现象的利用应保持谨慎的态度。古人在编连时想必也考虑到了这些因素，故而尚有一些竹书除简背划痕之外，还标有次序编号，这就为竹书的编连提供了更为直接的依据。①

这是目前对战国竹书简背划痕比较合理的解释。至于为什么在制作竹简的时候，先要在竹简上刻划这样的弧线，目前还没有很好的解释，有待进一步研究。可以明确的是，从实际的使用来看，这些划痕显然不是为了竹简的排序而制作的，但在竹简整理复原过程中确实能发挥积极的作用。

随着对竹书认识的深入和全面，虽然整理者在初步整理的时候一般都参考了简背划痕，但偶尔也有疏忽之处，比如《算表》，原整理者的简序排列如下：

---

① 贾连翔：《战国竹书形制及相关问题研究——以清华大学藏战国竹简为中心》，第101—102页。

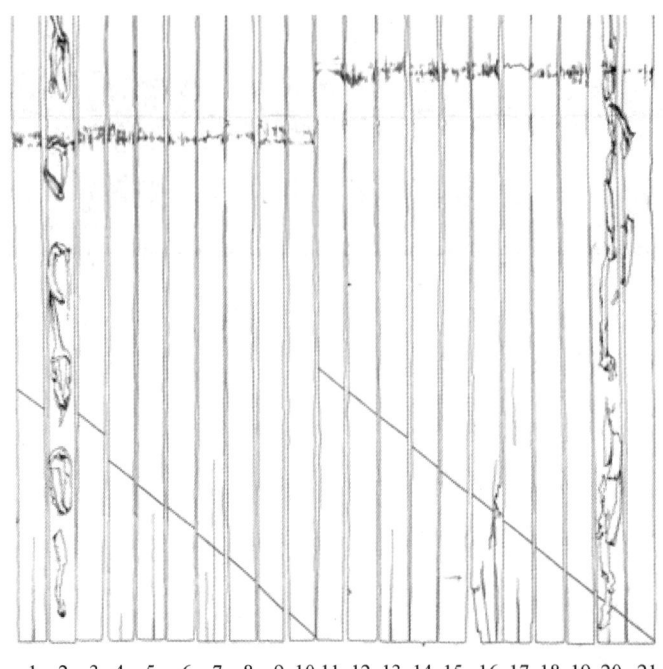

1　2　3　4　5　6　7　8　9　10　11　12　13　14　15　16　17　18　19　20　21

肖芸晓指出，"根据已有的了解，部分清华简简背存在划线，竹节位置相同的竹简划线大多比较连贯，插入它简的情况很少，观察整理者给出的简背示意图，我们看到《算表》前三简稍有不畅"，认为简1与简2当对调位置，对调后简背划痕连贯完整，再结合上部的编绳痕迹和其他简的反印文字来看，这样的调整显然是可靠的，由于简2没有内容，"专为引线而设"，调整之后"并不影响《算表》的解读与使用，但或许更加接近竹书本身的样貌"。①

---

① 肖芸晓:《清华简〈算表〉首简简序小议》，简帛网，2014年4月21日。

因为一个竹筒的粗细不同，制成的竹简数量也有差别，但一般都在十到三十支之间，所以对于篇幅比较短小的竹书来说，一个竹筒破开制成的竹简可以抄写完，这样的情况下，简背划痕对竹书的复原有较大的参考价值。但如果一篇竹书的篇幅较长的话，需要用几个竹筒制成的竹简才能抄写完，这样的情况下，简背划痕就会呈现几条连续不断线条，例如《系年》，连续抄写的《四时》与《司岁》等，这种情况，简背划痕也有参考的价值。因为简背划痕不是为了简序而特意刻划的，所以抄写时就可能出现拿取竹筒的顺序和刻划线的顺序完全相反的情况，像《成人》篇"背面有刻划痕迹，其中简一至简一九的划痕呈倒序排列"就是这样的例子，但对竹书复原来说，"倒序"也是一种顺序。也有像《赵简子》《邦家之政》这种"简背有划痕，但原册未按划痕规律编联"的情况，则简背划痕基本没有什么参考价值，或者说参考价值极低，这也是需要注意的。同时也要考虑到，竹简制作和抄写过程中可能存在废弃简的情况，以及临时插入不属于同一竹筒制成的竹简的情况。

如前所述，简背划痕不是为了简序而特意刻划的，所以其只能起到参考作用，而不能起到决定性作用，同时考虑到竹简制作和竹书抄写过程中的复杂情况，对于既无简序编号，又无法参考简背划痕的竹书，只能靠其他要素复原。

## 第五节　篇题位置

　　古书多单篇流行，古人著书是否题写篇名，或者篇名起源于何时，还不太清楚，但从目前已发现的战国竹书来看，篇名的写或不写，似乎有很大的随机性，陈伟认为"或有或无，似无定规"。① 在郭店、上博、清华、安大四批战国竹书中，郭店竹书各篇均无篇题，上博竹书中目前已公布的有篇题的有十二篇，清华竹书目前已公布的十三册中有篇题的有十四篇，有篇题的在同批竹书中是少数，大多没有篇题。从实用性来说，有篇题便于收藏和阅读，因为竹书都是写成后卷起来，收成一卷一卷存放的，如果没有篇题，恐怕很难快速找出自己想看的书，如果藏书不太多，就像郭店竹书那样，想从十几篇竹书中找出一种，也不算太麻烦，何况还有竹简形制的差别。但是如果藏书比较多的时候，从收卷好的竹简堆中找出一篇就会比较麻烦，所以有篇题总是便利的。李守奎曾推测清华竹书"更似图书馆收藏"，郭店竹书则"有点像个人著述和主体搜集"。② 从这一意义上来说，这一推测还是有一定道理的。竹书的篇题类似于今日书脊上的书名，当竹简卷起来时，篇题显露在外，便于查找。战国竹书一般是文字在内收卷，也就是说卷起来之后，无字的一面呈现在外面，如果想快速找到想要的竹书，篇题书写于露在外面的

---

① 陈伟：《楚简册概论》，湖北教育出版社，2012年版，第27页。
② 李守奎：《楚文献中的教育与清华简〈系年〉性质初探》，《出土文献与古文字研究》第六辑，第300页。

竹简背面是最方便的，从实际情况来看，也确实如此。

就已公布的有篇题的竹书来看，篇题一般是写在简的背面，与正面的简文或是同一人书写，如《子羔》《中弓》《鲍叔牙与隰朋之谏》《曹沫之陈》等，应该是在制作竹书时所写；或是不同的人书写，如《容成氏》《恒先》《内礼》等，这种情况，冯胜君认为，部分篇题可能是读者或收藏者所加。①虽然上博竹书和清华竹书中的某些篇章有篇题，但其篇题的位置却有所不同，上博竹书的篇题多在起始的几支简或最后的几支简的背面，一般是正数或倒数第二、三简的简背，而清华竹书的篇题则多在最后一支简的简背，这可能与书写或收藏者的个人习惯有关。有篇题的竹书，篇题在各篇竹书上的位置，具体情况参考本书附录一。

竹书的收卷方式有两种，一是从首简开始，简文向内卷起，这样卷起后竹书的最后几支简显露在外，可以书写篇题；一是从末简开始，简文向内卷起，这样卷起后竹书的起始几支简显露在外，可以书写篇题。②无论是哪种收卷方式，若有篇题，不论篇题是在起始的几支简或最后的几支简的背面，还是在最后一支简的简背，对我们正确地编联竹书都有积极的意义。

以《容成氏》为例，全篇现存完、残简55支，篇题位于简53的背面，经过多位学者的研究，其编联基本确定，主要记述了上古

---

① 冯胜君：《郭店简与上博简对比研究》，第60—61页。
② 参看张显成：《简帛文献学通论》，第168页；冯胜君：《郭店简与上博简对比研究》，第61页。

传说中尧舜禹禅让以及汤武革命等重要事迹。经梳理，其脉络大体为：尧以前古帝王政事——→尧由贱而为天子——→舜贤，尧让舜——→舜时政事——→舜让禹——→禹时政事——→禹让位皋陶、益，启攻益得帝位传至桀——→桀骄泰——→汤攻桀，天下乱——→伊尹为汤之佐，天下得治，汤终王天下——→汤传至纣，纣德昏乱——→九邦叛、文王佐纣平叛——→武王即位、伐纣，建立西周王朝。现存竹简最后部分简文为：

> 武王于是乎素冠弁，以造【52】类于天，曰："纣为无道，昏者百姓，縶约诸侯，绝种侮姓，土玉水酒，天将诛焉，吾勉天威之。"武王素甲以陈于殷郊，而殷【53正】

从文义上看，简53最后"而殷"后面显然还应当有文字，故原整理者李零认为，第53支不是最后一支，按竹简的体例推测，其后应还有一到两支简。① 如此，篇题在全篇的倒数第2或第3支简的背面，与篇题必定在起始的几支简或最后的几支简的背面是吻合的，其收卷方式应是前一种。再看《曹沫之陈》篇，全篇现存完、残简65支，篇题写在第2简的简背。从内容来看，前三支简作为本篇的开始应是没有问题的，所以篇题写在第2简的简背也是合适的，只不过其收卷方式与《容成氏》篇刚好相反，属于前面所提到的后一种。

当几篇合在一起作为一卷时，情况就有点复杂了。《子羔》篇现存14支简，原整理者认为篇题在第5简的简背，陈剑、裘锡圭、

---

① 马承源主编：《上海博物馆藏战国楚竹书（二）》，上海古籍出版社，2002年版，第249页。

李学勤[1]等对简作了新的排序调整，重新编排后，写有篇题的简排在倒数第3简，并且从内容看，此处已是全篇的结尾，其篇题位置与《容成氏》类似，其排序应该是合理的。但是，最初参与整理上博竹书的李零认为，《子羔》《孔子诗论》《鲁邦大旱》三篇竹简形制、字体完全相同，应是合抄在一起的，即三篇合为一卷，其顺序应为《子羔》在前，《孔子诗论》次之，《鲁邦大旱》最后。[2] 若按这样的顺序排列，三篇共有完、残简49支（这显然不是全部的竹简数），"子羔"作为三篇共同的篇题在第12简的背面，无论用哪种收卷方式，篇题都不会显露在外，也就失去了其作为篇题的意义，显然是有问题的。我们认为这三篇的编排顺序有两种可能，第一种可能是确如李零所说，三篇合为一卷，但《子羔》篇应是在最后，而不是最前，只有这样"子羔"作为三篇共同的篇题写在全卷的倒数第3简的背面，才是合理的；[3] 第二种可能是三篇各自成篇，并未合为一卷，"子羔"作为《子羔》篇的篇题写在全篇倒数第3简的背面，也是合理的，而《孔子诗论》《鲁邦大旱》两篇本无篇题或写有篇题的竹简遗失了。

再来看一个一篇有两个篇题的例子。按原整理者的意见，"竞

---

[1] 参看陈剑：《上博简〈子羔〉、〈从政〉篇的竹简拼合与编连问题小议》，《文物》2003年第5期；裘锡圭：《谈谈上博简〈子羔〉篇的简序》，《上博馆藏战国楚竹书研究续编》第9页；李学勤：《楚简〈子羔〉研究》，《上博馆藏战国楚竹书研究续编》，第13页。

[2] 李零：《上博楚简三篇校读记》，第6页。

[3] 类似的情况见于上博竹书（六）中的《庄王既成·申公臣灵王》，这两篇是合抄在一起的，第1简的背面写有"庄王既成"四字，是这两篇共享的篇题。

建内之"作为《竞建内之》篇的篇题,写在本篇第1简的背面,这似乎与我们前面提到的原则是相合的。"鲍叔牙与隰朋之谏"作为《鲍叔牙与隰朋之谏》篇的篇题,写在第9简的正面,这也是目前我们见到的战国竹书中,唯一的一例把篇题写在竹简正面的,并且是单独的一支简书写篇名,上下皆留白。但是,根据陈剑、李学勤[1]的研究,这两篇应合为一篇,显然是正确的。这样,就出现了一篇竹书有两个篇题的情况。值得注意的是,"竞建内之"四字与正面的文字显然不是一个人所写的,并且这四个字与正文所述内容看不出有任何关系,显然不可能是《鲍叔牙与隰朋之谏》篇的篇题,因此有学者认为是收藏者所书写的,或是表明其来源,[2]陈剑认为:

> 此外最可注意的,是这两篇在篇题方面的特殊情况。《鲍叔牙》之简9将篇题单独书写于一简的竹黄一面,整理者已指出其系"利用原已使用过的竹简,将原文刮去"。这种情况在已发表的楚竹书中前所未见。《竞建》篇题"竞建内之"四字与正文不出于一人之手,而且正文并未出现"竞建内之"。要说此四字是在残失的简文上,也不大可能。"竞建"当为人名,"竞"即楚王族屈、昭、景三氏之"景"氏。"竞(景)建"既是楚人,而此篇是记齐国之事,出现"竞(景)建"的可能性既不大,以之名篇更不可能。综合以上情况考虑,虽然当时事实真相到底如何难以完全弄清,但我想最有可能的是:此两篇

---

[1] 参看陈剑(《谈谈〈上博(五)〉的竹简分篇、拼合与编联问题》,简帛网,2006年2月19日)和李学勤(《试释楚简〈鲍叔牙与隰朋之谏〉》,《文物》2006年第9期)的编联意见。

[2] 禤健聪:《上博楚简(五)零札(一)》,简帛网,2006年2月24日。

本为一篇，篇题为《鲍叔牙与隰朋之谏》。后来被误题为"竞建内之"（大概因题篇题时竹简处于收卷状态、未核检正文之故），遂又另外用废弃的有字竹简刮去原文，单钞上篇题，编在全篇之首或篇末。同时，误题的篇题"竞建内之"则不知什么原因未被刮去。[1]

仿照上节所论，我们认为还存在另一种可能，"竞建内之"仍是篇题，只不过不是《鲍叔牙与隰朋之谏》篇的篇题，而是与《鲍叔牙与隰朋之谏》篇合抄在一起的另一篇的篇题。这样，"鲍叔牙与隰朋之谏"作为《鲍叔牙与隰朋之谏》篇的篇题单独书写在一支竹简上，起到了隔开两篇文章的作用，因为"鲍叔牙与隰朋之谏"作为篇题写在竹简的正面，当竹书卷起来时是无法看到的，也就没有意义了。连续抄写的两篇竹书之间存在"隔简"的情况也是存在的，如《行称》与《病方》原当抄录在一卷竹书上，竹简正面地脚处有次序编号，已编至"十九"，今第十二、十五简佚失，第十一简仅剩下部一小半，其余十六支简基本完整。第一至十简与第十三、十四简内容性质全然不同，字迹也分属两种，今分作两篇处理。《行称》内容见于本卷竹书前十支简，仅剩一小部分的第十一简，除编号外，未见正文文字，由此推测本篇内容不会超过十一支简。第十简末句虽已写至简尾，但内容已很完整，不排除本篇有就此完结的可能。如果再参考本辑收录《四告》全卷的抄写格式，第十一简也可能原为一支空白的"隔简"。至于篇题与正文不是一人所书

---

[1] 陈剑：《谈谈〈上博（五）〉的竹简分篇、拼合与编联问题》，《战国竹书论集》，第172页。

写的情况，如前所述，这种情况战国竹书中是存在的。如此，"竞建内之"作为合抄在一起的两篇或几篇的共同篇题与"子羔"的情况是类似的，而其书写的位置也是合理的。

在清华竹书中还存在一特殊情况，《周公之琴舞》与《芮良夫毖》两篇竹简形制、字体相同，《周公之琴舞》简1的简背有"周公之琴舞"五字，从书写位置看似乎应该是本篇的篇题，但此五字与本篇内容毫无联系，肯定不是篇题。《芮良夫毖》简1的简背有"周公之颂志"五字，但曾被刮削，字迹模糊，这五个字从内容看，与《周公之琴舞》比较符合，所以整理者认为其应该是《周公之琴舞》篇的篇题（但整理者仍把"周公之琴舞"作为前者的篇题，而后者的篇题"芮良夫毖"则是根据内容而命名的）。我们认为这有两种可能，第一种可能，"周公之琴舞"是篇题，只不过是与现在命名为《周公之琴舞》和《芮良夫毖》两篇合抄在一起的另外一篇的篇题，由于三篇合抄在一起，故用其中一篇的篇题作为总的篇题，书写在合抄的第一简的简背；第二种可能，"周公之琴舞"属于误题，"周公之颂志"才是现在命名为《周公之琴舞》篇的篇题，但不知什么原因没有像《芮良夫毖》那样被误题为"周公之颂志"后被刮削掉，而保留了下来。当然，这只是我们的推论，实际情况是否如此，只能等待更多的资料公布后才能决断。

清华竹书《越公其事》篇，整理者认为原有篇题"越公其事"在篇尾，与正文连属，"形式上与简文没有间隔，末端符号很像篇尾标志，但文义与上文不相连属，当是概括简文内容的篇题"，如图所示：

如此，这是战国竹书中标题的一个特例，但显然不符合篇题一般书写在起始的几支简或最后的几支简的背面的书写习惯。王辉指出，"越公其事"四字也应该属于吴王夫差所说的话，而不是篇题。该篇第十一章记述了吴王夫差失败，且求和不成，勾践提出，"不谷其将王于甬、句东，夫妇三百，唯王所安，以屈尽王年"（简73—74），夫差拒绝，说："天加祸于吴邦，不在前后，当役孤身。焉遂失宗庙。凡吴土地民人，越公是尽既有之，孤余奚面目以视于天下？越公其事。"（简74—75），并根据石小力的意见，类似的内容见于《国语·越语上》，夫差对曰："寡人礼先壹饭矣，君若不忘周室，而为弊邑宸宇，亦寡人之愿也。君若曰：'吾将残汝社稷，灭汝宗庙。'寡人请死。余何面目以视于天下乎？越君其次也。""越君其恣也"意即越君你请随意吧。这在意思上刚好能与简文"越公其使"对应起来，都包含任由越公你处置、发落之义。总之，《越公其事》篇尾最后四字"越公其事"并非篇题，而是正文内容，意思可与上文连属，读为"越公其使"，与《越语上》"越君其次（恣）也"意

思类似。① 这一意见显然是合理的，"越公其事"并非本篇篇题。②

上博竹书《中弓》篇现存简28支，整简3支，分别为三截和二截缀合而成，余皆为残断之简，按原整理者的排序，篇题"中（仲）弓"写于第16简简背。陈剑重新排序后，认为简16与简3可能当拼合、连读，后接简20B，而简20B简尾完整，当即本篇的末简，简16即是本篇倒数第二支简，按竹书篇题的通例，排在倒数第二支简也远比排在全篇的中间合理。在补注中又引其他学者的意见，认可简20B与简6连读，简15与简20B拼合、连读。③ 如此，简16显然不是本篇的倒数第二支简，但本篇残断严重，难以复原，简16在全篇的位置，还难以确定，无论如何，简16作为篇题简，其在整篇文献中的位置仍是值得参考的一个定点。

总之，篇题在竹书上的位置基本是固定的，在竹书复原的过程中，可以起到定点的作用，且与竹书的分篇或合抄的情况有密切的关系，是我们在复原竹书时应注意的。

## 第六节 其他要素

除了上述的基本要素在战国竹书的复原过程中有重要作用之外，竹简上还有一些其他的要素，也是复原时需要注意的。

一、简背文字。战国竹书中，除了篇题、简序编号常书写在简背之外，有时也会书写正面漏写或写错而补写或改写，甚至注释性

---

① 王辉：《说"越公其事"非篇题》，复旦大学出土文献与古文字研究中心网，2017年4月28日。
② 参看赵晓斌：《荆州枣纸简〈吴王夫差起师伐越〉与清华简〈越公其事〉》，"清华战国楚简国际学术研讨会论文集"，2021年11月。
③ 陈剑：《上博竹书〈仲弓〉篇新编释文》，《战国竹书论集》，第106—111页。

的文字，书写在简背，这些内容对竹书复原是很有帮助的，不可忽视。竹书在抄写的过程中，抄手可能会偶有抄漏的情况，如果是漏了一两个字，一般会在正面相应的位置补写，这样就会造成某些地方书写比较密，这些从文字的布局上可以直接看出来，一般不影响对内容的阅读。但如果漏抄的内容比较多时，就无法在上下文之间直接补写，如果及时发现则可以刮削之后重新抄写，或换一支竹简重新抄写，但如果竹简已抄完且编联成册，在校勘或阅读时发现漏抄的情况，就比较麻烦，比较可行的办法则是把相关的内容补写在相应竹简的背面。

正面漏写或写错而补写或改写在简背的情况，有时会在竹简正面标有明显的标记，如上博竹书（五）《鬼神之明》篇简2正面漏抄了"此以桀折于鬲山，而受首于岐社"这段话，补写在了该简的背面，在正面以"▬"标明。但有的在竹简正面不会有明显的标记，如郭店竹书《缁衣》篇简40正面漏抄了"句又言必瞛其圣"这句话，虽然补写在了该简背面，但正面未见明显标记。还有一种情况是整理者在公布材料时遗漏而未能公布出来，如郭店竹书《五行》篇简36"敬而不"，其中的"䜌"据马王堆汉墓《五行》篇当读为"懈"，但楚文字中的"懈"一般作"𢟪"，后来李零在参观荆门博物馆时发现《五行》篇简36的背面与"䜌"对应之处有一楚文字中的"懈"字，这一现象在《郭店楚墓竹简》一书中并没有反映出来。李零认为简背的"懈"字是"䜌"字的"改错之字"。[①] 李家浩认为简36背面的"懈"字，是对正面"䜌"字的注，"䜌"字反映的是齐

---

[①] 李零：《郭店楚简校读记（增订本）》，北京大学出版社，2002年版，第194页。

系文字特点，这与《五行》篇的国别是一致的，也就是说楚简《五行》所根据的底本文字，可能是齐鲁地区的人书写的，楚人在抄写时把"敬而不懈"的"懈"按照原文字形抄写。因为"🦴"是"解"或"懈"的古文，对于楚人来说比较陌生，阅读者为了便于识读，就在"🦴"的背面加上一个注，这对于了解楚简《五行》的底本国别以及战国时期书籍传抄形式等增添了新的认识。① 在安大竹书中，《仲尼曰》简7、8、12背面有抄写者练习书写的字，与正文内容无关，而《曹沫之陈》简22背面有数十字，与正文内容有关，简26、28、33、35、43背面各有一个与正文相关的字，应是校勘或摹写文字，值得注意。

二、反印文字。竹书在制作抄写完成后，为了携带和收藏的方便，一般都是卷起来放置的，这样对于用毛笔书写的墨迹在未完全干燥或受潮的时候，就有可能印在相邻的竹简上出现反印文字，用帛书写的材料一般是折叠存放，也存在同样的情况。学者们在整理复原简帛古书的过程中，逐渐认识到，这些反印文字对复原简帛古书及了解简帛古书的折叠、收卷方式有着重要的作用。② 一般认为战国竹书的存放方式是以第一简或最后一简为轴卷起，即卷轴式，但肖芸晓、贾连翔、李松儒③通过对竹简上反印文字的研究，得出

---

① 李家浩:《郭店楚简〈五行〉中的"🦴"、"懈"二字》,《出土文献》第十五辑，中西书局，2019年版。

② 参看张忠炜:《里耶秦简9—2289的反印文及相关问题》,《里耶秦简研究论文选集》，中西书局，2021年版，第113—134页。

③ 肖芸晓:《试论清华竹书伊尹三篇的关联》,《简帛》第八辑，上海古籍出版社，2013年版；贾连翔:《反印墨迹与竹书编连的再认识》,《出土文献》第六辑，中西书局，2015年版；李松儒:《清华简〈治政之道〉〈治邦之道〉中的"隐秘文字"及其作用》,《文史》2021年第2辑。

竹书的存放还有另一种方式，即折叠式。李松儒通过对《治政之道》和《治邦之道》竹简上反印文字的研究，指出《治政之道》篇43支简的折叠方式很可能是下列两种方式之一[①]：

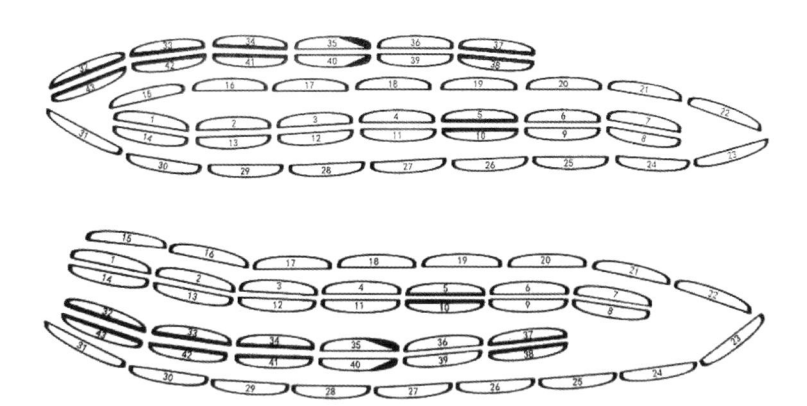

一般来说，卷轴式的收卷方式，作为卷轴的简与相邻的简有可能出现反印文字，如上博竹书《天子建州》乙本简1、2。折叠式的收卷方式的反印文字则比较复杂，既可能在相邻的两支简上出现反印文字，也可能在不相邻的两支简上出现反印文字，如郭店竹书《老子丙》篇共14支简，简9、10相邻，两简出现了反印文现象。陈剑曾对郭店竹书《语丛四》篇的简序重新做了调整，将简25与简3相接，内容为"一【25】言之善，足以终世。三世之福，不足以出芒【3】"，"一言"与"三世"相对，重新编联后简文畅顺，因此这一意见为学界所接受，有学者指出，《语丛四》篇简25与简3存在反

---

[①] 李松儒：《清华简〈治政之道〉〈治邦之道〉中的"隐秘文字"及其作用》，《文史》2021年第2辑。

印文现象，可以进一步印证这种编联是可信的。①

三、类似的残断。竹简在埋入地下或发掘运输过程中，受到外界的挤压等容易造成折断，而竹简一般是收卷存放的，所以相邻竹简受到外界的挤压一般来说是相当的，故同一册的竹简折断处经常会比较一致，尤其是契口位置，因修治契口处比其他部位更容易折断，如下图所示的几篇竹简的残断情况：

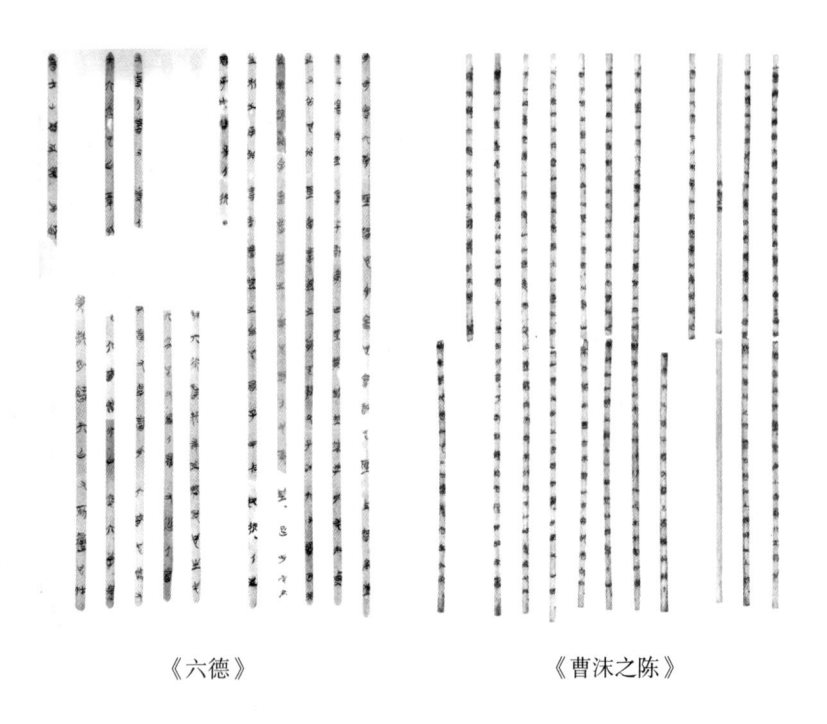

《六德》　　　　　　　《曹沫之陈》

---

① 参看刘传宾:《出土简牍编联与拼缀方法综论》,《天津师范大学学报(社会科学版)》2018年第4期。

《颜渊问于孔子》　　　　　《治政之道》

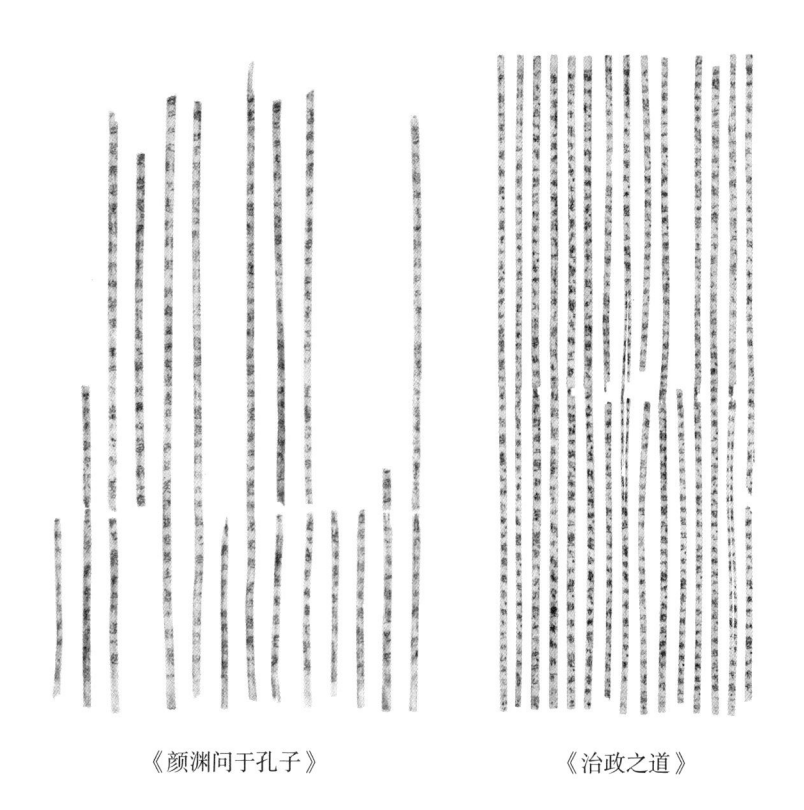

可见这种情况在各种情形得来的竹书中都是客观存在的，对我们整理复原战国竹书有重要的参考价值。李学勤按自己的思路重新编联了《孔子诗论》，然后说：

> 值得一说的是，如依上述编联次第，不少相邻的简折断的情形相同或类似。例如（1）、（2）、（3）三简都没有简尾，（2）、（3）两简中腰都缺掉长度同样的一部分，（6）、（7）、（8）、（9）四简上端的缺损呈一斜线，（7）、（8）、（9）三简皆失掉简尾，

（10）、（11）、（12）三简都保存简首，（12）、（13）、（14）三简均于中腰断开，等等。这些都表明简的编联有其客观依据。[①]

这就是一个很好的运用相邻竹简残断情况类似来编联竹书的例子。但我们也应该知道，竹简残断的原因是多种的，这一情况只能作为参考，而不能当作积极的证据，因为在战国竹书中相邻竹简的残断情况完全不同的也不在少数，这是需要注意的。

---

[①] 李学勤：《再说〈诗论〉简的编联》，收入《中国古代文明研究》，华东师范大学出版社，2005年版，第291页。

# 第二章　战国竹书复原的步骤

上一章我们介绍了形制、字体及书写格式、简序编号、简背划线、篇题位置等战国竹书复原的要素，根据这些要素可以对散乱的竹简作初步的分类，有了这样的基础工作，就可以进行下一步的整理复原工作。整理复原的最终目的是恢复竹简本来的编联次序。使之尽可能成为文意完整的古书，为随后的研究提供可靠的文本，但就目前有关战国竹书的整理复原成果来看，有些篇章保存较好，供整理复原的参考要素齐全，可以顺利地完成复原，但也有一些竹书，由于各种原因，虽经过学者的努力，仍未能取得比较一致的意见。这固然有竹简残断严重或遗失的原因，造成竹书不可能完全复原，但也有整理复原方法不够科学严密，使得本可以复原的竹书而未能复原。

学者在整理复原战国竹书的过程中，都有自己的方法，结合具体的实践，有学者对整理复原方法做了一些总结，如李零将竹书拼合、复原总结为八个步骤：

（1）用剪刀或裁刀剪裁照片，并在简文的上下保留临时编号，以便查对。

（2）按简长、简形对照片做初步分类，把剪开的照片分成若干小堆（最好是有大屋长案，以便堆放）。

（3）按字体和内容对照片做进一步分类，在小堆里面再分堆，分之又分，直到每一篇各自成堆。最后，把暂时难以归并的残简单独放在一起。

（4）按分类结果，为每一篇做分简释文（临时的释文或初步的释文）。

（5）根据分简释文，把文意可以衔接的残简和完简尽量缀合拼联起来。

（6）在图版纸上画线，即以完简的长度为准，用铅笔画出标识简端、简尾和契口、编痕位置的横线，然后按这几道横线，核对位置，粘贴照片……

（7）在各篇大致排定后，还应进一步调整每篇之内的顺序，检查各篇之间是否仍有混入的简文，然后出此入彼，做进一步调整，并检查上述难以归并的残简，看看是不是还有可以拼入的简文。最后，按排定的顺序重新编号，每篇自为起讫，并把无法归并的残简编为附录。

（8）凡竹简本身有篇题，应以竹简原来的篇题作篇题；没有，则可拈篇首之语或隐括全篇内容以为题，并用表示补字的〔 〕号括起，以示区别……①

---

① 参看李零：《简帛古书与学术源流》，第155—157页。

在战国竹书整理复原中创获颇多的陈剑在总结自己的经验时,提出四个步骤:

> 其一是竹简的分篇,需要关注竹简形制和书手字体。其二是竹简的拼合,需要关注简长、契口和编绳痕迹以及拼合处茬口形状和残字。其三是竹简的编联,关键在于注意行文脉络,寻找排比句式或相近的句式、前后反复出现的覆上之文、归纳之文等,同时还要注意排除两简连读处存在误字、衍文、倒文等的干扰。其四是竹书全篇的复原,一般是先整理出若干个小的拼合编联组,然后再复原出全篇,其间要考虑全篇的行文特点及完整情况,由此可以决定复原到什么程度,以及各编联组有无连读的必然性的问题,还要重视篇题简、篇末简的作用。[①]

这些论述既有亲身参与竹简整理的,也有竹简的整理报告发布后,对竹简的复原有很多突出贡献的学者,他们的经验都是值得重视的,可以作为进一步研究的指引。本章通过一些学者研究的实例,探讨战国竹书整理复原的步骤。

---

[①] 这是陈剑于2010年6月28日在复旦大学出土文献与古文字研究中心所作的"简帛古书拼缀杂谈"讲座时提到的,参看复旦大学出土文献与古文字研究中心网报道《陈剑教授在中心作讲座》,2010年6月30日。后作者又对讲座内容做了增删,以《上博竹书的拼合与编联问题杂谈》为名,发表于《学灯》第一辑(上海古籍出版社,2016年版),分"竹简的分篇""竹简的拼合""竹简的编联""全篇的复原问题"四个部分,结合大量的实例,做了很好的分析论述。

## 第一节　拼合、遥缀

在出土文献资料的研究中几乎都涉及拼合，如甲骨文的研究中，缀合甲骨是非常重要的一环，竹简的拼合与甲骨缀合有相似之处，但难度相对较低，二者的工作都在于为研究提供更为完整可靠的资料，尽可能地恢复材料本身的原貌。同样，在甲骨中有误缀，竹简的拼合也有误拼，都需要严密的方法和核验才能最终完成。①

竹简在发掘或流传过程中往往会出现残断，在竹书复原时就要把原本属于一支简的几支断简拼接在一起，这个过程叫竹简的拼合，也叫缀合。拼合竹简要看竹简的断口是否吻合，字体是否一致，上下文意是否顺畅。如果断口刚好在某一字的位置上，拼合后使得此一文字复原，那是最佳的拼合方案，如：

上博竹书《曹沫之陈》简1的"昔"字

此处的"昔"字因上下拼合而得以复原，拼合后相应的文句为"昔周室之邦鲁，东西七百，南北五百"，文意顺畅，显然是正确的。

---

① 关于甲骨缀合的梳理总结可参看蒋玉斌：《缀玉联珠：甲骨缀合120年》，《出土文献综合研究集刊》第十二辑，巴蜀书社，2020年版。

王凯博认为《史蒥问于夫子》简9与简8可以拼合，拼合处刚好是"敬"字的折断处：

与同篇其他"敬"字比较可知，此处折断的"敬"字，在简9的最下端还残留了左上方的笔画，这一拼合显然是可信的。[①]陈剑在上揭《上博竹书的拼合与编联问题杂谈》一文中，列举了很多原整理者及其后的研究者拼合成功的例子，很多都是拼合后刚好能把残字补充完整，这样的例子成功率比较高，是竹简拼合的理想状态。

在确定竹简的形制、字体一致的情况下，如果断口处没有文字，但上下断口能完全吻合，一般就能确定可以拼合在一起，如下面上博竹书的三例：

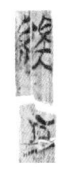

《民之父母》简4　《周易》简40　《昭王毁室》简2

---

[①] 王凯博：《〈史蒥问于夫子〉缀合三例》，简帛网，2013年1月10日。

这三例是原整理者拼合的，上下断口吻合，拼合后相应的文句分别为，《民之父母》简4"乐之所至者，哀亦至焉"，《周易》简40"初六：系于金柅，贞吉"，《昭王毁室》简2"曰：'小人之告将专于今日'"，文意顺畅，显然是正确的。

以上所说的都是理想的情况，从实际看，竹简的残断多在契口处，且很多情况下上下断口并不能完全吻合，这就需要慎重对待，从多方面考虑，避免错误地拼合。如：

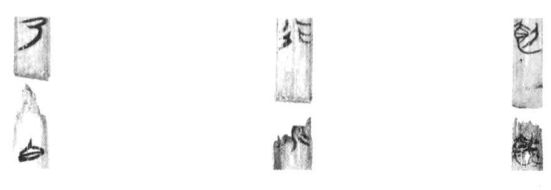

上博竹书《曹沫之陈》简32　　《曹沫之陈》简51　　《曹沫之陈》简63

这几支简原整理者是拼合在一起的，但断口不能吻合，文意也不顺畅，因此是有问题的。① 竹简从埋入地下到出土，再到整理公布的过程中会遇到各种情况，每一个过程中都可能造成竹简的折断，折断后再有残损，断口不能吻合的情况是常见的，像上面几个上博竹书《曹沫之陈》中的例子，可以看出，此篇竹简不少折断处，上面的断口整齐，而下面的断口却多不整齐，拼合时需谨慎。当然这并不是说，折断处没有文字，断口不能吻合就没有拼合的可能，如下

---

① 参看陈剑：《上博竹书〈曹沫之陈〉新编释文（稿）》，简帛研究网，2005年2月12日；白于蓝：《〈曹沫之陈〉新编释文及相关问题探讨》，《中国文字》新三十一期。

图所示两例,断口处相差甚远,但从文意看,拼合无误。

上博竹书《缁衣》简5　　　　上博竹书《曹沫之陈》简45

如果折断处文字残缺或模糊不清,若能利用相关字形,把残缺或模糊不清的文字正确释出,则能为竹简的拼合提供积极的证据,如白于蓝认为上博竹书《曹沫之陈》简23上与简51下当拼合为一支整简:

必聚群有司而告之:"二参子勉之,过不在子,在【23上】寡人。吾战敌不顺于天命,反师将复战。"【51下】

这一拼合得益于"寡"字的正确释读,而"寡"字在简51下的最上面,只剩下很少一部分笔画,如图所示:

与其他"寡"字对比可知,释为"寡"是正确的,这样拼合后文从字顺,显然是可信的。①

再看一个更为复杂的例子,上博竹书《君子为礼》篇,按原整理者的意见,简3是一支完简:

> [问]之曰:"吾子何其瘠也?"曰:"然。吾亲闻言于夫子,欲行之不能,欲去之而不可,吾是以瘠也。"颜渊侍于夫子,夫子曰:

简4上段残缺,下段平齐:

> ☑渊起,去席曰:"敢问何谓也?"夫子:"智而□信,斯人欲其

简9是由四段残简缀合而成的,上段平齐,下段残缺:

> "回,独智,人所恶也;独贵,人所恶也;独富,人所恶也。贵而能让,斯人欲其□□贵也;富而"

陈剑认为1—3简当与简9连读,简3与简9连读的释文为:

> [□□问]【2】之曰:"吾子何其瘠也?"曰:"然。吾亲闻言于夫子,欲行之不能,欲去之而不可,吾是以瘠也。"颜渊侍于夫子,夫子曰:【3】"回,独智人所恶也,独贵人所恶也,独富人所恶也。贵而能让□,斯人欲其□贵也;富而☑【9】②

这样连读后,"夫子曰:'回……'"紧接着"颜渊侍于夫子"而来,似乎文从字顺。同时陈剑认为简4可能应该接在简9之后,从文意

---

① 参看白于蓝:《〈曹沫之陈〉新编释文及相关问题探讨》,《中国文字》新三十一期。
② 陈剑:《谈谈〈上博(五)〉的竹简分篇、拼合与编联问题》,简帛网,2006年2月19日。

的相关性上看,也非常可能。但陈伟指出:

> 4号简的话题与9号简密切相关,应该没有疑义。不过,4号简并不能简单地接在9号简之后。这里有两个问题。第一,前面一段文字以智、贵、富为顺,后面却是先说贵、富,再说智。第二,孔子在交待"独智人所恶也"等三个命题后,对其中的两个命题作出解释,另外一个却要让颜渊来说(依原释文)或者由颜渊来转述(依陈剑释文)。①

进而指出"问题可能出在9号简的缀合上",认为简9应从"独富人所"的"所"字下断开,分为A、B二段,这两段残简的缀合是不恰当的,9A很可能原本与4号简属于同一支,拼合后中间尚缺约二字,而9B的内容大致接在4号简之后,从其在简册中的上下位置看,依字数估计,应是处于上部,但简首已残去约二字。同时,认为原释文中4号简的"夫智"之间的"子"字,其实很难看得出来,这个"夫"字可能只是发语词,按照这样的理解,重新拼合、连读的释文为:

> 颜渊侍于夫子。夫子曰:【3】"回,独智人所恶也,独贵人所恶也,独富人所恶【9A】[也。"颜]渊起,去席曰:"敢问何谓也?夫智而□信,斯人欲其【4】[□智]也。贵而能让□,斯人欲其长贵也;富而【9B】……"②

这一拼合是正确的,但其认为4号简的"夫智"之间的"子"字不

---

① 陈伟:《〈君子为礼〉9号简的缀合问题》,简帛网,2006年3月6日。
② 同上。

存在，把"夫"当成发语词，却是有问题的，因为这样的话，"去席曰"后面的话就成了颜渊的自问自答。其实，"夫智"之间的"子"字确实是存在的：

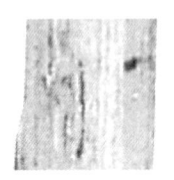

周波已指出了这点，并同意陈剑指出的"敢问何谓也"为颜渊问，"智而……"为孔子回答的看法，将此段文字重新断读为：

  颜渊侍于夫子。夫子曰:【3】"回，独智，人所恶也，独贵，人所恶也，独富，人所亚（恶）【9A】[也。"颜]渊起，去席曰："敢问何谓也?"夫子 [曰]："智而□信，斯人欲其【4】[□智]也。贵而能让，斯人欲其长（？）贵也；富而【9B】……"①

这一看法显然是正确的，可见正确的拼合需要综合考虑多方面的问题。

  在竹简拼合的过程中，如果拼合后认为是一支"完简"，还应注意竹简的长度是否与同篇其他的完简长度一致。如果拼合后的"完简"的长度与同篇其他的完简长度存在明显的差别，那么这样的拼合很可能是有问题的。如上博竹书《曹沫之陈》简8是由上下两段残简拼合而成的，原整理者认为拼合后是"完简"，长度为47.5厘米，似乎与完简的长度是一致的，但残断处的文字有明显的

---

① 周波：《上博五补释二则》，简帛网，2006年4月5日。

残缺,陈剑指出"从小图版可以看出,如将相接处的两残字补足,并留出两残字之间的空白,则整简也将较相邻诸简长出不少"[1],可见简8的拼合是有问题的。[2]此外,如同我们在上一章讨论竹简契口问题时所指出的那样,如果拼合后的竹简的契口位置与同篇其他竹简的契口位置明显不同,那么这样的拼合显然也是有问题的。这是我们在竹简拼合过程中应注意的问题。

在竹简的拼合过程中,还有一种情况值得注意。由于竹书都是呈卷状形态被放入棺椁而埋入地下的,而随着时间的推移,自然环境的变化,再加上盗墓者的干扰,呈卷状的竹书受到外力的挤压,相邻的竹简由于受力部位相近,故其折断处也往往相近,这既为我们的编联带来的便利,又带来了干扰。如果相邻竹简的折断处在相同的位置,且断痕一致,就容易被错误地拼合(特别是在考古发掘出土的情况下),而最初整理者有时并没有给出这些折断、拼合的信息,竹简公布后,导致学者们研究时"失之毫厘,谬以千里"。下面就来看两个这样的例子。

《郭店楚墓竹简》公布时,其中的《尊德义》篇并没有说明有些竹简是拼合而成的,所以也没有学者提出怀疑,直到12年后,顾史考才最先指出了其中存在的问题,"尽管整理者该篇序言并未提及,但从照片上较明显的痕迹及黑白深度对比来看却一目了然,即是有好几支简看起来是由两甚至三枚简片缀合而成的,其间多数

---

[1] 陈剑:《上博竹书〈曹沫之陈〉新编释文(稿)》,简帛研究网,2005年2月12日。
[2] 参看白于蓝:《〈曹沫之陈〉新编释文及相关问题探讨》,《中国文字》新三十一期。

刚好皆是断于第一编绳契口的位置（亦即于头五字左右之下）。然而因为这几枝简似乎本断得很干净，缀得密合而痕迹不特别显眼，且缀合后大部分简文义连贯而似无大误，所以此种情况并未引起学者瞩目，没有放进简序调整的考虑范围之内"，<sup>①</sup>进而指出简20与简23、简18与简32的上部应该互换，以简20、简23为例，来看一下顾史考的论证。简19与简20、简22与简23相接处释文分别为（简断痕迹以"｜"表示）：

……可学也而不可矣（疑）也，（19）可孝（教）也而不可｜迪其民，而民不可走（止）也……（20）

桀不胃（谓）其民必乱，而民又（有）（22）为乱矣。爰（？）不｜若也，可从也而不可及也……（23）

顾史考指出：

第20简"可教也而不可迪其民"，表面上似乎可连读，然而语意难通，且"不可迪其民"比起前句的"不可矣（疑）也"少了一个"也"而多了一个宾语，并不太对称，因而其缀合本有可疑之处。至于第23简的"爰（？）不若也，可从也而不可及也"，至今仍属费解，且其与桀民作乱的关系实无法解释。

然而第20a简与第23a简互换之后，则茅塞顿开，结果如下：

……可学也而不可矣（拟）也，（19）可孝（教）也而不可（20a）｜若也，可从也而不可及也……（23b）

桀不胃（谓）其民必乱，而民又（有）（22）为乱矣。受（纣）

---

① 顾史考：《郭店楚简〈尊德义〉篇简序调整三则》，复旦大学出土文献与古文字研究中心网，2010年12月15日。

不（23a）｜迪其民，而民不可迚（止）也……（20b）

按，第19、20a、23b三枚简段的三句完全相对，皆以"可A也而不可B也"为式，且"拟"、"若"、"及"皆为对文互换的同意词（皆有"比得上"之义），此处编联调整实无可复疑。至于第22、23a、20b三枚简段，其实整理者原疑读"爱"之字（🈳），李零早已疑其实乃"受"字而读为"纣"（"受"字《成之》第34简作"🈳"，写法与此相近），只是因为"纣不若也，可从也而不可及也"无法讲通，所以学者难以从其说。今改拼之后，"桀不"奈"其民"如何"而民"如何，正与"纣不"奈"其民"如何"而民"如何两句紧紧相扣，足以证成李氏之说。

针对《尊德义》篇所存在的这种情况，顾史考结合陈剑的意见，有一番思考，转引如下：

对竹简图版上吾所谓断简的痕迹，笔者曾有两种疑问，其一是整理者对此何以没有任何交代？其二是竹简怎么有可能断得如此干净，照片是否经过特别处理？本文初成后，先寄给陈剑先生征求意见，他立即回信提出一些新的考虑，今先将其主要想法录于此（笔者在此也向陈先生特致感谢）。首先，陈先生指出《郭店楚墓竹简》原书所附"竹简整理号与出土号对照表"中，《尊德义》全篇各简只有一个出土号，宛若并无一枝竹简是断过的。那么如果确是本有断过的竹简，除非是整理者失录，唯一的可能就是其中有误，比如"各为两支整简，清理时分别皆断开、马上再重新拼回去并当时只给一个编号时，被弄错位了"。然而陈先生又指出，这种情况虽然确实可能会发生（如本文第一则所示），不太可能于同篇内会发生两次（所以本文第二则就比较难以成立）。

再来是笔者所谓竹简许多断处之所以看起来那么的整齐，可能是因为这些痕迹其实是由其图版的拍照方式所致，而并不一定是因为竹简本身是断过的。据陈先生所得悉，郭店简拍照时，由于设备条件及部分竹简的扭曲等因素，有不少简是一段一段分别拍的，然后再合成一枝整简的（此也能说明各段曝光度的不同）。这样的话，尽管仍有可能原简恰好于此分段处确实也是断过的，不过此种情况实在无法光据图版来断定。问题是，为什么只有部分简是这样处理的，"是不是正说明那些经过照片拼接的简，虽然拼合痕迹并非竹简残断原貌，但正反映出其原为两段呢？恐怕也难以断定"。此外陈先生又指出，文物出版社的《简帛书法》系列中的《尊德义》照片与原书也有不少出入，原书的那些痕迹于该书多半都已看不出来，不过后者的照片看样子是被处理过的，似亦无法靠之来解决问题。在这种情况之下，尽管本文的第一则应该是可以成立，然必须经过其他管道去了解各简的真实情况，才能继续考虑其他简简头互换的可能。

陈先生的这些考虑甚是，正能说明《尊德义》简序调整的复杂性，而要对之得出一种较为可靠的方案，必须先弄清这些问题方可。在此，笔者只有一两点可以先补充。第一，经过陈先生的提醒，笔者又回去仔细看整理者的出土号，乃发现其所给予的出土号，看样子其实有相当大的任意性。比如《五行》

篇第12简断得很干净，就在一个"心"字的中间，其相缀密合而没有任何问题（毕竟亦有马王堆本可相对），但是出土时应该是已分为两段，因而两段自然就各自给了出土号。然而同篇第7简的情况则刚好相反：其两段明显断开，两枚简片之间甚至缺一字多的简段，不过此明为两枚的"第7简"居然只给了一个出土号。不知是否因为第7简的两段发掘时刚好就靠在一起，而整理者就比较有信心认定是属于同一枝简的，乃干脆给两段同一个出土号？反正，从这种情况来看，足见出土号之多寡并不严格反映原简是否残断的情况。

至于图版照片处理的问题，确是一个比较棘手的难点，因为除非亲眼去看原简，诚然难以断定其真实情况如何。如陈先生所说，何以只有部分简的图版是这样分段处理的，是一个必须继续探讨的问题，而此种分段的痕迹何以《尊德义》篇特别多，也是一个有待解决的大谜。在此必须指出的是，这些分段的交接处在图版上多半形成非常直的横线，但是本文第一则所讲第23简的痕迹却是斜的，两段之间且似乎尚有一点空白可见，而第20简的痕迹也是有一点弯曲，两枝情况稍微特殊。但如果第23简的两段确实是分开的，那么就表明《尊德义》篇亦有两枚同取一个出土号的情况。其他处的痕迹究竟代表什么样的真实情况，确是必须进一步了解，才可望于彻底解决《尊德义》篇乃至郭店楚简各篇的简序问题。[①]

---

[①] 顾史考：《郭店楚简〈尊德义〉篇简序调整三则》，复旦大学出土文献与古文字研究中心网，2010年12月15日。

从各方面来看，顾史考的这一意见都是可信的，可见整理者的拼合确实存在错误，而由于这些拼合的信息没有在《郭店楚墓竹简》一书中反映出来，虽然相关文句语意难通，也没有引起学者的怀疑。再看一个类似的例子，上博竹书《子羔》简11是由两段拼合而成的，衔接处如图：

从放大图版看，衔接处似乎比较密合，但文句为"观于伊而得之🈳三也"，句意不通，陈剑认为此处拼合有误，应拆分开，把简10插入其间，可以复原为一支整简，与竹简形制相同的《鲁邦大旱》对比来看，无论是简长、编绳位置、容字等方面都是一致的，且上下文能很好地疏通，这一重新拼合是可信的。[①]这说明整理者如实说明竹简的拼合情况是非常重要的，竹简信息的公布必须严格地按出土情况详细说明，整理者不能仅凭自己的判断来拼合，而无视竹简

---

① 陈剑:《上博简〈子羔〉、〈从政〉篇的竹简拼合与编连问题小议》,《战国竹书论集》,第24—27页。

折断的信息。同时，作为研究者也须注意的是，对已公布的图版进行研究时，对于图版上看似拼合完好的竹简，也要多方考察，特别是句意是否顺畅，对于讲不通的拼合，就需要考虑拼合是否有误，是否有重新调整的必要。

上博竹书《容成氏》篇竹简保存情况不太理想，公布之后，学者对此篇的拼合编联有很多意见，[①]其中的简7是由整理者拼合而成的，诸家的在研究中都没有提出异议，其拼合处如图：

从图版可以看出，拼合处并不能密合，上下两段左侧拼合后明显不整齐，从小图版可以看出拼合后整支简比较弯曲，我们认为这两段竹简不能缀合，应分为7A、7B两部分。整理者认为简6、7可以连读，释文如下（释文按宽式，下同）：

昔尧处于丹府与藋陵之间，尧贱施而皆_（时时）寞，不劝

---

① 参看单育辰：《新出楚简〈容成氏〉研究》（中华书局，2016年版）第一章第一节"《容成氏》简文排序情况概述"。

而民力，不刑杀而无盗贼，甚缓而民服。于是乎方【6】百里之中，率天下之人就，奉而立之，以为天子。于是于〈乎〉方圆千里，持板正位，四向陈禾，怀以来天下之民。【7】

整理者认为"方圆千里"下脱"之中"二字，"于是乎持板正立"的"于是于〈乎〉"是衍文，[1]这样看似合理，实际上却存在着很大的问题。首先，作为抄本虽然会存在脱漏或衍文，但整体来看并不太多，何以在这一支简中的问题会如此之多？其次，"方圆千里"从现代语法来看是很通顺，但在先秦文献中没有这样的用法，查先秦文献可知，一般说"方百里""方千里"，而不说"方圆百里""方圆千里"。上文即作"方百里之中"，而非"方圆百里之中"。细看放大图版，断折处刚好在"方圆千里"的"里"字的下面，只要与上文的"里"字对比一下，就可看出，此处所谓的"里"字实际上并非"里"字，中间没有一竖笔，下部也没有两横，整理者可能是把残简的折痕当作两横了。所谓的"圆"字释读也有问题。[2]从《容成氏》篇的上下文看，每叙述完一位古代帝王的善政之后，都用"于是于〈乎〉"引领一段说明其政绩成效的话，而简35B所述的这位古代帝王，若按原来的编排却没有这样的一段话，所以简7的下半段应接在简43之后，其内容为：

　　　　☑□氏之有天下，厚爱而薄敛焉，身力以劳百姓。【35B】

---

[1] 马承源主编：《上海博物馆藏战国楚竹书（二）》，第256页。
[2] "圆"字作 形，其内部是一填实的口字，与楚文字中一般的圆字写法不同（参见李守奎《楚文字编》，华东师范大学出版社，2003年版，第377页）。

> 其政治而不赏，官而不爵，无励于民，而治乱不□。故曰：贤及□□【43】☒□于是于〈乎〉持板正位，四向陎禾，怀以来天下之民。【7B】

这样，"于是于〈乎〉持板正位，四向陎禾，怀以来天下之民"，可以看作是简35B所述的这位古代帝王实行善政而带来的成效，与《容成氏》篇所述其他帝王的情况一致。

理论上来说，竹简折断后，成为几截残简，通过各种信息应该可以拼合复原为完简，但实际情况是，在发掘、转运及整理过程中，往往会有损伤或遗失，有时会造成一支竹简断为多截，如果有部分遗失，就不可能复原成完简，所以我们面对的战国竹书中有不少残简。如果一支竹简断为三截或更多，而中间部分又刚好遗失，其上下部分不能直接拼合，但通过各种形制及文意信息来看又确属于一支简，这样就可以遥缀，如：

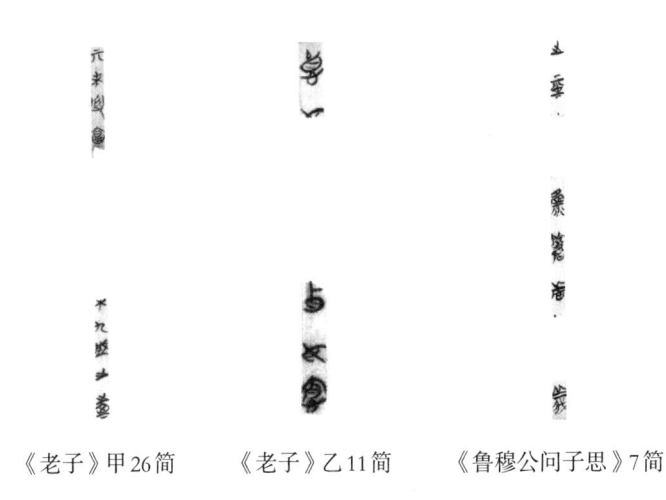

《老子》甲26简　　《老子》乙11简　　《鲁穆公问子思》7简

从上下文文意看，这三支简下段当接在上段的下面是没有问题的，但中间部分遗失了，只能这样遥缀在一起。上博竹书《内礼》简7也是遥缀而成的，遥缀处上下文为：

　　唯（虽）至于死，从之。孝而不谏，不成　　　　不城（成）孝。

整理者认为中间缺了约6厘米，"约有六个字的空间"，并根据文意，拟补为：

　　唯（虽）至于死，从之。孝而不谏，不成孝；谏而不从，亦不城（成）孝。

这一意见显然也是可信的。但有些遥缀却是有问题，如《容成氏》篇简35，原整理者认为此简的上下两段当遥缀，中间缺少两到三个字：

　　王天下十有六年〈世〉而桀作。桀不述其先王之道，自为【芑为于】汤是之有天下，厚爱而薄敛，安身力以劳百姓。

这样的遥缀看不出内容的密切相关性，原整理者补写的内容也没有有力的证据，陈剑指出"这两段残简无论是从编绳位置看，还是从内容看，都不可能属于同一简"，[①] 显然是正确的，此简的遥缀属于误缀。

---

[①] 陈剑：《上博简〈容成氏〉的竹简拼合与编连问题小议》，《上博馆藏战国楚竹书研究续编》，第327页。

遥缀是拼合的一种特殊情况，由于遥缀不像拼合那样有许多可以判断的具体数据，如竹简长度、每支简的字数等，竹简的遥缀除了靠文意的理解疏通外没有更多的直接证据，只是竹简复原中的一种权宜之计，在没有确切证据的情况下，一般不要遥缀。当然，像竹简的拼合一样，契口的位置也可为遥缀提供参考，或判断遥缀是否合理。

## 第二节 编联、编联组

根据竹简的形制等基本要素进行分类，并对残断的竹简做了初步的拼合之后，就可以根据文意，对一支支零散的竹简进行编联。如前所述，简序编号、简背划痕、书写格式等，对竹简的编联有重要的参考价值，除了竹简的形制信息作为参考之外，编联最主要的依据就是文意，寻找出简与简之间的关系，对战国竹书的整理复原最终都是为了读通文本。如果一篇竹书没有缺简，竹简的保存状况较好，可以通过文意的疏通恢复其原貌，特别是一些叙述逻辑清楚，篇幅不长的竹书，相对来说比较容易，编联成功就基本能排定竹简的次序。如郭店竹书《鲁穆公问子思》篇共8支简，简6缺损一字，简7残断，其他简完整，简8有篇章完结的符号，下面留白：

战国竹书复原综论

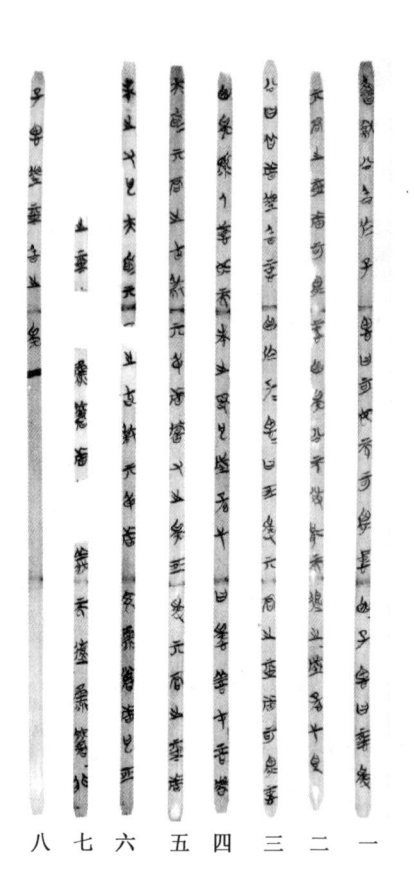

八 七 六 五 四 三 二 一

编联后的释文为:

鲁穆公昏(问)于子思曰:"可(何)女(如)而可胃(谓)忠臣?"子思曰:"恒(亟)再(称)【1】其君之亚(恶)者,可胃(谓)忠臣矣。"公不敓(悦),揖(揖)而退之。城(成)孙弋见,【2】公曰:"向(嚮)者虐(吾)昏(问)忠臣于子思。子思曰:'亘(亟)再(称)其君之亚(恶)者,可胃(谓)忠【3】臣

132

矣.'慕(寡)人惑安(焉),而未之得也。"城(成)孙弋曰:"悇(噫),善才(哉),言虞(乎)!【4】夫为其君之古(故)杀其身者,尝又(有)之矣。亘(亟)再(称)其君之亚(恶)者【5】,未之又(有)也。夫为其[君]之古(故)杀其身者,交(效)录(禄)筐(爵)者也。亘(亟)【6】□□□之亚(恶)□□录(禄)筐(爵)者□。□义而远录(禄)筐(爵),非【7】子思,虞(吾)亚(恶)昏(闻)之矣。"【8】

可以看出,本篇是问答体,叙事线索清晰,逻辑清楚,编联后除了残缺的几个字,就完整排定了原来的简序,这样的编联是没有问题的,学者也无异议,这当然是战国竹书复原的理想状态。

有些竹书完全复原是有难度的,一是本身非叙事性的、没有明确逻辑关系的竹书,二是虽有叙事逻辑,但竹简有残缺的,这两类竹书在复原的时候往往难以完全复原,这样的情况,就需要尽可能把可以衔接的竹简排在一起,按文意分成不同的编联组。

先看第一类,郭店竹书《老子》因形制的不同,整理者分为三篇。《老子》甲共39支竹简,虽然从竹简本身来看,简上有几处在一章的末尾有墨块做结束的符号标志,但并不完备,时有时无,对分篇分章意义不大,整理者分为五个编联组,分别是简1—简20,简21—简23,简24,简25—32,简33—简39,之所以这样分组,是因为简20、23、24、32、39刚好抄完一章,且这5支简下面有留白,不再抄写简文,这几支后面该编联哪支简无法确认,也就是说根据文意及今本的参照,这五组简内部的顺序是可以确定的,但组与组之间的顺序是不能确定的。对照今本《老子》，这些五组简文相当于今本的19章、66章、46章中段和下段、30章、15章、64章下段、37章、63章首尾部分、2章、32章；25章、5章中段；16章上段；64章上段、56章、57章；55章、44章、40章、9章，可以看出，以今本为参照，郭店竹书《老子》甲的次序也是混乱的。李零提出郭店竹书《老子》甲分为上下篇，即简21—简23，简24，简33—简39三组为上篇，简1—简20，简25—32两组为下篇，也没有坚实的依据。[①] 如果我们要探讨郭店竹书《老子》甲的内在关系，只能按组讨论，而不能把整理者的排定次序当作抄写编联时的原貌。类似的情况还见于上博竹书《用曰》，本篇今存简20支，整理者说明"每一小节字数不多，陈述简洁，自为起讫，且原简书目有所缺佚，编联困难。简号仅作排列之用，内容未必有连属关系。至于第20简句末有分章标记，并留有空白，故置于全篇之末"。篇内每一章都是先叙述一些内容，然后以"用曰"作结，类似于一些名言警句，各章之间看不出逻辑关系，除了个别能衔接的竹简之外，大部分不能连读，排序难度较大，虽然整理者提出了很多意见，但没有什么突破。[②] 郭店竹书《语丛》四篇的情况也类似。同样的还有郭店和上博竹书《缁衣》，虽然也是像《老子》这样的章与章之间没有明确的逻辑关系，但因为竹书本身连续抄写，又与今本的次

---

[①] 李零：《郭店楚简校读记（增订本）》，第3页。
[②] 俞绍宏：《上海博物馆藏楚简校注》，第508—509页。

序基本一致，所以其复原是没有问题的。所以对于这类型的竹书进行复原时，要考虑多种因素，本身的内容不足以提供完全的编联次序时，只能按编联组暂且排定。

再看第二类的，目前发现的战国竹书大都是叙事性的，或有一定逻辑关系的说理性文章，这类竹书如果没有缺简，基本都是可以完全复原的，而对于一些有缺简的竹书仍可根据文意对部分简序加以局部调整。在上博竹书的复原过程中，就存在大量这样的例子，如《容成氏》《季康子问于孔子》《姑成家父》《三德》《弟子问》《孔子见季桓子》等就属于这种情况，整篇的叙事顺序可以大致理清，但中间有缺简，不能完全复原。对于这种一篇竹书因缺少部分竹简不能完全复原的情况，可以考虑分组，即把能编联的编联在一起，而形成不同的编联组，这样在竹书不能完全复原的情况下，不至于对竹书的进一步研究造成太大的影响，同时也为其他学科的学者提供较为可靠的文本，而不是错误的或不成篇的文本。

战国竹书的编联是一项复杂的工作，同时也是综合运用竹简各类信息的过程，编联的最主要依据是文意，而理解文意的基础是文字的正确释读，所以对一些疑难字或残缺字的释读，往往能为拼合与编联提供直接的证据。如有学者认为上博竹书《仲弓》篇简23的上半段当与简24拼合为一支整简：

夫行，巽🈳学☐【23A】☐之。一日以善立，所学皆终；一日以不善立，【24】所学皆崩，可不慎乎？"……【25】

但由于简23的"🈳"字未能释出，因此这一意见未能被接受。陈剑把"秊"字释为"年",认为"巺(旬)年"与简24的"一日"相对为文,一强调时间之长,一强调时间之短。[1] 由于"年"字的释出,这一拼合、编联显然是可信的。李家浩指出郭店竹书残简20的字体与《老子》乙相同,应拼合在《老子》乙简10之后,拼合处的文字为"夷道如类,【进】道若退",这一结论显然是可信的。[2] 再如郭店竹书《语丛一》简31"礼,因人之情而为之"与简97"节文者也"的编联,便是因为"文"字的正确释读,且能与《礼记·坊记》对读,使得这两支简的编联确不可易。[3] 郭永秉释出了《容成氏》简32与简5中的一个之前未释出的人名"有虞逈",认为是尧之前的一位上古帝王,进而整理出一个编联组:35B+43,31—32,4—5。[4] 这些都是因文字的正确释读进而解决了相关竹简编联的例子。

## 第三节　篇序排定

郭店竹书和上博竹书中很多篇章的编联存在很大的争议,特别是上博竹书,涉及的编联和排序方面的问题最多,很多篇章至今仍没有较好的编联方案,这固然与竹简本身的保存状况有直接的关

---

[1] 参看陈剑:《〈上博(三)·仲弓〉剩义》,《简帛》第三辑,上海古籍出版社,2008年版。
[2] 李家浩:《关于郭店〈老子〉乙组一支残简的拼读》,《中国文物报》1998年10月28日。
[3] 参看陈伟:《郭店竹书别释》,第209—211页。
[4] 郭永秉:《从上博楚简〈容成氏〉的"有虞逈"说到唐虞史事的疑问》,简帛研究网,2005年11月7日。

系，同时也与早期研究中对竹简信息把握得不够充分有关。随着对战国竹书研究的深入，更多的信息被揭示了出来，对竹书的复原起到了很大的辅助作用，清华竹书的整理研究提供了很多新的信息，为竹书的编联排序提供了便利，也对今后的整理工作提供了借鉴。

清华竹书中对编联复原最有价值的是简序编号，按简序编号对竹书排序，除了个别的讹误之外，都能完全复原整篇竹书的顺序，对个别缺失的竹简，也能准确地判定其位置。可以说，在战国竹书复原中，简序编号是简序排定的最有价值的参考信息。

孙沛阳揭示出竹简的简背划痕对竹简复原的重要价值之后，这一信息在竹书的整理复原中也得到了很好的利用，清华竹书中许多篇的整理说明都提到简序的排定参考了简背划痕。前面我们也提到了学者利用简背划痕调整整理者排定简序的例子，都是成功的个案。对于篇幅不长尤其是一个竹筒制成的竹简可以抄写完的竹书，简背划痕的参考价值较高，但对于篇幅较长，由多个竹筒制成的竹简抄写完成的竹书来说，则需要参考其他因素来排定简序。

北大汉简本《老子》就是由多个竹筒制成的竹简抄写而成的，对于其排序，韩巍指出：

> 因为有传世本可供参照，汉简《老子》一章之内的简序编排并无问题，但由于每章均另起一行书写，其章序的编排在整理工作初期一直困扰着我们，而简背划线在解决这个难题时发挥了关键作用。然而我们也注意到汉简《老子》同一卷册背面

存在多条划线，如果不考虑简文内容，同属一条划线的竹简固然可以根据划线走向依次编排，但属于不同划线的竹简却会出现多种衔接的可能性。对于那些没有传世本可供参考的古佚书，即使将简文内容与简背划线互相参照，也仍然会出现某简既可与甲简衔接，又可与乙简衔接的情况。而且简背划线还存在一些不能紧密衔接的地方，在这种情况下更容易发生错误。但简背划线因素的加入，毕竟使简序编排时的选择范围大大缩小，降低了发生错乱的概率，其作用不可小视。①

这一情况同样也存在于战国竹书中，前面提到郭店竹书《老子》甲的排序问题，因为没有其他信息可供参考，所以只能分为五个编联组，如果郭店竹书《老子》甲简背有划线的话，我们相信可以为这五个编联组的排序提供新的思路，对于探讨《老子》的成书过程也有积极的意义。

虽然目前已公布的清华竹书中，有简序编号和简背划痕的篇章不少，它们对简序的排定起到了重要的作用，但也有不少是没有的，竹简的排序也同样存在问题，如《保训》篇，本篇保存状况较好，只有简2上部残缺十余字，整理者的排序如下：

惟王辛=（五十）年，不瘳（豫），王念日之多鬲（历），恐（恐）述（坠）保（宝）训。戊子自演=（靧水）。己丑昏（昧）

---

① 韩巍：《西汉竹书〈老子〉简背划痕的初步分析》，北京大学出土文献研究所编：《北京大学藏西汉竹书（贰）》，第235页。

## 第二章 战国竹书复原的步骤

【一】[爽]□□□□□□□□[王]若曰:"发,朕〈朕〉疾壹甚,忎(恐)不女(汝)及【二】训!昔裔(前)人迪(传)保(宝),必受之以詞。今朕〈朕〉疾允瘍(病),忎(恐)弗念(堪)夂(终)。女(汝)以箸(书)【三】受之。钦才(哉)!勿淫!昔螽(舜)旧复(作)火=(小人),亲勘(耕)于鬲(历)茅(丘),忎(恐)救(求)中。自诣(稽)辠(厥)志,【四】不讳(违)于庶万眚(姓)之多欲。辠(厥)又(有)敁(施)于上下远埶(迩),廼(乃)易立(位)埶(设)诣(稽),测【五】侌(阴)湯(阳)之勿(物),咸川(顺)不諹(逆)。螽(舜)既昱(得)中,言不易实货(变)名,身兹备,佳【六】允,翼=(翼翼)不解,甬(用)作三隆(降)之惠(德)。帝尧(尧)嘉之,甬(用)受(授)辠(厥)绪。于(呜)虔(呼)!祗之【七】才(哉)!昔党(微)叚(假)中于河,以逯(复)又=易=(有易,有易)怀(服)辠(厥)皋(罪),党(微)亡(无)离(害),廼(乃)追(归)中于河。【八】党(微)寺(志)弗忘,迪(传)釙(贻)孙=(子孙),至于成康(汤),祗(祗)备(服)不解,甬(用)受大命。于(呜)虔(呼)!发,敬才(哉)!【九】朕〈朕〉醻(闻)兹不旧(久),命未有所次(延),今女(汝)祗(祗)备(服)母(毋)解。兀(其)又(有)所卤(由)矣,不【十】及尔(尔)身受大命。敬才(哉)!母(毋)淫!日不足隹佋(宿)不羕(详)。"【十一】

白于蓝、段凯指出,这样的排序存在一些难以讲通的地方:

第一,整理者将简2与简3连读,但是简2有"朕〈朕〉疾

139

壴甚"语，而紧接着的简3又有"今躰〈朕〉疾允瘠（病）"语。两句话语义相仿，似无理由在同一段文字中一再重复。

第二，简2与简3连读后，两简连接处的文句为"忎（恐）不女（汝）及训"，整理者认为"'忎（恐）不女（汝）及训'，'汝'为宾语，意即'不及训汝'。"按照整理者的解释，"训"在此处用为动词，但是通观全篇内容，"训"字在此似还是指简1"忎（恐）述（坠）保（宝）训"之"保（宝）训"为宜，实用为名词（详下文）。

第三，整理者将简3与简4连读，两简连接处的文句为"女以箸（书）受之"。整理者认为"箸"是楚文字"书"的专字，"简文中意为以简册书写记录"，但对"女以箸（书）受之"这句话未作整体解释。依照其对"书"字的解释，则盖是认为"女以箸（书）受之"即以简册书写记录并接受之。至于简文之"之"指代什么，整理者亦未作解释。赵平安则将这段文字断读为"今朕疾允病，恐弗念终汝以箸受之"，认为"汝以箸受之"就是你以书的形式接受它。这个它，承上文，指詷。按，以上二说均将"箸"释为"书"，正确可从。但是，不论"女以箸（书）受之"之"之"指代什么，既然太子发能够"受之"，"之"都应该是一种已经成文或成形的现成文献。因此，既没必要强调太子发要"以简册书写记录"，也没必要强调要"以书的形式"（因其本来就是书）。两种解释对简文的具体理解都没多大帮助。

第四，整理者将简10与简11连读，两简连接处的文句为"今女（汝）麣（祇）备（服）母（毋）解。亓（其）有所酉（由）矣，不及尔（尔）身受大命"。诸家对此均无异义。按，"亓（其）有所酉（由）矣"之"亓（其）"字在句中的语法位置当用为代词，但此处之"亓（其）"字到底指代何物似无从着落。而且，"亓（其）有所酉（由）矣"与简文前后两句话"今女（汝）麣（祇）备（服）母（毋）解"和"不及尔（尔）身受大命"之间缺乏必然的联系。另外，"不及尔（尔）身受大命"前似亦缺少了主语"朕"字。①

进而提出了新的排序方案，认为简3应从简2与简4中间抽出，置于简10与简11之间，调整后的释文如下：

惟王五＝（五十）年，不瘳（豫），王念日之多鬲（历），忑（恐）述（坠）保（宝）训。戊子，自演＝。己丑，昧【1】【爽】□□□□□□□□□【王】若曰："发，朕疾覃（渐）甚，忑（恐）不女（汝）及【2】受（授）之。钦才（哉）！勿淫！昔亝（舜）旧（久）复（作）小人，亲勘（耕）于鬲（历）茅，忑（恐）救（求）中，自诣（稽）氒（厥）志，【4】不讳（违）于庶万眚（姓）之多欲。氒（厥）又（有）攺（施）于上下远埶（迩），䢌

---

① 白于蓝、段凯：《清华简〈保训〉篇竹简编连问题刍议》，《古文字研究》第三十辑，中华书局，2014年版。

（乃）易立（位）埶（设）诣（稽），测【5】会（阴）旸（阳）之勿（物），咸川（顺）不諹（逆）。叡（舜）既得中，言不易实觉（变）名，身兹备（服），隹（惟）【6】允，翼=（翼翼）不解（懈），用作三隆（降）之惠（德）。帝尧嘉之，甬（用）受（授）氒（厥）绪。于（呜）虐（呼）！朁（祗）之【7】才（哉）！昔党（微）叚（假）中于河，以复（覆）又=易=（有易，有易）怀（服）氒（厥）辠（罪），党（微）亡（无）禹（害），廼（乃）追（归）中于河。【8】党（微）寺（志）弗忘，速（传）饴（贻）孙=（子孙），至于成康（汤），朁（祗）备（服）不解（懈），甬（用）受大命。于（呜）虐（呼）！发，敬才（哉）！【9】朕餰（闻）'兹不旧（久）命，未有所次（诞）'。今女（汝）朁（祗）备（服）母（毋）解（懈）。其有所卣（由）矣，不（丕）【10】训！昔前人速（传）保（宝），必受（授）之以詷（诵）。今朕疾允病，志（恐）弗念（堪）终，女（汝）以箸（书）【3】及尔（尔）身受大命。敬才（哉）！母（毋）淫！日不足隹（惟）宿不羕（详）。"【11】

并对相关文句做了疏解，这一重新排序应该是可信的。①

再看一个结合简背划痕排定简序的例子。清华竹书《郑武夫人规孺子》现存18支简，整理者认为原来应有19支简，第十五简缺失，学者对本篇的编联复原有不同的意见，贾连翔根据竹简的形制

---

① 白于蓝、段凯:《清华简〈保训〉篇竹简编连问题刍议》,《古文字研究》第三十辑,中华书局,2014年版。

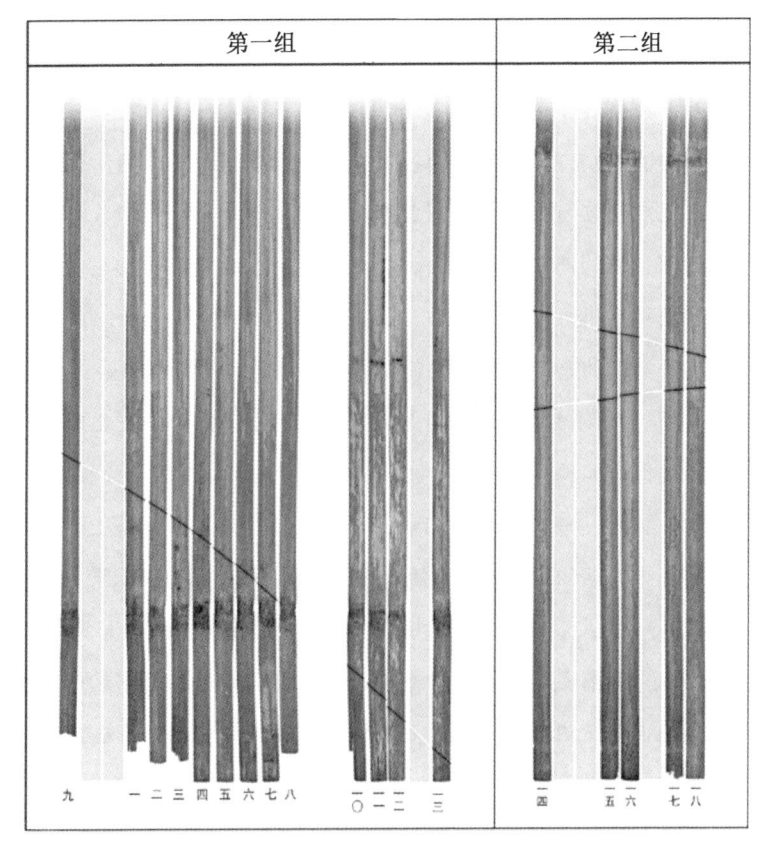

和简背划痕重新梳理的全篇简文,其所作的简背划痕示意图如下:

| 第一组 | 第二组 |
| --- | --- |

从图示可以看出:

  第一组竹简的划痕又可分为两段:一段以简9+简1+简2+简3+简4+简5+简6+简7+简8为序,这段划痕紧贴于下道竹节的上方;二段以简10+简11+简12+简13为序,这段划痕紧贴于下道竹节的下方。简9与简1的划痕之间约有两支宽度的间隔，简12、13之间约有一支简的间隔。简8上虽未见划痕，但这段划痕行至简8时已到竹节位置，可能是在修治竹节时，划痕遭到了破坏，此外简8简背下端有一块污痕恰可与简7相吻，也可作为两者相连的佐证。明确了简7和简8的连接关系之后，实际上上述两段划痕也是可以贯连的，而简8和简10之间也有约两支简的间隔。这些间隔即反映出曾有相应支数的竹简被弃用。

第二组竹简以简14+简15+简16+简17+简18为序，简14与简15的划痕之间约有两支简宽度的间隔，简16、17之间约有一支简的间隔，这些间隔也反映了这段竹简曾有三支简被遗弃。

据此，我们以简背划痕这一形制信息为基础，将上述十八支简分为两组，即简9、简1—8与简10—13为一组，简14—18为另一组。

正如前文所说，由于划痕产生于竹简之上，竹书的最终编连应以简文内容的关联为最终校验。据正文内容，简1为篇首，简18为篇末，是毫无疑问的。简9从第一组中摘出后，首先考虑的编联位置应当是在两组之间，即简13、14之间。重新梳理文意之后，贾连翔认为《郑武夫人规孺子》篇当无缺简，现存十八支即是其原貌，而其编连应以简1—8、简10—13、简9、简14—18为序，是一篇完整的先秦典籍。① 可见，即使是保存比较

---

① 贾连翔：《清华简〈郑武夫人规孺子〉篇的再编连与复原》，《文献》2018年第3期。

完整的竹书，如果没有能对排序提供积极参考作用的形制等信息，其排序仍需谨慎认真梳理文意，考虑各种因素，才能复原竹书的本来面貌。

再看一个更为复杂的例子。清华竹书《治邦之道》和《治政之道》本来分属于两册公布，《治政之道》属于清华竹书（九），此篇共43支简，简尾有编号，首尾编联无阙，大部分简自竹节处断为两段，完简不足十支，经缀合，内容基本完整，而《治邦之道》属于清华竹书（八），此篇现存简27支，三道编，无序号，可见两篇从书写习惯上来看是不同的，但内容似乎有相关性。《治政之道》篇43支简，有42支有编号，从"一"到"卌二"，另有一支无编号简，据贾连翔统计，前42简每简写有46±5字，无编号简简则有65字，且末字已写至"地脚"处，占了编号位置，如果把无编号简作为本篇的最后一支简，最后部分的释文为：

……彼其行李使人来请其故，不听其辞，唯纵其志。彼乃播善执怨，亦戒以待之。【41】□□□非山川、丘社、后稷，以及吾先祖、皇示、庶神，是其愠憸于我邦，以不佑我事，灼龟、鳏祀、磔禳、祈佐，沉□珪璧、牺牷、馈䈻，以祈其多福，乃即以复之。彼【42】为时以相见平隧之中，凿杜除轫，被甲缨胄，以众相向。夫乱者乃违心愠怨，不辑君事，以辱其君，事无成功，疲敝军徒，露其车兵，以不得其意于天下，则或咎天曰："毋乃虐（乎）！"【X】[①]

---

[①] 贾连翔：《从〈治邦之道〉和〈治政之道〉看战国竹书"同篇异制"现象》，《清华大学学报（哲学社会科学版）》2020年第1期。

贾连翔指出，"细吟简文不难发现，第41、42号简之间的内容有跳跃，逻辑关系不清，二者仅仅是靠编号排在一起的。末句'则或咎天曰'后的'毋乃虡'也颇为不辞，而第42号简起始的'□□□非山川、丘社、后稷，以及吾先祖、皇示、庶神……'一段，则更符合'咎天'的内容。若能将第42号简和第 X 号（引按：即无编号简）简的顺序对调，上述问题便可得到很好的解决，但如此一来，势必要打破竹简的原编号"，"根据反印墨迹的对应关系，末尾三简的原编连顺序应是第41、X、42号简"，但是"简序确定后，一个新的问题摆在面前，《治政》第42号简最末一字是'皮（彼）'，内容显然没有结束，这组简成了有首无尾的残篇。此时我们又联想到之前那篇有尾无首的《治邦》，方才悟到这两组竹简很可能是一篇竹书"，进而将两篇竹书合编在一起，其顺序应为：《治政》第1—41号简、《治政》第 X 号简、《治政》第42号简、《治邦》第14号简、《治邦》第1—13号简、《治邦》第15—27号。此两篇竹简形制和字迹明显有差别，贾连翔对此做了深入的分析，称之为"同篇异制"，最后分析指出：

这一现象的揭示，丰富了我们对于战国竹书形制及古书抄写复杂性的认知，也为竹书的整理提供了更开阔的思路。过去我们曾将竹简长度（含竹节位置、划痕）、书手字迹、有无次序编号等，视作竹书整理分篇的基本依据，在"同篇异制"的竹书中，这些内容悉数被打破，而反印墨迹、编痕契口位置以及细致的字迹比对等，则提供了更精确的依据。在此基础上，简文内容的贯通性，才是我们校验编连是否正确的核心标准。这同时也提醒我们，竹书整理不能仅限于文字、文本的释读，需要更多地藉助考古学视角，充分利用竹简形制信息（包括出土状态等），尽可能地复原竹书的原始面貌，进而呈现和挖掘出更多的古书编撰、流传信息。在这一工作中，对竹书文字内容的释读和形制信息的分析，每每是相辅相成的，如鸟之双翼，缺一不可。[1]

可见我们对战国竹书的了解和认识是随着研究的深入而逐步全面的，我们必须立足文意，从多方面考虑，才能最终复原竹简，排定正确的简序。

在出土的战国竹书中还有一种对简序排定可提供参考的情况，就是有些篇章在同一批或不同批的竹简中有重篇。如果两篇的形制和抄写者不同，就会出现同一篇竹书有两种文本样貌，这样我们就可以互相比对进行编联和排序，如郭店竹书《性自命出》篇公布后，学者对其排序有不同意见，后来上博竹书《性情论》公布，二者互相比照，可见郭店竹书整理者的排序是正确的。[2] 再如上博竹书《曹沫之陈》，原整理者谓本篇现存整简45支，残简20支，共65支竹简，竹简大都是从中间残断，给本篇的编联带来很大的困难，其中的所谓整简，也有不少是两支残简拼合而成的，且有的拼合不

---

[1] 贾连翔：《从〈治邦之道〉和〈治政之道〉看战国竹书"同篇异制"现象》，《清华大学学报（哲学社会科学版）》2020年第1期。

[2] 冯胜君：《郭店简与上博简对比研究》，第189页。

正确。上博竹书《曹沫之陈》公布之后，有多位学者参与了讨论，尝试了各种可能性，可以说能拼合的竹简都做了尽可能的拼合，但对整篇的编联、简序的排定，却没有较为一致的看法，只能认为其中有缺简，文意难以贯通。[1]新近公布的安大竹书中，也有《曹沫之陈》篇，保存状况较好，与上博竹书《曹沫之陈》相比，除了个别字词略有差异外，二者内容一致，上博竹书《曹沫之陈》可以据以复原，除个别竹简稍有残断外，不存在缺简，全篇共55支竹简，是一篇完整的文献。[2]整篇竹书复原后，上博竹书《曹沫之陈》原整理者的一些拼合错误得以改正，而各位研究者的拼合、编联意见也互有对错，一方面为学者们的研究工作感到高兴，他们为竹书的复原做出了努力，很多拼合非常精彩，另一方面，我们也需要反思，对战国竹书的了解是否全面，对竹简的各种信息是否把握准确，对各种出土典籍（特别是佚书）文意的理解是否能够更深入。同时，对以往研究中一些篇幅较长，学界还没有统一拼合、编联意见的竹书，是否还需重新考虑。

## 第四节　篇际调整

篇际调整是相对于一篇之内的内部简序调整而言的，"如果将

---

[1] 各家的编联排序意见，可参看王青《上博简〈曹沫之陈〉疏证与研究》(北京师范大学出版社，2017年版)"绪论""二、《曹沫之陈》竹书研究现状"，第5—7页。

[2] 李鹏辉：《据安徽大学藏战国竹简〈曹沫之陈〉谈上博相关简文的编联》，《文物》2022年第3期。

原有各篇内部编联组之间或者某组内各简之间的顺序调整称为篇内调整的话，在原相关各篇之间进行这项工作，可以称为篇际调整"。① 在郭店和上博两批竹书中有一些篇章，其竹简形制及字体完全相同，原整理者按自己的理解分为若干篇，但随着研究的深入，发现此篇的某支简应属于彼篇，彼篇的某支（或某几支）简应属于此篇，需要在不同篇之间做调整。篇际调整的前提是，相互调整的几篇，其竹简形制及字体必须相同或相近（当然也不排除多个书手共同抄写完成的情况）。陈伟最早对这类情况进行了研究，指出：

> 与同一篇中竹简顺序的局部调整相比，原为一篇简书的离析、甚至原有数篇简书之间的调整，具有更大的挑战性……原《成之闻之》、《尊德义》、《六德》三篇，竹简形制相同，字形相似，内容都是谈儒家思想，原篇际之间也可能存在调整的余地。对于《六德》49号简，裘锡圭先生按语就曾指出："此简不知当属何篇，姑附于此。"王博先生则认为："从意义上来说，此简与《尊德义》的关系要更密切，可能属于彼篇。"我们还可以看到，《成之闻之》31—33号简说："天格大常，以理人伦。制以君臣之义，图为父子之亲，分为夫妇之辨。是故小人乱天常以逆大道，君子治人伦以顺天德。"第40号简说："是故君子慎六位以已天常。"这些话语与该篇其他诸简缺乏联系，而与原《六德》诸简直接相关。这便显示出，这些简大概应该从原

---

① 陈伟：《郭店竹书别释》，第90页。

来所在的篇中移出，调入以原《六德》诸简为主的一篇之中。①以此为基础，陈伟结合多位学者的意见，对郭店《成之闻之》《尊德义》《六德》这三篇的竹简进行了尝试性的"篇际调整"。②需要说明的是，陈伟关于此三篇的"篇际调整"的意见并未赢得学界的普遍认同，如顾史考认为：

> 今拿长度均为32.5厘米、编线间距为17.5厘米的《尊德义》、《成之闻之》、《性自命出》、《六德》等四篇儒家佚书为例。这几篇既然内容相近、尺寸一样，那么四篇之间是否有互相调动其某一些简之可能？或甚至将此四篇连在一起而成为一大篇来读呢？从内容上讲虽然似乎有可能，但依笔者之意，此非要同时考虑到字体方面的问题不可。因为若是查看如"者"、"而"、"则"等常用字在各篇的写法，我们会发现各篇之内皆有独特的字体，而且与其他篇又不相同……这种现象足以证明彭浩、裘锡圭等学者所定的分篇法可称为考虑周全、推论正确。依上所论，若想在此四篇之中互动其简，则非兼顾到内容与字体两方面的问题不可。③

可见有关此三篇"篇际调整"的问题，还有待进一步的研究。④虽

---

① 陈伟：《郭店竹书别释》，第7—8页。
② 陈伟：《郭店竹书别释》，第83—108页。
③ 顾史考：《论郭店楚简的研究方法及方向》，《新出简帛研究》，文物出版社，2004年版，第218页。
④ 参看单育辰：《郭店〈尊德义〉〈成之闻之〉〈六德〉三篇整理与研究》，科学出版社，2015年版。

然如此，篇际调整的情况确实是存在的，下面我们举几个这方面的例子。

上博竹书《内礼》篇共有11支竹简，其中有一条是附简，简长24.5厘米，仅残存下段。整理者释文如下：

☑□无难。毋忘姑姊妹而远敬之，则民有礼，然后奉之以中准。

整理者在注释中就该简的归属问题指出："此简字体与本篇相同。曾将之与第八简缀接，但文义不洽，且编线不整。存此备考。"由此可见，整理者之所以将此简置于该篇，仅是由于该简字体与该篇其他简的字体相同。但因为此简与第八简之间文义不通，且编线不整，所以亦不能肯定将此简置于该篇是否正确，只能是"存此备考"。福田哲之将这段附简的字体与《内礼》篇其他各简、《昔者君老》篇以及《季康子问于孔子》篇三篇的字体进行了认真比对，指出：

尽管附简与《内礼》在书写风格上有许多相似性，但附简中"亡（无）"、"母（毋）"、"而"、"敬"、"则"、"民"、"豊（礼）"、"中"等字与《内礼》《昔者君老》中的相应字在字形方面间有许多不同。而这些字与上博五《季康子问于孔子》的字形刚好吻合。因此我们可以指出《内礼》附简应归于《季康子问于孔子》。[①]

---

[①] 福田哲之：《上博四〈内礼〉附简、上博五〈季康子问于孔子〉第十六简的归属问题》，简帛网，2006年3月7日。

从字体书写风格的角度进行考察，福田哲之的看法是可信的，《内礼》篇附简的确应该归入《季康子问于孔子》篇。耐人寻味的是，同样情况亦出现在《季康子问于孔子》第十六简，该简简长14.8厘米，仅残存下段。整理者释文是：

> ☐之必敬，如宾客之事也。君曰：'荐礼☐

福田哲之指出，此简中"敬""也""礼"等字的字形与该篇其他竹简的字形相异，却与《内礼》《昔者君老》一致。从而认为该简当与《昔者君老》第2简（简长22.6厘米、上端稍残，下端残缺）相缀合。缀合后的释文是：

> 至命于合门，以告寺人，寺人入告于君。君曰："召之"。太子入见，如祭祀之事，【昔2】……之必敬，如宾客之事也。
> 君曰："荐礼【季16】

缀合后的简长为37.4厘米，而《昔者君老》的完简简长为44.2厘米，距完简仍差6.8厘米。福田哲之因此认为此二简之间尚有6.8厘米的竹简缺失。[1] 这些结论应该是可信的。

再看一个上博竹书（三）《彭祖》篇与上博竹书（六）《竞公瘧》二篇之间进行篇际调整的例子。程鹏万指出《彭祖》篇的第4简虽然从字形上看与同篇的其他7支简是同一抄手所书写的，但形制上存在明显的差别，《彭祖》篇完整的竹简编绳有三道，上契口距竹

---

[1] 福田哲之：《上博四〈内礼〉附简、上博五〈季康子问于孔子〉第十六简的归属问题》，简帛网，2006年3月7日。

简顶端约9.8厘米,而第4简上契口到顶端的距离为8.4厘米,与其他简相比,相差有1.5厘米之多,差别明显,因此其归属可能是有问题的。进而根据冯胜君指出的《彭祖》与上博竹书(六)《竞公疟》系同一人抄写的意见,认为《彭祖》篇的第4简应归入《竞公疟》篇,而《竞公疟》篇各简的上契口到顶端的距离为8.4或8.3厘米,可见二者在形制是一致的。然后根据残断处的形状,指出《彭祖》篇的第4简应与《竞公疟》的第5简拼合在一起,拼合后的相关文句为:

【屈】木为成于宋,王命屈木问范武子之行焉。文子答曰:"夫子使其私史听狱于晋邦,敷情而不偷。使其私祝史进【竞4】……既只于天,或椎于渊。夫子之德登矣,何其崇!"故君之愿、良【彭4】、温、圣,外内不废,可因于民者,其祝、史之为其君祝说也。正□【竞5】①

这样调整后,竹简形制、字体方面没有问题,而文意也较通顺,可见是正确的方案。

再看一个更为复杂的例子。上博竹书《平王问郑寿》与《平王与王子木》,整理者分为独立的两篇,认为《平王问郑寿》简7有墨钩并留有空白,表示一篇的结束,而《平王与王子木》简的第一字"智"下有一段空白表示上一篇的结束。凡国栋认为《平王与王

---

① 程鹏万:《上博三〈彭祖〉第4简的归属与拼合》,复旦大学出土文献与古文字研究中心网,2010年1月17日。

子木》简5应在简1和简2之间，①全篇通读为：

　　　　知　　　竞平王命王子木逅城父，过申，暑（煮）食于鼪寬，城公干䓈【平王与王子木1】![] 于𦯔中，王子问城公："此何？"城公答曰："䓈。"王子曰："䓈何以为？"【平王与王子木5】曰："以种𦬆（麻）。"王子曰："何以𦬆（麻）为？"答曰："以为衣。"城公起曰："臣将有告，吾先君【平王与王子木2】庄王逅河雎之行，暑（煮）食于鼪寬，醓（醯）盉不䉼。王曰：'醯不盡。'先君【平王与王子木3】知醯不盡，醓（醯）盉不䉼。王子不知麻。王子不得君楚，邦或不得。"【平王与王子木4】

这样编联后，大体能读通，但对于简1开头的"智"没有说明，沈培认为：

　　《平王与王子木》篇首简的"智"字应当怎么看呢？其实，仔细观察《平王问郑寿》篇的第六简就可以知道。此简最后一字不甚清楚，整理者释为"弟"，何有祖先生指出当是"弗"字，十分正确。……知道了此字为"弗"，也就知道了此简当与《平王与王子木》的"智"字当连读。连读以后，可知《平王问郑寿》第六简郑寿回答平王的话是"臣弗智（知）"。

　　因此，比照以前整理者的习惯，《平王问郑寿》与《平王与王子木》应当合在一起整理，篇名或可称为《平王问郑寿·平王与王子木》。这两个故事，大概是一个大篇中的两个小段。

---

① 凡国栋：《〈上博六〉楚平王逸篇初读》，简帛网，2007年7月9日。

至于《平王问郑寿》第七简，其字体与内容皆与此篇无关，究竟应当属于哪一篇，有待进一步研究。①
按这一方案调整后，两篇的释文为：

竞坪（平）王熹（就）奠（郑）寿，誊之于厡（祢）届（庙），曰："禍（祸）败因童（重）于楚邦，惧槐（鬼）神以为芙（怒），囟（使）【平王问郑寿1】先王亡所遏（馈），虖（吾）可（何）改而可？"奠（郑）寿怡（辞）不敢酓（答）。王恩（固）誊之，酓（答）："女（如）毁新都戍陸（陵）、【平王问郑寿2】临易（阳），杀左尹蟲（宛）、少帀（师）亡（无）悬（忌）。"王曰："不能。"奠（郑）寿："女（如）不能，君王与楚邦惧難（难）。"奠（郑）【平王问郑寿3】寿告又（有）疾，不事。盟〈显（明）〉戢（岁），王复见奠=寿=（郑寿，郑寿）出，居迶（路）以须，王与之話（语），少=（少少），王芙（笑）【平王问郑寿4】曰："前冬言曰邦必芒（亡），我及含（今）可（何）若？"酓（答）曰："臣为君王臣，介备名。君王遆（迁）尻（处），辱【平王问郑寿5】于耂（老）夫，君王所改多=（多多），君王保邦。"王芙（笑）："女（如）我得挽（免），后之人可（何）若？"酓（答）曰："臣弗【平王问郑寿6】智（知）。"　　竞坪（平）王命王子木迋（跖）成（城）父，垯（过）緟（申），睹（舍）飤（食）于龖寃（宿）。成公骩（干）友（櫌、耰）【平王与王子木1】𫁡于蓸（畴）中，王

---

① 沈培：《〈上博（六）〉中〈平王问郑寿〉和〈平王与王子木〉应是连续抄写的两篇》，简帛网，2007年7月12日。

155

子臨(问)成公:"此可(何)?"成公愈(答)曰:"蓁(畴)。"王子曰:"蓁(畴)可(何)以为?"【平王与王子木5】曰:"以種(种)㭒(麻)。"王子曰:"可(何)以(麻)为?"愈(答)曰:"以为衣。"成公记(起)曰:"臣炪(将)又(有)告,虐(吾)先君【平王与王子木2】戒(庄)王迅(跖)河雎之行,睹(舍)飤(食)于鮀宽(宿),醢(酪)盍(羹)不焌(酸)。王曰:'醢(瓮)不盇(盖)。'先君【平王与王子木3】智(知)醢(瓮)不盇(盖),醢(酪)不焌(酸)。王子不智(知)(麻)。王子不得君楚,邦或不得。"【平王与王子木4】

对于最后一句话,沈培同意凡国栋的断句,认为"此篇最后说'王子不知麻。王子不得君楚,邦或不得',既指出了王子不能'君楚',又指出了他还得不到'邦',文意已足",但单育辰指出:

我们认为,《平王与王子木》简4其实并不是最末一简,而其后还应有一简,"上博"未收或已佚失,从《左传·哀公十六年》"楚大子建之遇谗也,自城父奔宋。又辟华氏之乱于郑,郑人甚善之。又适晋,与晋人谋袭郑,乃求复焉。郑人复之如初。晋人使谍于子木,请行而期焉。子木暴虐于其私邑,邑人诉之。郑人省之,得晋谍焉,遂杀子木。"来看,《平王与王子木》简4的那句话应释为"王子不知麻,王子不得君楚邦,或(又)不得",其后应该缺失了最后一简"其死"这样的文字。[1]

---

[1] 单育辰:《占毕随录》,简帛网,2007年7月27日。

沈培后来也同意单育辰的看法，认为"不得其死"之类的恶语大概不可能出自臣子对王子之口。古人常言"君国子民"，作为君主是既想得国（或得地）又想得民的，有的乃以得国（或得地）而不得民为憾事。因此，颇疑"不得"后面缺失的宾语当是"民"或"民心"之类的词语。[①] 随后上博竹书第八册公布，其中《志书乃言》篇最后一简只抄了"臣楚邦"三个字，后有钩识符号，表示一篇的结束，整理者将此简与前一简连读为"吾无如社臣楚邦"，并解释"'社臣楚邦'，是指楚国社稷之臣，也是身系国家安危之臣，即国家之重臣"。沈培认为这样的说解比较勉强，指出此简应接在《平王与王子木》简4，是《平王与王子木》的最后一支简，连接处的文字为"王子不知麻，王子不得君楚邦，或不得臣楚邦"，这样编联后，文从字顺。[②] 至此，这两篇的编联排序才完全确定，得到了完整复原。至于《平王问郑寿》简7的归属问题，沈培已指出不属于此篇，李松儒通过字迹比对，认为《平王问郑寿》简7与《命》《王居》《志书乃言》三篇字迹和形制完全一致，但又不能编入这三篇中，可能是上博竹书尚未公布的其他篇的最后一支。[③]

已出版了九册的上博竹书存在大量篇际调整的情况，如前面列

---

[①] 沈培：《〈上博（六）〉中〈平王问郑寿〉和〈平王与王子木〉应是连续抄写的两篇》，《简帛》第六辑，第305页。

[②] 沈培：《〈上博（六）〉和〈上博（八）〉竹简相互编联之一例》，复旦大学出土文献与古文字研究中心网，2011年7月17日。

[③] 李松儒：《战国简帛字迹研究——以上博简为中心》，第540—543页。

举的例子，其他各篇的情况，随着各册的陆续公布，学者时有探讨，贡献最多的是李松儒，她根据字迹和竹简形制对上博竹书各篇的情况做了详细的分析。结合李松儒和其他学者的研究，我们把上博竹书各篇的调整情况列举如下，供学界参考：

1.《孔子诗论》《鲁邦大旱》《子羔》，此三篇形制、字体全同，《鲁邦大旱》《子羔》有表示一篇结束的符号，下面留白，三篇可能不是合在一起的一卷，而是各自独立成篇的；另港简3与《子羔》简12可拼接为一支整简。

2.《缁衣》《彭祖》《竞公瘧》《吴命》，此四篇从文字看，是一个人抄写的，形制略有差异，应该不是编在一起的；《彭祖》简4可插入《竞公瘧》简4、5之间；《吴命》简2应排除出本篇，字体与《子羔》等接近，但布局有别；《吴命》简5a也应排除出本篇，归属待定。

3.《民之父母》《武王践阼》《颜渊问于孔子》，此三篇形制、字体相同，《武王践阼》篇由两个或三个人抄写完成；《成王為城濮之行》与此三篇亦同，其乙3下可能应归于《颜渊问于孔子》。

4.《从政》甲、乙应合为一篇。

5.《昔者君老》《内礼》，此两篇形制、字体全同，《昔者君老》简3可能应归入《内礼》；或认为二者是一篇；《季康子问于孔子》简16应接在《昔者君老》简2之后，《内礼》附简应归入《季康子问于孔子》；港简5、6、8字体与《季康子问于孔子》一致，港简6可接在《季康子问于孔子》简4之后。港简8可以与《季康子问于孔子》简11B拼合。

6.《君子为礼》《弟子问》，此两篇是同一人抄写，但略有不同，《弟子问》简22不大可能归入《君子为礼》；《弟子问》简3应归入《君子为礼》，插在《君子为礼》简6、7之间，与简7、8合为一支整简；《弟子问》简24应剔除出本篇；《孔子诗论》中披露的两支简与《君子为礼》字体一致，或可归入《君子为礼》。

7. 港简4归入《三德》。

8.《鬼神之明·融师有成氏》《兰赋》《李颂》(部分)，字体一致、形制接近；《李颂》(部分)字体与《彭祖》《竞公瘧》《吴命》等一致。

9.《庄王既成·申公臣灵王》《平王问郑寿·平王与王子木》，此四篇字体一致、形制相同，《平王问郑寿·平王与王子木》是连续抄写的两篇，《志书乃言》简8应接在《平王与王子木》简4之后，首尾完整；《平王问郑寿》简7不属于此篇。

10.《凡物流形·甲》简27与篇中的其他简不同，与《慎子曰恭俭》完全相同，应归入《慎子曰恭俭》，与《慎子曰恭俭》简5可拼接，全篇顺序1、2、凡甲27+5、3、4、6。

11.《成王既邦》本篇字迹大致可分为四种，分别为：1、3、5—8、10、11、14、15；9、12、13、16；2；4。前两组形制相同，简4的形制、字体与《慎子曰恭俭》全同，可能应在《慎子曰恭俭》简3前面，简2与简4接近，归属待定。此篇与《举王治天下》5篇形制相同。

12.《孔子见季桓子》与《史蒥问于夫子》字体相同，但形制不同，分篇互有混淆。《史蒥问于夫子》简5应接《孔子见季桓子》简25。

13.《命》《王居》《志书乃言》，此三篇字迹、形制相同，《王居》《志书乃言》应合为一篇，《命》简4、5归入此篇；《平王问郑寿》简7与此三篇字体、形制相同，且是一篇的末简，归属待定。

14.《有皇将起》《鹠鹏》，此两篇字体、形制相同，港简10与此两篇一致。

以上是已公布的九册的情况，相信随着上博竹书的完全公布，还有进一步调整的可能。

现在我们所见到的战国竹书几乎都是没有编绳的，因此发掘、流传过程中造成不同篇的竹简混杂在一起的情况是难免的。最初的整理者根据竹简的形制大体归类分篇，就难免会把形制相同而本不属于一篇的竹简混在同一篇中，所以篇际调整的可能性是存在的。但篇际调整涉及的问题较多，因此进行篇际调整时需要考虑多方面的因素，进行篇际调整各篇的竹简的形制必须相同，字体也须相同或相近，而多个书手共同抄写完成的情况也需考虑，否则就算文义再顺畅也不能进行篇际调整，如我们在本章第一节提到的郭店竹书《语丛一》与《语丛三》之间的调整，由于竹简形制存在明显的差别，这样的篇际调整显然是错误的。

总之，竹书复原是一项复杂的工作，同时也是"一项长期艰巨的任务"，"有的经过一段时间的讨论，就会在学界形成一致或倾向性的看法；有的也许将在很长时期内存在不同见解的相持"①。陈剑也指出"战国竹书的整理复原是一项综合性很强的工作。就竹简的正确拼合与编联而言，释字正确、对文意的透彻理解是其基础；两方面又常常是交织在一起、往复权衡决定的。将竹简重新加以拼合与编联时，需要将相接、相连处的简文讲通，常常遇上释字、释义或者两者兼有的问题；新考释出疑难字词，也可能导致新的拼合与编联方案。可以说，如前文已经提到过的，归根结底，对竹书简的拼合与编联的能力最终取决于我们的古文字、古汉语的综合能力，即正确释读字词与讲通文意的能力，也可以说就是对出土文献释读的综合能力"②。

---

① 陈伟：《郭店竹书别释》，第13页。
② 陈剑：《上博竹书的拼合与编联问题杂谈》，《学灯》第一辑，第81页。

# 第三章　战国竹书复原应注意的问题

前面两章讲了战国竹书复原的要素和步骤，可以说是竹书复原的基本问题，但并不是说，做到这些就能准确地复原竹书本来的面目。在具体的研究实践中，除了基本的方法之外，还有一些值得注意的问题，这些问题对竹书复原往往有直接或间接的影响，如果处理得不好，则会对竹书的复原造成很大的干扰，也会给准确把握和利用竹书带来不便。

## 第一节　数据信息和图版质量

所谓数据信息是指与竹简相关的一切数据信息，包括实际的长度、宽度、容字、编绳、契口位置和方向、完整程度、是否拼合而成等基本数据，同时也包括放大图版或缩小图版的比例。随着科技的进步，现在出版的各类出土简帛的图版质量越来越高，给整理研究带来了很大的便利，对于字迹不清的竹简，出版公布时尽量给出彩色照片、红外线照片，甚至摹本，竹简上的墨迹和污迹要分清楚，所有数据信息都要做到准确无误，准确描述原材料的实际情况。胡平生指出，"要求简牍都有清晰的照片，是另一种形式的保护、保存和流传。图版清晰，也是简牍研究的最基本、最基础的条件。绝大多数研究者不可能用简牍实物进行研究，拍摄最清晰的简牍照片是整理工作的首要责任。拍摄简牍照片必须在脱水前进行，必须原大或放大，必须尽量保有图版的学术价值和科学价值"[①]。详细完备的竹简信息，还包括出土编号（揭取编号）与整理编号的对应信息，整简就是整简，残断的，哪怕是发掘整理时弄断的也必须提供相关信息，而不能凭整理者的个人感觉拼合而不说明。随着研究的深入，我们知道了竹简简背内容的重要价值，既有对正面简文的补充校勘，也有对编联竹书有重要参考价值的简背划痕等，所以现在新公布的战国秦汉竹简一般都会同时公布竹简背面的照片，以呈现完整的竹简信息。同时，无字的空白简并不完全就是没有用到的简，清华竹书的整理复原，告诉我们编联成册的有字简中间也可能存在空白简，所以有条件的话，空白简最好也一起公布，以提供竹简的全面信息。

关于竹简的形制信息对竹书编联复原的重要性，在本书第一章中举了不少例子，第二章第一节拼合部分则提及初步整理过程中由整理者拼合的完简必须要说明，即使是整理过程中造成的折断，整理者及时拼合成的完简也需要说明，但实际上郭店竹书中存在很多拼合的完简，整理者并没有说明，因为郭店竹书公布的原大黑白图版，很多拼合而成的完简在图版上根本看不出来，这很可能会影响竹简的复原，据刘传宾的考察，下面这些简都是拼合而成的：

---

[①] 胡平生:《论简牍整理国家标准的制定》,《胡平生简牍文物论稿》,中西书局,2012年版,第504页。

《老子甲》：简2、简8、简19、简25、简28、简35。

《缁衣》：简3。

《五行》：简32。

《唐虞之道》：简5。

《尊德义》：简3、简4、简7、简8、简10、简14、简17、简18、简20、简21、简22、简30、简31、简32、简33、简38。

《性自命出》：简2、简18、简25、简29、简30、简39、简40、简41、简43、简44、简46、简47、简49、简53。

《六德》：简3、简4、简5、简24、简28、简35、简36、简39、简43、简49。

《语丛一》：简3、简14、简17、简38、简51、简64、简99。

《语丛二》：简30、简36、简41。[1]

整理者能目验原简，其拼合也大多是有依据的，特别是墓葬出土的竹简，若能根据严格的考古程序操作，拼合大都是可信的，但也可能存在疏忽，如果不做说明，则可能误导研究者。上一章提到的顾史考重新拼合郭店竹书《尊德义》篇简20与简23、简18与简32的上部竹简就是一个很好的例子（详细的论述参见第二章第一节），他的结论应该是可信的。除此之外，郭店竹书中其他由拼合而成的完简，是否也存在调整的可能，也是值得思考的问题。遥缀的竹简，因没有可对应的残断信息，一般只是根据形制、字体、文意等遥缀，存在的问题可能更多，前文已谈到，这里就不再赘述了。

---

[1] 刘传宾：《郭店竹简文本研究综论》，第774—775页。

在制作图版的时候,要尽量能准确反映竹简的信息,对于残断的竹简要尽量根据竹简上的信息排出相对准确的位置,如郭店竹书《穷达以时》图版如下:

一 二 三 四 五 六 七 八 九 一〇 一一 一二 一三

战国竹书复原综论

从图版可以看出，简12是一支残简，首尾残缺，但剩余部分的两道编绳痕迹明显，这样的摆放可以看出此简的相对位置，对比可知，上端残缺3个字，下端残缺6个字左右，这些信息对竹简的复原都是有积极意义的。再看上博竹书《彭祖》的例子，图版如下（只截取上半部分的竹简）：

从竹简的摆放位置看，第一道编绳的位置基本一致，据整理者介绍，简4上端完整，下端残缺，但可以看出简4上端明显比其他简短一些，程鹏万根据原大图版测量可知，《彭祖》篇完简上契口距竹简顶端约9.8厘米，而第4简上契口到顶端的距离为8.4厘米，与其他简相比，相差有1.5厘米之多，差别明显，因此其归属可能是有问题的。进而认为《彭祖》篇的第4简应归入《竞公瘧》篇，而《竞公瘧》篇各简的上契口到顶端的距离为8.4或8.3厘米，二者在形制是一致的。然后根据残断处的形状，指出《彭祖》篇的第4简应与《竞公瘧》的第5简拼合在一起（详细论述见第二章第三节）。可见准确的信息和精确的图版是复原的基础，特别是竹简形制的一些细节，对竹书的复原有着重要的作用，都可以由图版反映出来，不可忽视。

郭店竹书保存状况比较好，完整公布的图版信息，主要有三种：1998年出版的《郭店楚墓竹简》，只有黑白照片，一册书公布了全部的有字简，竹简只有原大图版，彩图版只有《老子》《太一生水》《缁衣》《五行》四篇的部分竹简，没有放大版。2002年出版的《郭店楚墓竹简》书法本，分篇出版，有原大图版和放大图版。2011年出版的《楚地出土战国简册合集（一）·郭店楚墓竹书》，图版采用《郭店楚墓竹简》的照片，补充了一些新发现的信息和吸收了学界的研究成果，在编联、释文等方面有所改进。此外还有一些选录性质的书籍，收录了一部分郭店竹书的图版，但基本不出以上三种书的范围，且或有不少的修图，并不能准确反映郭店竹书的客观情况。① 对比上述三种著录书，会发现图版数据有一些差别，吉林大学古籍研究所2011级硕士研究生在复旦大学出土文献与古文字研究中心网站上发表的《〈郭店楚墓竹简〉精装本与书法本图版对比的一些问题》一文，对三种书籍的不同做了详细的对比，很有参考价值，如文中指出：

（《缁衣》）简40第20字"人"下方书法本图版比精装本图版多一墨点，过去多数学者把"人"属下读，作"人苟有言之"；季旭升先生认为"人"应该属上读，作"必见其弊人"（原注：参看季旭升主编：《上海博物馆藏战国楚竹书（一）读本》，万卷楼，2004年，第141页）。后发现书法本中该字右边有一墨点，认为应该是句读符号，故撰文更进一步强调其观点；（原注：参看季旭升：《从楚简本与传世本谈礼记·缁衣·苟有车章的释读》，第五届中国经学国际学术研讨会论文，台湾政治大学中文系、"中研院"文哲所、中国经学会合办2007年版，第327页～334页。）虞万里先生比较倾向于此墨点为当时的涂抹符号，"人"字为衍文（原注：虞万里：《郭店简〈缁衣〉"人苟言之"之"人"旁点号解说——兼论古代涂抹符号之演变》，"复旦大学出土文献与古文字研究中心"网站，2009年12月5日。）。我们认为书法本中多出来的墨点到底是句读符号还是涂抹符号亦或是标示漏写的指示符号，都缺乏充分的证据去证明，况且书法本的错误之处并不少，也不能排除这个墨点

---

① 参看刘传宾《郭店竹简文本研究综论》"绪论""一、郭店竹简的发现、整理与公布"，第1—12页。

是印刷作业差错或其它人为原因导致的可能性。[①]
这些墨点信息，在不同的图版上或有或无，并不能作为立论的依据，如前所述，在目前所见的战国竹书上的各种符号，并没用统一的规范标准，随意性很大，认为其是"句读符号"或"涂抹符号"过于主观。与此相对应的是，有些墨点，在1998年版的《郭店楚墓竹简》中有，而在书法本里没有，如陈剑指出郭店楚简《穷达以时》简14、9、10应连读，相关文字为：

　　善否己也，穷达以时。德行一也，誉毁在旁。圣之弋母之白【14】初醓醓，后名扬，非其德加。子胥前多功，后戮死，非其智【9】衰也。【10】

并对相关文句做了解释，认为"圣之弋母之白"中"母之"二字应系误抄倒，并指出"母之白"的"之"字右旁靠上的竹简边有一个小墨点，应该就是起提示此处"母之"二字系误抄倒作用的。[②] 相关文字在1998年版的《郭店楚墓竹简》和书法本中分别作：

---

[①] 吉林大学古籍研究所2011级硕士研究生：《〈郭店楚墓竹简〉精装本与书法本图版对比的一些问题》，复旦大学出土文献与古文字研究中心网站，2012年9月28日。

[②] 陈剑《郭店简〈穷达以时〉、〈语丛四〉的几处简序调整》，《国际简帛研究通讯》第二卷第五期，2002年版，第4—9页。

可见，所谓的墨点是不存在的，并且有曾目验原简的学者也指出此墨点并不存在，因此关于此段文字的断句与解读需重新考虑，我们提出此处并不存在误抄倒的情况，按原文顺序可以理解文意。① 书法本在某些地方确实有胜于1998年版的《郭店楚墓竹简》之处，但也存在一些问题，刘传宾指出书法本主要有"竹简放大的比例不一""错误修描""误拼断简""简序有误""竹简剪裁有问题""移他简文字代替本简""点逗的有无"等问题，使用时需谨慎对比，参考多重信息，不能仅据一种图版立论。②

清华竹书（九）的《治政之道》与清华竹书（八）的《治邦之道》应该是一篇文章，但形制复杂，保存状况较差，特别是字迹漫漶不清，整理者每支简都给出了彩色和红外线两种图版，但我们发现同一支简的两种图版却有不同，如下图所示：

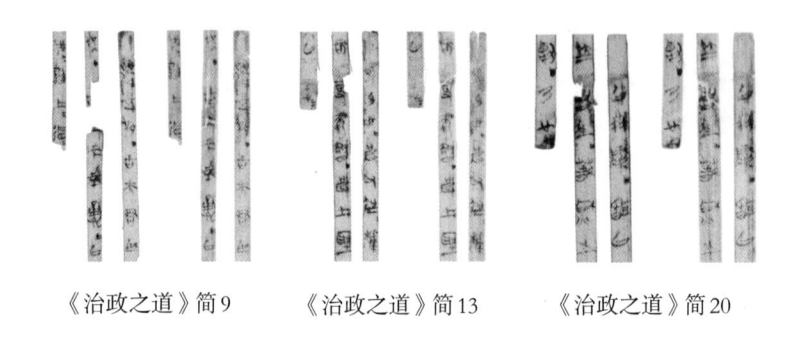

《治政之道》简9　　《治政之道》简13　　《治政之道》简20

---

① 参看牛新房：《郭店楚简〈穷达以时〉"圣之弋母之白"新解》，《古文字研究》第三十三辑，中华书局，2020年版，第423—426页。

② 刘传宾：《郭店竹简文本研究综论》，第31—33页。

第三章 战国竹书复原应注意的问题

可以看出，彩图版都比红外线版更完整，特别是简9，红外线版上残缺的字，在彩图版上是完整的，但整理者没有作说明，不知是什么原因，可能是整理过程中的损伤，两种图版的公布，为我们提供了更完整的信息。可见某些竹简公布两种照片，对研究是有很大的帮助的，彩色照片呈现竹简的原貌，红外线照片则使竹简上的文字更为清晰，我们研究竹简的目的就是要认清上面的文字，进而理解文意。技术的进步为我们的研究提供了很大的便利，不但能够呈现全面的信息，也可以有效地呈现污损漫漶不清的文字。清华竹书《尹诰》简3—4：

执（挚）曰："句（后）亓（其）李（赉）之，亓（其）又（有）夏之金玉日邑，舍之吉言。"

其中的"日"字原书彩图版作图1：

图1　　　　图2

陈剑指出："《尹诰》简4所谓'日'字，放大细审实乃'田'字。此字误认遂致原文难通，故研究者多歧说，不具引。伊尹之语'后其李（赉）之其有夏之金玉、田邑，舍之吉言'，意本甚明。"随后，整理者对这支竹简进行了进一步的清洗和补拍，处理后的字形如图

2所示，中间的竖笔清晰可见。[①]

## 第二节　符号问题

本节所谓的"符号"，既包含战国竹书自身的符号，也包含整理者整理释文时所使用的各类整理符号。

先看战国竹书自身的符号。我们目前所见的战国竹书上，除了竹书内容文字外，还包含多种符号，这些符号对文意的理解和竹书的复原往往有重要的作用。合文符号和重文符号是最常见的，一般来说使用比较规范，但因为二者都作"="，有时就会造成误解，把合文符号当重文符号，或相反。看几个例子，郭店竹书《语丛四》：

善使其下，若【17】蚖蛮之足，众而不䚟而不仆。【18】

其中的"䚟"字，右下方有"="，原整理者认为是"割"的重文，且都读为"害"，即"众而不害，害而不仆"。李零也认为是"割"的重文，但都不破读，即"众而不割，割而不仆"。[②]刘钊与李零看法一样，也认为是"割"的重文，且都不破读，认为"简文此句意为善于御使下属者，就像蚖蛮的足一样，虽然众多却连续不断，

---

[①] 参见贾连翔《战国竹书形制及相关问题研究——以清华大学藏战国竹简为中心》第272页的相关论述。

[②] 李零:《郭店楚简校读记（增订本）》，第45页。

即使割断也不至于仆倒"。①陈伟把前一"割"字读为"害",后一"割"字不破读,即"众而不害,割而不仆",并解释:

> 裘锡圭先生按云:"'蚈'即百足虫。蛩,除解释为蚰蜒外,亦有解释为百足虫的。""割"字原释文并读为"害"。《淮南子》有与本句类似的说法。《说林训》:"善用人者,若蚈之足,众而不相害。"又《兵略训》:"故良将之卒,若虎之牙,若兕之角,若鸟之羽,若蚈之足,可以行,可以举;可以噬,可以触,强而不相败,众而不相害,一心以使之也。""众而不害"即"众而不相害",是说众者之间由于统一指挥,彼此协调,不致相互冲突。后一"割"当读如字。仆,字本作"僕"。原注释云:"借作'仆'。《汉书·邹阳传》'卒仆济北'注:'僵仆也'。"仆指倒下。"割而不仆"是说即使割掉百足虫的一些脚,其他脚仍能发挥作用,不致倒毙。《太平御览》卷944引《鲁连子》曰:"百足之虫,断而不蹶,持之众也。""断"与"割"、"蹶"与"仆"两两相通。②

比较来看,我们认为陈伟的解释显然更合理,但他遵从整理者的意见把割看作"割"的重文,并把前一"割"字读为"害"却是有问题的。其实,割本就应该看作"害""割"二字的合文,而不是"割"的重文。③战国竹书中的合文大致可分为三种类型:

---

① 刘钊:《郭店楚简校释》,第231—232页。
② 陈伟:《郭店竹书别释》,第239—241页。
③ 其实李守奎先生在《楚文字编》(华东师范大学出版社,2003年版)里就是把本当作"害""割"的合文而收录的(第877页),只是未引起学者的注意。

173

A 平(五十)　昪(白犬)　𤔔(兄弟)

B 𠂔(之所)　昇(君子)　㣇(小人)

C 𠧴(志心)　茻(草茅)　孨(子孙)

A类是两个完全没有关系的字因结构比较简单，为了节省空间而把它们写在一起；B类是两字共用了某一部分而组成的合文，这类是比较常见的；C类是两个字其中一个属于另外一个的一部分，换句话说就是一个字（一般是合体字）包含另外一个字。比较可知，属于C类，即"割"字中包含"害"字，所以可以直接释为"害""割"二字，而不必麻烦地当作"割"的重文，再把前一"割"字通假为"害"。由于战国竹书文字中的合文、重文符号是一样的，所以在释读时，正确判断其是合文还是重文就显得十分重要。

还有一种情况是合文符号不明显，甚至与文字写在了一起，这就需要辨识出哪部分是符号，哪部分是文字。今本《缁衣》引《大雅》中的一句话"穆穆文王，于缉熙敬止"，这句话在郭店竹书本作"穆穆文王，于甙𨟻敬止"，其中的"甙𨟻"显然应从今本读为"缉熙"。这句话在上博竹书本作：

　　穆穆文王，于𢆶義止。

"義"字与同篇的"敬"相似，当是"敬"字之误。𢆶原整理者释为"幾"，无论是字形还是文意显然不通。李家浩指出：

值得注意的是，与A（引按：即䜌字）字相当的字，不论是郭店简本《缁衣》，还是今本《缁衣》和《诗·大雅·文王》，都是两个字。根据这一情况再来审观此字，就会发现A是两个字的合文，右下侧两斜画即合文符号。这一认识对正确释读A很重要。把A的合文符号去掉后，可以将其分析为A1、A2：

A1　䜌

A2　𠂇

李家浩认为此字"右下侧两斜画即合文符号"，可谓卓识，为正确释读此合文找到了线索。① 上博竹书《仲弓》简16：

宜。𠈌之至者，教而使之，君子无所厌人。

对于其中的字，学者或释为道，或释为顺，在字形上都存在可商之处，程鹏万通过比较指出，这个字其实是"小人"的合文，故简文可释写为：

宜。小人之至者，教而使之，君子无所厌人。②

这一释读有字形依据，从文意上来看，"小人"与"君子"对文，也很恰当，应该是正确的。还有一种情况，由于抄写者的水平不高或一时疏忽把重文或合文符号当成了笔画，如果不能仔细辨别，就会误释。如上博竹书《相邦之道》简1有如下两字：

---

① 参看李家浩：《释上博战国竹简〈缁衣〉中的"䜌臣"合文——兼释兆域图"逯"和屬羌钟"富"等字》，《康乐集：曾宪通教授七十寿庆论文集》，中山大学出版社，2006年版，第21—23页。

② 程鹏万：《释〈仲弓〉第16简的"小人"》，《古文字研究》第二十六辑，中华书局，2006年版，第355页。

原整理者释为"古此",裘锡圭指出,第二字右旁的两点其实是重文符号,由于与"出"字贴近,抄写者误以为两点属于字的笔画,遂将"出"字误写为"此"字了,而原整理者没有辨认出重文符号,将此释为"古此"是错误的。① 可见对战国竹书上的合文符号和重文符号,要注意二者的混淆,也要注意符号与文字的混同。

除了常见的合文符号和重文符号,战国竹书上还有其他类型的符号,因时间、地域、抄手的个人习惯等差别,战国竹书上的符号是不统一的,随意性很大,对整理复原有时会造成一定的干扰。如郭店竹书《性自命出》和上博竹书《性情论》内容相同,都有分章符号,但又不够规范,冯胜君指出:

> (《性自命出》)整篇简文分为两个部分。1~35号简为第一部分,36~67号简为第二部分。两部分的尾简即35号简和67号简都有┘形符号,符号下面空白不再写文字。曾有学者认为《性自命出》两部分简文应该看作是两篇独立的文献,或者认为"两者思想相关,可能共属一书,然而各为起讫,不是同一篇文字"。然而与《性情论》相对照,不仅《性自命出》两部

---

① 裘锡圭:《上博简〈相邦之道〉1号简考释》,《中国文字学报》第一辑,商务印书馆,2006年版,第71页。

分简文的前后顺序以及简序都是无可移易的，而且这两部分简文之间的关系也应该看作是同一篇文献的上下两篇。《性情论》通篇只在篇尾用了一个↓形符号表示全篇结束，但在简文中有六处■形符号。其中第一个■形符号以前的简文大致相当于《性自命出》的上篇（只是缺少了所谓子游之语的一段，即《性自命出》34、35号简的内容），如果承认《性自命出》和《性情论》是同一篇文献的不同抄本的话，那么《性情论》也应该以第一个■形符号为界划分为上下两篇。

就分章而言，因为没有明确的分章符号，所以李零先生认为《性自命出》是不分章的，而是以"二十凡"各为一段。前面已经提到，《性情论》有六个■形符号，李零先生认为这就是分章符号，全篇可据此分为七章。但如果这样分章的话，上篇只有一章，下篇则要分为六章，最短的章只有四句话，各章的篇幅未免过于悬殊。李零先生在讨论《性情论》简文的时候，实际上也不是将简文以■形符号为界分为七章，而是以所谓的"二十一凡"来分章的，其原因恐怕也正在于此。但李先生以所谓的"二十凡"、"二十一凡"为《性自命出》和《性情论》分章，恐怕也不是很理想的办法。我们知道，先秦时期各种标点符号的使用还很不规范，有着明显的随意性。我们认为《性情论》中■形符号的使用也是如此，称其为分章符号未尝不可，但这并不意味着全篇只能以此为界分为七章，也有可能在有些章后面抄写者没有加■形符号。所以目前对《性自命出》

177

和《性情论》的分章,只能以简文的内容为依据,将表达同一思想或主题的一段简文划为一章。李天虹先生将《性自命出》分为二十四章(上、下篇各十二章),《性情论》分为二十二章(上、下篇各十一章);陈霖庆先生将《性情论》分为九章。他们虽然都没有帮助分章的理由,但应该都是从简文的内容出发来分章的。这种分章方法,会因不同学者对简文内容理解的不同而存在较大分歧,但目前似乎也没有什么更好的办法。①

再看上博竹书,据孙伟龙、李守奎的统计,战国竹书上的符号大致可以分为十类,即卦画、卦首尾标识符号、合文符号、重文符号、句读符号、章节符号、篇尾符号、校勘符号、专名符号、其他符号等,并考查了这些标识符号在竹书中的使用情况,最后认为:

较之甲骨文、金文,简牍文字中的标识符号无疑更加丰富多样,使用更加广泛,但其毕竟为标点符号的滥觞期,故其规范性较差。具体到上博简来看,各篇标识符号的使用差别很大,虽有一定的"规律",但这些"规律"仅限于同一种笔迹书写的篇章内,在楚简范围内并不具备规律的普适性。同一功能的标识符号,在不同篇目中用形体不同的符号来表示,如上文所论篇尾符号、章节符号在各篇中就使用种种差别甚大的符号来表示。同一种符号在不同的篇章中又可以表示不同的内容。一篇之中,有些篇各种符号皆备,如《性情论》句读符号、

---

① 冯胜君:《郭店简与上博简对比研究》,第189—191页。

章节符号、篇尾符号区别甚明；有些篇则"一点到底"，如《从政》、《曹沫之陈》等，篇尾、章节、句读符号在形式上没有任何不同；有些篇则寥若晨星，如《容成氏》全文2080个字，通篇仅有二个句读符号（简25、39）出现在无关紧要处，不知其用意。至于哪些是书写时所加，哪些是校勘或阅读时所补，更无从得知。这些都尚待进一步的研究。①

据李松儒对清华竹书的统计，其中存在合文符号、重文符号、句读符号、专有词符号、卦画符号、篇章段落符号、篇题符号、衍符、墨迹等，②它们的实际使用情况与上博竹书同样，也没有什么规律，而往往跟抄写者个人习惯有关，甚至是有一些可能只是滴落的墨汁或图片处理时的阴影（竹简上的霉点也可能呈现为类似笔迹的情况）。但我们也不能完全无视这些符号，其背后的含义或许还有待考察，因此在整理复原竹书时，应尽量利用并忠实地保留这些符号，杨振红指出"简帛上的符号均有特定含义，因此释文也包括符号的摹写。简帛学科成熟的一个标志即符号的摹写已基本约定俗成，实现了统一化。但目前一些符号的意义仍有待进一步研究"。③

再来看整理符号。因战国竹书出土、收藏、整理的机构各不同，整理者在整理复原时，使用的整理符号也没有形成一套规范的

---

① 孙伟龙、李守奎：《上博简标识符号五题》，《简帛》第三辑，上海古籍出版社，2008年版。
② 李松儒：《清华简字迹研究》，第59—68页。
③ 杨振红：《简帛学的知识系统与交叉学科属性》，《简帛学理论与实践》第一辑，广西师范大学出版社，2021年版，第15页。

统一的标准。在已公布的几批战国竹书中，整理者一般都会根据各批竹简的特点给出整理"凡例"（本书涉及的四批竹简的整理凡例具体内容见附录二）。由各批竹简的整理凡例和各书的图版可以看出，不同的整理者对待竹简上原有的符号的处理略有不同，有的图版（或放大图版）配有释文，释文一般严格隶定，原简上的符号全部保留，而后面的整理释文，对原简符号做一些处理，释文不作严格隶定，异体字、通假字等用（）注明，有的图版没有释文，如郭店竹书只有后面的整理释文，且原简上的符号，除分章、分段标志，释文一概略去。整理符号也是如此，有些基本一致的，如竹简残断缺字用"☑"标示，字迹残缺以一"□"代表一字，不能确定字数者，用"……"表示等，这些"整理工作规范，借鉴了两个方面的成果，一个是中国古代整理简牍的成果，如晋代整理汲冢竹书的学者留下的成果，像表示缺字的'□'方框号，就是古人留下来的办法；一个是近代欧洲学者和罗振玉、王国维等留下的简牍整理的成果"，①也有一些是整理者自己拟定的，这固然与每批竹简自身的特点有关，但也带来一些不便。"当前的简帛整理报告总的来说还处于一种各自为政的状态，缺少一个比较规范的标准和要求，也存在整理水平参差不齐的现象"，有鉴于此，学界对简帛整理的标准化和规范化问题越来越重视，"如何在尽量保留和体现各批简帛资料自身特色的前提下，编写出符合统一规范和标准的简帛整理报告，

---

① 胡平生：《论简牍整理国家标准的制定》，《胡平生简牍文物论稿》，第488页。

也是摆在学者们面前的一个重要问题"[①]。可见这一问题随着各类简帛资料的公布和研究的深入，越来越引起了学界的关注，同时也是推动出土文献研究向前发展的关键一环。合理的原则，一是图版配严格隶定的释文，原简符号全部保留，以呈现竹简的原貌和便于读者阅读和对照，二是整理释文，代表整理者对竹书的认识，但有必要尽可能地统一标准，否则在引用不同批次的竹书时，可能会造成歧义。其实不单是战国竹书，其他战国秦汉简帛也存在这样的问题，"总览几十年来简帛整理的状况，我们认为，现在的确已经到了必须研究制定简帛整理国家标准的时候了"，而其中整理符号的统一即是重要一环，因此有必要"在国家文物局和中国标准化管理与研究机构的主持下，制订一套得到简牍研究界、学术界、文物界共同认可的标准符号系统。这套标准符号系统的制定，既要照顾已经使用和流行的各种符号的历史渊源，又要讲求科学性、准确性"。[②]

## 第三节　隶定问题

从各批战国竹书的整理凡例可以看出，随着认识水平和技术手段的提高，整理逐步走向规范化，整理者尽可能地利用各种技术手段，提供清晰可靠的图版，为了整理研究提供更多的细节。除了郭

---

[①] 刘国忠：《对于简帛学建设的几点思考》，《简帛学理论与实践》第一辑，第23—24页。
[②] 胡平生：《论简牍整理国家标准的制定》，《胡平生简牍文物论稿》，第502、505页。

店竹书之外，其他几批竹书，都采用放大图版配隶定释文和整理释文加注释的方式呈现，前者反映的是竹简上文字的原貌，后者体现的是整理者的认识，各有价值，但由于学术观念及个人认识的差异，这两种释文，尤其是整理释文有一些值得注意的问题。从各批竹书的整理凡例来看，郭店竹书"释文不严格按照竹简原来的字体排印……一些原本不是一字，而古籍或古文字中常常混用的，如'其'与'丌'，'以'与'㠯'等，释文采用通行字'其'、'以'等排印"，清华竹书"释文原则上依据原字形隶定，其中罕见字皆保持原偏旁形式及架构。为保证文本的可读性，对于常见字不作严式隶定，直接予以隶释，例如'㠯'径隶作'以'，'𠬝'径隶作'承'。难以隶定的文字（含辨认不清的），释文中采录原字图片"。可见，整理释文除了无法释读的字，一般采取直接摹写原形或剪切图片外，因考虑到排印和可读性的需要，对于一般的常见文字都直接以通行文字释写，这也是历来采取的整理方法。就一般阅读和利用来说，这样的释文处理方式是适合的，但因理解不同，或像上博竹书凡例提到的"本书分别邀请不同的作者注释，个别文字由于文义等原因，而未能作统一"，这样就会对一些特定的字词的理解造成干扰，甚至引起较大的争议。

郭店竹书刚出版公布时，美国学者鲍则岳就竹书的释文宽严不一问题提出了自己的看法，他认为对于保存完整清晰的竹简文字"要尽最大可能准确地、不含糊地释写原写本里的文字字形，决不能因为作释文的学者本人或其他任何人的假想、偏见或主观决定而对原写本的文字进行增、改或添加。也就是说,释文应该是准准确确、不折不扣地反映原写本的文字原貌,而没有任何其他内容"[①],即反对借助通假的方式对竹书文字进行破读。此外,西方学者柯马丁也有类似的表述,认为鲍则岳的意见基本上是可以接受的。[②]对此,李零认为"鲍先生的想法有些恐怕难以实行,比如宽严尺度,自古及今都是以考释水平而定,熟读无碍的字往往宽,新见初识的字往往严;读法,只是有把握者才改读,无把握者则仍旧;难以释出的字,也是该隶定的隶定,该摹写的摹写",但李零同时也指出西方学者"反对迷信今本,反对迷信我们今天的阅读习惯,这点还是值得考虑",进而指出我们今天的"阅读习惯"来源于东汉时期整理战国文本的经验,"无论原本如何,也不论合并了几种本子传留到今天,都是直接合并和直接改定","我们的阅读习惯现在已经定型"。[③]可见,在这一问题上东西方学者因各自的知识背景不同,有着不同的看法。冯胜君支持李零的看法,认为:

> 目前中国大陆学者所普遍具有的"阅读习惯"基本上是合理的,是适用于阅读古书或出土文献的。西方汉学家在研究中国出土文献特别是战国秦汉简帛材料时,喜欢按本字求解,并对中国大陆学者更多地借助于通假的"阅读习惯"提出批

---

① 鲍则岳:《古代文献整理的若干基本原则》,《郭店老子——东西方学者的对话》,学苑出版社,2002年版,第45页。

② 柯马丁:《方法论反思:早期中国文本异文之分析和写本文献之产生模式》,《当代西方汉学研究集萃·上古史卷》,上海古籍出版社,2012年版,第349—385页。

③ 李零:《郭店楚简校读记(增订本)》,第190—191页。

评。……我们只想指出，东西方学术各有其渊源与传统，正常的学术交流与借鉴对双方来说都是十分必要的。但在这一过程中保持各自的学术特色和独立，尤为重要。我们不盲目自大，更切不可妄自菲薄。在所谓"阅读习惯"这一问题上，我们可以吸收西方汉学家的某些优点，但却实在想不出有什么理由能说服我们放弃自己的"阅读习惯"来求得所谓的同国际学术的接轨。[①]

夏含夷不能认同这种观点，他以《周易》为例阐述了自己观点，在上博竹书《周易》简44、45、46中的"汬"字，因对应的今本皆作"井"，李零在其《读上博楚简〈周易〉》[②]一文中根据自己的"阅读习惯"把这些"汬"字直接释为"井"，夏含夷认为这样的释读抹杀了竹书本与今本的不同，使我们不能看到竹书本的价值所在，指出把"汬"读作捕兽的阱而不是出水的井，可能更合乎《周易》所要表达的含义。最后，夏含夷指出：

> 古文字学家通常以为传统文献是阅读出土文献的钥匙。我一点不否认传统文献常常能够起这样的作用。然而，我不相信任何的钥匙能够打开所有的门。有的时候门已经开着，我们只要进入直接阅读所写的文字。不但如此，有的时候我们要阅读出土文献，传统文献会变成一种手铐。我们过去所看的古书都是汉人编的；因此，他们的偏见也成为我们的偏见。现在我们

---

① 冯胜君：《二十世纪古文献新证研究》，齐鲁书社，2006年版，第60—61页。
② 李零：《读上博楚简〈周易〉》，《中国历史文物》2006年第4期。

终于有一个机会超越这种媒介，直接看看先秦时代的文献。我们如果坚持我们旧有的阅读习惯，一定要通过汉人的眼光看古文字资料，恐怕我们会失掉某些极其难得的信息。[①]

夏含夷所论比较平实，我们在"阅读习惯"问题上确实有值得反思的地方，特别是出土文本与传世文本的差别是一些关键之处时，更应慎重，不宜轻易错过出土文本所传达出的重要信息。当然，对出土文本与传世文本的异文的重视，并不是要走向另一个极端，西方学者翻译简帛文献，因喜欢按本字求解，往往导致"译文不畅甚至荒诞"，[②] 也是应该注意的。同样是西方学者，在此问题的认识上意见也并不统一，顾史考即提出：

> 一方面，传世本皆或多或少早已经历了一种整理过程，再加上后代传抄者的误抄与"妄改"，而当今的传世本中所存在的问题堪称比比皆是，确实值得与出土本相对校雠。然另一方面，我们今日整理出土文献的能力与基本条件不见得要比过去的人好，而我们亦必须经历与他们相同的整理过程，遇到相同的困难，因而为了避免种种误解，亦非将传世本拿来与出土本相互校勘不可……[③]

赵平安认为"依样隶定"虽然可以保真字形，但"往往不能

---

① 夏含夷：《简论"阅读习惯"：以上博〈周易·萃〉卦为例》，"中国简帛学国际论坛2008"论文。

② 李零：《郭店楚简校读记（增订本）》，第190页。

③ 顾史考：《古今文献与读者之喜新厌旧》，《中国哲学与文化》第六辑，广西师范大学出版社，2009年版，第47页。

传达很明确的信息",并以自身整理和研究的实例指出"依样隶定""容易混淆同形字和同形部件","在判断'是（同一字或同一部件）'和'似'（形近字和形近偏旁）时难以做到准确,有时候差之毫厘,失之千里,误导读者","有时会把简单的问题搞得复杂,不能解决问题,还生造出新的字形,给识读和使用造成新的负担",进而认为"有些国外学者主张简帛释文不应夹杂整理者的主观判断,这是根本不可能的事情,也是根本行不通的事情",甚至主张"简帛释文应以最直接、简便的方式呈现整理者的理解和判断:简文应尽量转写成后世通行的繁体字,同时加上现代规范的标点符号。未识字直接出原字图片,需要特别交代的在注释中说明。为增强可读性,建议正文一律不加括注"。[1]可见这一问题,并不只是中西方学者知识背景不同的问题,更是对出土文献资料理解的问题,也是一个"阅读习惯"的问题。战国竹书包含大量的古书,有些竹书有传世文本可以对读,有些虽没有传世文本,但某些字句与传世典籍存在雷同的情况,学者在把出土典籍与传世典籍对比时往往有"不恰当的'趋同'和'立异'两种倾向","前者主要指将简帛古书和传世古书中意义本不相同之处说成相同,后者主要指将简帛古书和传世古书中彼此对应的、意义相同或很相近的字说成意义不同"。[2]顾

---

[1] 赵平安:《谈谈简帛整理过程中的"依样隶定"》,《出土文献研究》第十九辑,中西书局,2020年版,第1—5页。

[2] 裘锡圭:《中国古典学重建中应该注意的问题》,《中国出土古文献十讲》,复旦大学出版社,2004年版,第8页。

史考将此更形象地比为"喜新厌旧"和"忠贞不渝",前者指"新见的古文出土本一出,乃竭力执之以纠正传世本之非,以追求新意为尚,以不顾传统之成说为心,不考虑出土本本身的缺点,而一心推新以代旧",后者指"一心一意拥护旧有的今文传世本,只想强迫出土本服从于其早已奠定的标准,因而一概忽视出土本的长处,不容任何新意侵犯到传世本的宝座","此二种心理确实有时会不知不觉地作怪,因而我们不得不时而加强防备"。[1] 这样的例子在学者的研究中很多,如郭店竹书《老子》甲篇简13:

道恒无为也,侯王能△之,而万物将自化。

其中的△字作𠂤,而与其对应的字帛书本、今本皆作"守"。郭店竹书《老子》中的"守"字或借"兽"而为之,但△字与"兽"明显不同,肯定不是同一个字。郭店竹书中的"守"字皆作𠂤,△与𠂤在字形上也有明显的不同,但学者多根据帛书本、今本直接将△释为"守",其实此字应该是"御"字。[2] 这是一个明显的"趋同"的例子。再以《老子》为例来看一个"立异"的例子。郭店竹书《老子》简1有"民复季子",其中的"季子"今本作"孝慈",帛书《老子》甲本作"畜兹",乙本作"孝兹",故学者多有把竹书本的"子"读为"慈",把"季"看作"孝"的讹字的,这显然是受了今本和帛书本的影响。也有学者指出,文中的"季子"不必破读,

---

[1] 顾史考:《古今文献与读者之喜新厌旧》,《中国哲学与文化》第六辑,第48页。
[2] 牛新房:《释郭店楚简〈老子〉中的"御"字》,《古文字研究》第二十八辑,中华书局,2010年版。

"季子"指婴儿,"民复季子"指人们复归于婴儿一样的淳朴状态,今本《老子》有"常德不离,复归于婴儿"语,即此意。① 后一种看法应该是正确的。夏含夷以安大简《诗经》的几组异文为例,再次探讨了"阅读习惯"的问题,认为"这似乎表示'趋同'和'立异'都有用处,不一定是不恰当的倾向","通过安大简《诗经》,我们发现某些地方简本和传世本的异文都有根据,都讲得通。遇到这样的情况,笔者觉得最好的办法还是读如字"。② 可见"依样隶定"读如本字,并不是一无是处,在某些情况下可能更能揭示出土文本的价值。我们研究过程中应如何避免这样的倾向,平等对待出土文本和传世文本,是每一个研究者应该注意的问题,而不能固执于整理者自己的认识。冯胜君认为,面对这种情况"需要综合考虑字形、语法、文义以及作者的思想特点等多方面因素,反复斟酌,慎重取舍",③ 顾史考认为"当我们开始校读今古两本时,必须事先做一番'心斋'的功夫,好让我们将两种不同的、自然而有的成心给消除,以便以实事求是的心态而进"。④ 冯胜君、顾史考的看法值得借鉴,在研究过程中应时时注意。张显成、李真真梳理对比了中西方学者

---

① 参看裘锡圭:《纠正我在郭店〈老子〉简释读中的一个错误——关于"绝伪弃诈"》,《中国出土古文献十讲》,第230—241页。
② 夏含夷:《读如字:从安大简〈诗经〉谈简帛学的'趋同'与'立异'现象(六则)》,《战国文字研究》第三辑,北京师范大学出版社集团、安徽大学出版社,2021年版,第13页。
③ 冯胜君:《二十世纪古文献新证研究》,第192页。
④ 顾史考:《古今文献与读者之喜新厌旧》,《中国哲学与文化》第六辑,第48页。

在这一问题上的各种意见之后，提出：

1.简帛文献整理者应当建立明确的释读原则，同一个整理成果更应尽量标准统一。现有的简帛释读成果中，往往隶定的宽严不一，有的过宽，而有的太严；使用的符号往往也各异。这种情况显然不利于读者阅读。所以，即便使用不同的方法和原则，也应该明确告诉读者理由。更为重要的是，应该建立一套简帛文献释文整理的理论体系，包括原则、方法、步骤、术语、符号等等，使简帛文献释读变得规范化、标准化。

2.加强中西方沟通和交流。中国学者一般借助图版、释文、文字编等多种方式阅读简帛文献。仅从郭店简释文到清华简释文，就可以看出中国学者整理简帛释文的方法是在变化的，现在的清华简的释文体例是：原图版、放大图版，并配有严式隶定的释文和字形表。西方学者想看到的信息大都呈现出来了。清华简释文的体例应该说是多多少少吸收了西方学者的意见。所以，要加强沟通与交流，既重视西方学者的意见，又尽量让西方学者接受我们的阅读习惯。

综上，为了让更多人能够读懂简帛文献，投入到简帛的研究之中，我们应该重视西方学者提出的直接释文法、释字三步曲和透明释字法等理论。简帛文献的释读工作如果可以在传统的隶定释读的基础上，兼顾中西方学者的学术背景和治学特点，让整个释字过程变得更加透明、易懂，那么就可以增加释文的可读性和通俗性，进而使古文字的阅读门坎得以降低。如是，一定会有利于促进简帛学在世界的发展。[1]
这一论述基本可取，隶定问题牵涉到很多问题，代表了隶定者对字形的认知。在整理复原的过程中，首先应该是严格的隶定释文，使得字形能够准确完整地呈现，为不能目验原物者及下一步的研究带来便利，其次整理释文则可以由整理者根据自己的认识和理解来完成，至于其他研究者有不同的看法，则可以依据图版等做进一步讨论。与上一节谈论竹简整理的符号类似，竹简释文的宽严也需要建立统一规范、行之有效的标准。整理者的释读固然为利用出土资料带来了便利，但也不能以个人的见解代替普遍的结论，因此，就目前的战国竹书的整理来说，像上博竹书和清华竹书那样，既有严格的隶定释文以体现竹书的原字原形，又有整理者根据自己的认识所作的整理释文，是竹书整理过程中可行的办法。至于考虑到一般非专业研究者的需要，可以出简本的释文注释，以便于传播和利用，早期秦汉简帛的整理就是很好的例子，像银雀山汉简就有没有图版只有释文的很好的整理本。

## 第四节 命名问题

关于战国竹书的篇题，前文已经谈论了不少，就书籍的使用来

---

[1] 张显成、李真真:《中西方简帛文献释读方法论比较研究》，《西南民族大学学报(人文社会科学版)》2019年第5期。

说，篇题就类似于今天的书名，篇题书写于起始或末尾竹简的背面，当竹简卷起来时，篇题显现在外，便于识别和拿取，就如同今天书本的书名一般都在书脊上，所起的作用是一样的。但出土的战国竹书中，有篇题的只是少数，大部分没有自题的篇题，为了称引的方便，整理者对于没有篇题的竹简，一般会给予命名。古书多以单篇流传，篇题的命名主要有两种方式，一是以篇首数字作篇名，一是概括篇章大意为篇名，从各批竹简整理的"凡例"和各篇的说明来看，战国竹书的整理者对于没有篇名的竹简命名时，基本也是遵循这两种命名方法，大体来说是可行的。但在实践中，也存在一些值得注意的问题。

郭店竹书的所有篇章都没有篇名，"释文篇题是由整理者据简文内容及传本拟加的"，其中的《老子》《缁衣》《五行》因有传世文本或其他出土文本，所以采用原来的篇名，《语丛》诸篇因"内容体例与《说苑·谈丛》《淮南子·说林》相似，故整理者将简文篇题拟为《语丛》"，也是合适的，其他篇章则都是由整理者自己拟加的，大体也适宜。其中有问题的是《成之闻之》篇，原整理者认为排在第一简的内容为"成之睧（闻）之曰：古之甬（用）民者，求之于弖（己）为亘（恒）"，故选取篇首的"成之闻之"作为篇名，在郭店竹书公布后，很快就有学者指出，简1不是第一简，并对简序做了调整，各家意见分歧较大，一般认为简1应接在简30之后，二者可连读，内容为"'槁木三年，不必为邦羿（旗）。'盖言寡之也。是以君子贵成之，（闻）之曰：古之甬（用）民者，求之于（己）为亘

(恒)",如此以"成之闻之"作为篇名显然是不合适的,所以学者们各以自己的排序和对文意的理解命名,如"求己""天常""天降大常""成闻""教""德义""君子于教""君子之于教""成之"等。①但我们也看到这些重新拟定的篇名并没有得到广泛的认可,除了学者们自己的论述里用自己拟定的篇名外,其他学者在论述相关问题时,大都仍以整理命名的"成之闻之"为篇题,这样避免了不必要的麻烦,不至于不知所指。权宜之计的办法,仍以之为篇名,只不过是作为一个代号性质的篇名,而不涉及文意的理解。

上博竹书的凡例提到"上海博物馆所藏战国楚竹书中,共发现二十余名时人书写的篇题,这些篇题一律按原名刊出。凡篇题缺损者,由注释者按文义内容题名",就目前已公布的上博竹书来看,除了有篇题的和有传世文本的《缁衣》《周易》等篇按传世本命名外,还存在一些特殊的例子。《竞建内之》的说明"第一简背有'竞建内之'四字,按例应是原书篇题,今沿用之",《鲍叔牙与隰朋之谏》的说明"本篇存九简,其中一支原书篇题'鲍叔牙与隰朋之谏',按习惯置于篇末",陈剑认为这两篇应合为一篇,从各方面来看是合适的,但如此就出现了两个篇名,陈剑认为:

> 《鲍叔牙》之简9将篇题单独书写于一简的竹黄一面,整理者已指出其系"利用原已使用过的竹简,将原文刮去"。这种

---

① 具体各家意见可参看陈剑《郭店简〈尊德义〉和〈成之闻之〉的简背数字与其简序关系的考察》一文的引述,见《战国竹书论集》,第201—205页。

情况在已发表的楚竹书中前所未见。《竞建》篇题"竞建内之"四字与正文不出于一人之手，而且正文并未出现"竞建内之"。要说此四字是在残失的简文上，也不大可能。"竞建"当为人名，"竞"即楚王族屈、昭、景三氏之"景"氏。"竞（景）建"既是楚人，而此篇是记齐国之事，出现"竞（景）建"的可能性既不大，以之名篇更不可能。综合以上情况考虑，虽然当时事实真相到底如何难以完全弄清，但我想最有可能的是：此两篇本为一篇，篇题为《鲍叔牙与隰朋之谏》。后来被误题为"竞建内之"（大概因题篇题时竹简处于收卷状态、未覈检正文之故），遂又另外用废弃的有字竹简刮去原文，单钞上篇题，编在全篇之首或篇末。同时，误题的篇题"竞建内之"则不知什么原因未被刮去。①

可见，"竞建内之"四字虽然题写于一般书写篇题的位置，但从字体和内容两方面来看以之作为篇题都是不合适的，两篇合并之后，以"鲍叔牙与隰朋之谏"作为篇题是完全合适的，至于"竞建内之"该如何理解，学界有不同看法（参见第一章第五节），有待研究。类似的例子还见于清华竹书，《芮良夫毖》第一支简简背原有篇题"周公之颂志"，但有明显刮削痕迹，整理者指出《周公之琴舞》与《芮良夫毖》形制、字迹相同，内容也都是诗，当为同时书写，而《芮良夫毖》首简背面的篇题"周公之颂志"与其正面内容毫无联系，

---

① 陈剑：《谈谈〈上博（五）〉的竹简分篇、拼合与编联问题》，《战国竹书论集》，第172页。

疑是书手或书籍管理者据《周公之琴舞》的内容概括为题，误写在"芮良夫毖"的简背，发现错误后刮削未尽，《周公之琴舞》又称"周公之颂志（诗）"的可能性很大。① 可见在竹简的制作或收藏的过程中，确实存在误题篇题后再刮削等情况，这种情况下，最好根据篇章的文意重新拟定篇名，而不宜采用误题的篇名。

对于不同批次的竹书，若有内容相同或基本相同，且都没有篇题，需要整理者拟定篇题，如上博竹书中有一篇和郭店竹书《性自命出》内容基本相同的竹书，整理者命名为《性情论》，"性情论"并不是自题篇题，而是整理者拟定的，这样就出现了同一篇竹书在不同批次的竹简里篇题不一致的情况，给研究带来了不便。同样的情况还出现在安大竹书中，其中有一篇和上博竹书内容基本相同的竹书，整理者命名为《曹沫之陈》，并说明因"其内容与上海博物馆藏楚简《曹沫之陈》相同，仅个别文字略有不同，故本篇篇题据上博简《曹沫之陈》拟定"，这样的命名是可取的，避免了同一篇竹书在不同批次的竹简里篇题不一致的情况。

据清华竹书凡例"竹简各篇，凡原有篇题者以原篇题命名，无篇题者由整理者拟定"，这点与郭店竹书和上博竹书一致，也是整理战国竹书的通行办法。清华竹书中有与传世本内容类似的篇章，又有传世文献中保存了篇名而本身失传的篇章，与郭店竹书和上博竹书不同的是，这些篇章在清华竹书上有自题篇名，而这些篇名与

---

① 李学勤主编：《清华大学藏战国竹简（叁）》，第132页。

传世所见的篇名不同，清华竹书的整理凡例提到"原篇题字数较多者，括注简称或者传世文献中相应的篇题，如《周武王有疾周公所自以代王之志》（《金縢》）、《祭公之顾命》（《祭公》），并在引文及字形表中使用简称"。已公布的清华竹书中有《说命》，整理者说明：" 《说命》简长四十五厘米，共有三篇，由同一书手写成。每一篇最后一支简简背都有篇题《傅说之命》，现据内容次第分别题为《说命上》、《说命中》和《说命下》。《说命上》有简七支，《说命中》也是七支，《说命下》则有十支，但缺失了第一支简，现仅存九支。《说命》是《尚书》的一部分。《书序》云：'高宗梦得说，使百工营求诸野，得诸傅岩，作《说命》三篇。'竹简本《说命》正系三篇"。可见此处整理者并未遵循"凡例"中的命名规则，而是以见于传世文献的篇名"说命"代替了竹简本自题的篇名"傅说之命"，这显然是不妥当的。就这三篇文献来看，《周武王有疾周公所自以代王之志》与传世本《尚书》之《金縢》，《祭公之顾命》与传世本《逸周书》之《祭公》，《傅说之命》与传世文献所见的篇名《说命》，虽然有字句的差别，但显然都是同一文本的演变，清华竹书所见的自题篇名与各篇后世的常用篇名相比，显然比较复杂，杜勇认为这"都是文献传流过程中篇题进一步凝练简化的结果"，[①]也就是说后者在收入汇编性质的书籍时，篇名被编辑者做了统一

---

[①] 杜勇：《从清华简〈说命〉看古书的反思》，《天津师范大学学报（社会科学版）》2013年第4期，第1页。

的调整。虽然作为典籍来看，《尚书》在此时已经形成，但作为单篇流传的文献，其篇名与收入汇编性质的书籍时存在不同也是可能的，何况还有地域的差别，刘国忠认为"楚人对于有关文献的改写，最典型的莫过于清华简《金縢》篇，该篇不仅对《金縢》一文中有关占卜的内容统统删除，还把篇名改为'周武王有疾周公所自以代王之志'。这一标题富有楚人的特色，而其修改的最终目的，是把《金縢》篇变成了一篇教育贵族子弟的'志'类书籍"。[①] 徐聪也有类似的看法，指出：

> 如"清华简"整理者所言，"简文不用'金縢'作为篇题，疑抄写者没有见过《书序》"，我们知道，《书序》反映了战国时期儒家的经典系统，因此，简本《金縢》不用"金縢"为篇名或许说明了它本身并非儒家文献。其次，"周武王有疾周公所自以代王之志"中的"志"本身带有与"书"相异的文献属性。
> 
> ……
> 
> 我们把"周武王有疾周公所自以代王之志"当做先秦读者对简本《金縢》的认识，这是因为我们认为这句话还不足以承担篇名所应具备的功能。一篇文献的篇名一般具备概括性和简易性的特点。概括性是对阅读者而言的，其可方便阅读者稍微了解内容；而简易性则是对于称引者而言的，不论是口头对

---

[①] 刘国忠：《清华简的文献特色与墓主身份蠡测》，《光明日报》，2021年10月30日第11版。

话,还是行文书写,若要引用某文,简易的篇名在表达时会更加便利。我们并非认为《周武王有疾周公所自以代王之志》最后一定会被称为"《金縢》",而是认为"周武王有疾周公所自以代王之志"尚未成为大家约定俗成、可以用来指代此篇文献的名称。但作为对文本内容的概括,"周武王有疾周公所自以代王之志"显然反映了读者对文本的认识。尤其是"志"字,很能透露他们对简本文献性质的认识。

在先秦的典籍中常常出现有《志》,根据先秦时人对《志》的征引,我们认为《志》类文献在先秦时期主要记载有两种类型的内容。第一种为格言警句的内容,《左传》《国语》中多处出现对《志》的征引:

《左传·僖公二十八年》:《军志》曰:"允当则归",又曰:"知难而退。"

《左传·文公二年》:《周志》有之:"勇则害上,不登于明堂。"

《左传·成公四年》:《史佚之志》有之曰:"非我族类,其心必异。"

《左传·襄公三十年》:《仲虺之志》云:"乱者取之,亡者侮之。"

《左传·昭公三年》:《志》曰:"能敬无灾。"

《国语·晋语九》:《志》有之曰:"高山峻原,不生草木;松柏之地,其土不肥。"

我们根据典籍中对《志》的征引，可以发现这些文句多属于朗朗上口的格言警句，是前人对经验教训的总结，我们并不认为当时《志》的内容仅有只言片语，而是认为这一类载有名言警句的《志》多跟训导相关，这类《志》书一般具有道德观或人生观的指导意义。对《志》的这一性质前人已有所认识，王树民先生认为"大致早期的'志'，以记载名言警句为主，后经发展，也记载一些重要的事实，逐渐有了史书的性质"。除了格言警句，《志》也常记载一些史事，王树民先生也正据此认为《志》有史书的性质。

　　……

　　因此，简本《金縢》被抄写者命名为"周武王有疾周公所自以代王之志"，其中的"志"当是对文本性质的认识，即史类文献。[①]

可见，如果我们考虑到先秦文献流传的复杂性，不同背景的人对文献处理利用的差异性，以及先秦文献的公共性，制作抄写者可以根据自己的需要对文献进行改写、重编等，那么相同或相似内容的文献有不同的篇题也就不足为怪了。我们可以认为《周武王有疾周公所自以代王之志》是一篇流传于楚地的、用来教育贵族子弟的"志"类书籍，而《金縢》则是《尚书》中的一篇儒家经典文献，这样来

---

[①] 徐聪：《〈金縢〉文献学研究》，华南师范大学硕士论文，指导教师：张淑一教授，2021年，第13、33—35页。

看，清华竹书此篇的自题篇名显然是合适的，而以《金縢》代之，虽然可以看出其与《尚书》的关系，但掩盖了其自身的特性，是不合适的。其他几篇的情况也是如此，我们必须尊重竹书的自题篇名。这些自题篇名或许与传世文本不一致，但它代表的是竹书的抄写者或收藏者的认知，如出于阅读和传授的需要等，同时也是竹书形成过程中的一种未定型状态，流传至今的篇名代表的是历史上某个时期的整理者的认知，我们没有理由以后世的标准来改变出土文本的原始状态。

此外还有篇名与书名如何区别的问题，古书多单篇流传，如郭店、上博竹书所见的《缁衣》，因有传世文本的对照，且在传世文本《礼记》中，它本身就是独立的一篇，有自己的篇名，所以整理者据以命名，显然是合适的。但我们也看到，对于不分篇或没有具体篇名的文本，当我们面对的出土文本只是其中一部分时，如果直接用传世的书名来对出土文本命名，有时就会引起歧义，如郭店竹书包含传世本《老子》的一些内容，整理者根据形制的差别分为三类，分别命名为《老子》甲乙丙，但这三种都只是《老子》的一部分，按今本八十一章的分章情况来看，甲篇与今本的对应关系为：

第十九章→第六十六章→第四十六章中段、下段→第三十章上段、中段→第十五章上段、中段→第六十四章下段→第三十七章→第六十三章上段、下段→第二章→第三十二章。

第二十五章→第五章中段。

第十六章上段。

  第六十四章上段→第五十六章→第五十七章。

  第五十五章上段、中段→第四十四章→第四十章→第九章。

乙篇与今本的对应关系为：

  第五十九章→第四十八章上段→第二十章上段→第十三章。

  第四十一章。

  第五十二章中段→第四十五章→第五十四章。

丙篇与今本的对应关系为：

  第十七章→第十八章。

  第三十五章→第三十一章中段、下段。

  第六十四章下段。

以上的统计没有标明某段的章基本与今本相同，"→"标明是连续抄写的，"。"标明连续性至此断开，故以上的顺序只是整理者的意见，不一定代表原貌，也就是说我们讨论其与今本的顺序关系时，只能以"。"隔开的一部分为顺序来讨论，而不能把整体当做原来的顺序。总体来看，三篇共出现了今本的三十一章，字数相当于今本的三分之一左右。① 从上面的列举可以看出，与今本顺序一致只有"第五十六章→第五十七章""第十七章→第十八章"两处，今

---

① 参看裘锡圭：《郭店〈老子〉简初探》，《中国出土古文献十讲》，第188页；池田知久：《道家思想的新研究——以〈庄子〉为中心》，中州古籍出版社，2009年版，第71页。

本的第六十四章分为上下两段出现在甲篇的不同地方，下段又出现在丙篇中，但两处文字颇有不同。由于以上的差别，学者对竹书本与今本的关系的认识主要可分为两大类：一是认为当时已存在相当于今本的《老子》，而郭店竹书的三篇是从中摘抄来的；二是认为郭店竹书的三篇是当时流传的各种"老子"中的三种，后人整理《老子》时把这三篇吸收了进来，并调整了顺序。①主张前一种看法主要有王博、裘锡圭等，王博认为郭店竹书的三篇是按一定主题从五千言本的《老子》中选辑出来的，即甲篇讨论"治国方法"和"道、天道与修身"，乙篇主题是修身，丙篇主题是治国。②裘锡圭认为：

> 如果在老聃死后，"五千言"形成之前，却有多种"老子语录"在社会上流传，而郭店的三组《老子》简就是其中三种的话，就很少可能出现其内容全部见于"今传《老子》中"的情况。很难设想，在晚于郭店《老子》简的时代，即晚于公元前300年左右的战国时期，有人能把一二百年甚至更长的时间内流传的多种"老子语录"的内容丝毫不漏地合编成一部

---

① 或认为分为三种，除了上面提到的两种，还有学者认为各种文本的《老子》当时还"没有被汇编成册而成为一本书，而是被分成三个或更多的部分，作为文本通用"（谷中信一：《从郭店〈老子〉看今本〈老子〉的完成》，《郭店楚简国际学术研讨会论文集》，湖北人民出版社，2000年版），这种意见与我们所列的后一种并没有本质上的不同，即都不认为当时已存在类似于今本的《老子》。

② 王博：《关于郭店楚墓竹简〈老子〉的结构与性质——兼论其与通行本〈老子〉的关系》，《道家文化研究（郭店楚简专号）》第十七辑，三联书店，1999年版。

"五千言"。所以今天偶然发现的三种"老子语录",其所抄各章竟然全都见于今传《老子》,就未免显得太过凑巧了⋯⋯

此外,郭店《老子》简中,除了甲、丙两组都抄有今本第六十四章后半之外,三组内容没有重复这一点,也很值得注意。如果它们是"五千言"编成前的三种"老子语录",彼此重复的部分似乎不可能这样少。反之,把它们看作从"五千言"中有计划地录出的三种摘抄本,这种现象就很好理解了⋯⋯①

主张后一种看法主要有许抗生、池田知久等,许抗生认为"简本《老子》甲、乙、丙三组很可能是当时社会上流传的多种老子语录或著述中的三组文字,是春秋末年流传下来的,至战国晚年由后人合编增补成较完整的帛书《老子》和今本《老子》的",②池田知久认为"郭店楚简本《老子》并非已成形的《老子》的一部分,而是正处于形成阶段的《老子》最古版本"。③目前来看,似乎前一种看法在学界得到了更多学者的认同,但诚如李若晖所言这些论述都只是"片面的正义",④因为论证各自观点的学者都能提出自己的证据,但都又没办法完全驳倒对方的观点,只是自说自话而已。我们注意到以上的讨论,其实都只是以郭店竹书中所见的今本《老子》

---

① 裘锡圭:《郭店〈老子〉简初探》,《中国出土古文献十讲》,第190—191页。
② 许抗生:《再读郭店竹简〈老子〉》,《中州学刊》2000年第5期。
③ 池田知久:《郭店楚简〈老子〉——形成阶段的〈老子〉最古文本》,收入其著《池田知久简帛研究论集》,中华书局,2006年版,第35页。
④ 李若晖:《郭店竹书老子论考》,齐鲁书社,2004年版,第90页。

的某些章与今本《老子》整体作为对象的比较，而所谓的郭店竹书《老子》与今本《老子》根本不是同等的单位，就好比拿一条胳膊与整个身体做对比，故分歧严重。同样存在问题的还有安大竹书的《诗经》，其实也只是今本《诗经》的一部分，这样的命名是以书名当篇名，帽子大而脑袋小，显然是不合适的，如何对这类文本命名，仍是值得研究的问题。

综上所述，我们认为战国竹书的整理命名应遵循以下几点：

凡是有自题篇名的应以自身的篇名为准，除非所题篇名属于误题，与文意无任何关系，则可以另拟定篇题。

自题篇名与传世文本的篇名不同的，仍以自题篇名为准，而不能以传世篇名代替自题篇名。

整理者拟定篇名时，应尽量以文意概括篇名，而避免以摘取篇首的几个字做篇名，因为整理者的排序可能存在错误。

不同批次出土的书籍类文献，内容相同或类似者，后出者应遵循前出者的命名，而不必另外命名，以避免混乱，除非后出者有自题篇名。

对于出土文本只是传世古书中一部分内容的竹书，不宜用传世古书的书名来命名。

## 第五节　其他问题

战国竹书的整理复原是一项复杂的长期性的工作，很难毕其功于一役，除了上述应注意的问题之外，还有一些问题需要注意，涉及竹简之外的信息、整理注释的繁简尺度、后续再整理等，分述如下：

一、重视竹简以外的信息，特别是对判定竹简年代有价值的信息，如墓葬出土竹简以外的随葬物品等，讨论竹简的文本内容应尊重考古鉴定证据。

战国竹书作为出土文物，在整理复原的过程中，应与同墓出土的其他文物相参照，即便是收购回来的竹简，竹简之外的信息也同样重要，对竹简的辨伪等有重要价值。战国竹书一般出自墓葬，作为一种文献，往往与收藏占有者有着密切的关系，代表了墓主人的阅读兴趣，亦能透露出墓主人的身份地位等。此外，墓葬的形制和随葬品的种类等，对判定墓葬的年代极有意义，而墓葬下葬年代是竹书抄写年代的下限，即随葬的竹简，特别是书籍类竹简，考虑到竹书的传抄和流传等因素，其成书则肯定在下葬年代之前。郭店竹书是考古发掘所得，"从墓葬形制和器物特征判断，郭店 M1 具有战国中期偏晚的特点，其下葬年代当在公元前4世纪中期至前3世纪初"[1]。李伯谦也认为，"郭店一号墓出土的漆器、玉器均是楚墓中常见形制，竹简字体亦是其他楚墓出土竹简中流行的字体。郭店一号墓是战国中期的楚国墓葬殆无可疑"[2]。也就是说，郭店楚墓的下

---

[1] 湖北省荆门市博物馆：《荆门郭店一号楚墓》，《文物》1997年第7期。
[2] 李伯谦：《楚文化的起源与发展》，《郭店老子——东西方学者的对话》，第25页。

葬年代的最迟应该不晚于公元前300年，郭店竹书作为郭店楚墓的随葬品，其年代下限也应是公元前300年，而郭店竹书的抄写成书年代应该在下葬年代之前，这是讨论郭店竹书的基础，这一基础为大多数学者所遵循。另外，同墓出土的随葬品，还有一件漆耳杯，底部刻有四个字，学界围绕究竟是"东宫之杯"还是"东宫之师"，及墓主的身份，有很多讨论，至今尚未有一致的意见，但这些讨论对认识墓主人的身份地位是有积极意义的。[①]日本学者池田知久研究郭店竹书《穷达以时》篇时，认为《穷达以时》篇"整体以第一章开头的'天人之分'为核心，同篇都贯彻了这一思想"。然后池田知久通过对《荀子·宥坐》《韩诗外传》《说苑·杂言》《孔子家语·在厄》及《吕氏春秋·慎人》等相关文献的考查，指出"《穷达以时》是上述六种文献中最早问世之文献吧，但'天人之分'这一具有重要特征的思想很快为《吕氏春秋·慎人》所继承，所以只能说，《穷达以时》的成书时代比《吕氏春秋·慎人》早不了多少"，又通过和专门论述"天人之分"的《荀子·天论》的对比，认为：

《荀子·天论》"天人之分"的思想，是战国后期，游学于齐稷下的荀子，在与庄子学派相接触后，既接受其"天人"关系论之强烈影响，又推翻其对"人"之否定，转而对"人"加以肯定，这样一种思想革新中，在齐国土地上形成的思想。《穷达以时》可能是《荀子·天论》问世稍后，受到其影响，大

---

① 具体各家的意见可参见刘传宾：《郭店竹简文本研究综论》，第46—59页。

体上忠实地继承了"天人之分"的思想，由荀子后学执笔形成的文献吧。《穷达以时》成书之地，很可能是在齐国的稷下，而不是楚国兰陵，因为那时的荀子已经摆脱庄子学派"天人"关系论之影响，思想几乎完全自由了……但从《穷达以时》修正了《荀子·天论》"天人之分"这点看，说明《穷达以时》较之《荀子·天论》，更近于后出之《吕氏春秋·慎人》、《荀子·宥坐》等，……所以《穷达以时》之成书年代，当在《荀子·天论》成书年代到《吕氏春秋》编纂年代（公元前239年乃至公元前235年）这段时间之内。[1]

如此，则把《穷达以时》的成书年代定在了公元前239年乃至公元前235年之间，即把郭店竹书的成书年代推后了六十多年，定在了战国末年，考虑到下葬年代一般在成书年代之后，并且如池田知久所言，《穷达以时》成书之地在齐国的稷下，流传到楚国还需要一段时间，这样郭店楚墓的下葬年代几乎到了秦代。这一推断与我们前面提到的公元前300年的下限晚了近八十年，不能不说是一个较大的差距。我们认为这种置考古学上的确凿证据于不顾，而单从文献对比以考证战国竹书的成书年代的做法是有问题的。传世的先秦典籍并非成书于一人一时，多由后人编纂整理而成，以此为参照，通过与战国竹书的某些语句的对比来确定战国竹书的成书年代，其结论的可信度也就可想而知了。另外，无论是传世的先秦典籍，还

---

[1] 池田知久：《郭店楚简〈穷达以时〉研究》，《池田知久简帛研究论集》，第84—168页。

是我们目前所能看到的出土的先秦古书都只是当时书籍的很小的一部分，试图把它们排比顺序以考查其思想演变轨迹时，很可能会有很多缺环，因为更多的失传的书籍是我们无法看到的。其实，在日本国内，也有许多学者不同意池田知久的看法，如浅野裕一在介绍日本学界对中国新出土资料的态度时，首先反对的是将郭店竹书和上博竹书视为伪造品而冷漠对待的态度，其次反对的就是这种做法，即"虽然将郭店楚简或上博楚简看做真品，但态度上动辄试图将这些文献的思想年代拉晚到战国时代最末年。他们滥用'这些出土文献中可以看出荀子的影响'或'受到《吕氏春秋》的影响的杂家倾向'等说法，试图将其思想年代拉到战国最晚期，并且固守着往年疑古派的学说"。[1]这是我们在整理复原竹书的过程中应该注意的问题，我们应该尊重考古实物的证据，而不是文献逻辑的证据。

上博竹书最早于1994年春在香港的文物市场上出现，上海博物馆经过鉴定决定出资收购这批竹书，同年秋冬之际，又出现了一批竹简，由香港的朱昌言等人联合出资收购，捐赠给上海博物馆。这批竹简的出现时间与郭店竹书的发掘时间相隔不远，且简文内容所记史事多与楚国有关，文字字体又是习见的楚文字风格，自然容易使人把二者联系起来。由于这批竹简是劫余之物，出土的时间、地点都不清楚，只是传闻来自湖北，出土地点是否为郭店墓地，也只

---

[1] 浅野裕一：《战国楚简研究·序》，万卷楼图书股份有限公司，2004年版。

是推想而已，并无确证。据科学检测，标本年代为战国晚期。[①]清华竹书的情况与上博竹书类似，也是从香港收购回来的，对其真伪曾引起一些争议，但据古文字学家对竹简的质地、字迹等考察，竹简无任何伪作的痕迹，年代为战国中晚期，与郭店竹书、上博竹书近似。为了进一步鉴定，整理者还委托实验室对无字残片标本作了AMS碳14年代测定，数据为公元前305±30年，与古文字学家的推测一致，通过对竹简残片的含水率测定，结果是400%，这也是伪作的简不可能达到的。[②]当然，学界的某些担忧也不是完全多余的，近些年各种假简时有出现，[③]也是值得关注的问题，但如上所述，无论是发掘所得还是收购回来的竹简，都需经过科学的鉴定，除了竹简本身，竹简以外的伴随物品，也是值得留意的。

二、整理报告应以复原竹简、文字释读、文意疏通为主，尤其对于没有传世文本对照的竹简，尽量避免根据个别词语过度阐释，整理者的研究可另外发表，这样既可节省整理报告的篇幅，也可避免先入为主的意见，影响后续的研究。

对于某些没有传世文本的战国竹书，如果我们通过与传世典籍

---

[①] 马承源主编：《上海博物馆藏战国楚竹书（一）·前言》，上海古籍出版社，2001年版，第1—4页。

[②] 李学勤：《清华简整理工作的第一年》，《初识清华简》，中西书局，2013年版，第30页。另参见刘国忠：《走近清华简（增补版）》第五章《清华简的鉴定与拍照》，清华大学出版社，2020年版。

[③] 胡平生：《论简帛辨伪与流失简牍抢救》，《出土文献研究》第九辑，中华书局，2010年版，第76—108页。

的比勘，对我们复原战国竹书有很好的帮助，但我们也要看到，在竹简整理复原的过程中，如果只是简单地与传世典籍的某些词句做比对，不顾全篇文章的主旨，或对文中某些词句的错误理解，而导致对整篇竹书的错误判定和复原。

1957年河南省信阳长台关一号楚墓发现的竹书，共计119支，全部为残简，残存500余字，李学勤称之为"我国近代以来第一次发现真正的战国竹书"，由于竹简残断严重，文字难以辨识，文意难以理解，对该篇的认识经历一个漫长的过程。起初，李学勤根据文中有"先王""周公""君子""三代"等，认为是"一篇属于儒家的论述政治道德的文章"。① 其后的研究者颇有信从这一说法的。后来，李学勤详细考察了其中保存字数较多的两支简，根据中山大学学者的研究提示，指出简文中出现的"贱人""尚贤"等词语多见于《墨子》，并结合典籍所记墨子曾到过楚国，"战国中期楚国的墨学相当兴盛"，认为竹书的是《墨子》佚篇，其出现在楚国"完全不是偶然的"。② 李零对于李学勤的后一种看法"基本赞同，但仍有一些保留"，认为"简文虽与今本《墨子》的佚篇或佚文有关，但原来却并不一定属于《墨子》，而很可能只是周公、申徒狄问对中的

---

① 李学勤：《信阳楚墓中发现最早的战国竹书》，《光明日报》1957年11月27日第3版，收入《李学勤早期文集》，第69—70页。
② 李学勤：《长台关竹简中的〈墨子〉佚篇》，《徐中舒先生九十寿辰纪念文集》，巴蜀书社，1990年版，第1—8页，后收入《简帛佚籍与学术史》，第352—358页。

一种",篇题定为《申徒狄》更合适。①近年,杨泽生根据王志平的研究和李家浩的提示,重新思考了该篇竹书的学派性质,指出从形式上看,简文与《墨子》佚文有明显区别,且"尚贤""贱人"不是《墨子》的特有术语,也见于儒家典籍,其字体风格与上博竹书中属于儒家著作的《性情论》《民之父母》极为相似,认为"可以基本肯定它属于儒家作品"。②可以看出,李学勤前后两次对长台关竹书的学派属性的判定,都是由对文中某些词语与传世典籍的比对而来的,像"先王""周公""君子""三代""贱人""尚贤"这样的词语,并不能作为判定学派属性的坚实理由,因为战国时期各家的著作都喜欢引用一些历史人物和事件来作为自家理论的基础,如韩非所言"孔子、墨子俱道尧舜,而取舍不同,皆自谓真尧舜。尧舜不复生,将谁使定儒墨之诚乎"(《韩非子·显学》),对于这样一篇残断严重的竹书,在无法看到其全貌的情况下,这样的判定更是不合适的。

上博竹书中有整理者命名为《子道饿》的一篇竹书,现存第一简起始的文字是"子道饿而死焉",整理者认为:

"子道饿"就是历史上所记载的孔子"陈蔡绝粮"、"厄于陈蔡"事件。鲁哀公六年(前四八九),孔子六十三岁那年,应楚昭王之聘,往楚。陈、蔡大夫认为孔子圣贤,如孔子用于楚,则陈、蔡危,于是围孔子与弟子于野。孔子一行因困绝粮,七

---

① 李零:《长台关楚简〈申徒狄〉研究》,《揖芬集——张政烺先生九十华诞纪念论文集》,社会科学文献出版社,2002年版,第309—328页。

② 杨泽生:《长台关竹书研究(四篇)》,《战国竹书研究》,第36—57页。

日不火食，从者病，莫能兴，孔子虽饿而弦歌不绝。根据《史记·孔子世家》记载，孔子最后"使子贡至楚。楚昭王兴师迎孔子，然后得免"。……本篇的出现，补充了这一重大历史事件的新内容，在绝粮危机时刻，孔子作出了北上南下济难之举，一由言游北上告急于鲁，二由子贡南下求救于楚。本篇记载了言游北上告急的有关事迹。①

整理者按这样的理解对这篇竹书做了排序和考释，并在文后附录了"文献所载有关陈蔡绝粮孔子道饿事件"，计有《论语》《孔子家语》《荀子》《孟子》《史记》《庄子》《韩诗外传》《说苑》《吕氏春秋》《孔丛子》《搜神记》《晏子春秋》等，不可谓不详尽。我们来看简文：

简1：子道饿而死焉。门人谏曰："吾子齿年长矣，家性甚急，生未有所奠，愿吾子止图之也。"言游

简2：止也。偃也修其德行，以受戏攻之，食于子，于偃伪于子，云：于是虐，可旅。"遂行至宋卫之间，其一

简3：将焉往？"言游曰："食而弗与为礼，是戏攻畜

简4：鲁司寇奇。言游于逸楚曰："荼虐（乎）！司寇……

简5：左相，我门人既荼，而司寇不至，言游去。司

简6：而之大难蠹。

这几支简文所记述的内容，其中提到的人物有门人、言游、鲁司寇，整理者认为第一简的第一个字"子"所指的就是"孔子"，我

---

① 马承源主编：《上海博物馆藏战国楚竹书（八）》，上海古籍出版社，2011年版，第119页。

们知道在先秦儒家典籍里孔子确实一般被称为"子",这里面又提到了孔子的弟子言游,所以整理者的理解似乎是有道理的。上博竹书(八)公布之后,很快就有学者指出了整理者的理解错误,并重新排了简序:

> 鲁司寇寄言游于逡楚,曰:"除乎!司寇【4】将见我。"门人既除,而司寇不至,言游去。司[寇]【5】☐将焉往?"言游曰:"食而弗与为礼,是战攻畜【3】之也。偃也修其德行,以受战攻之食于子,于偃伪,于子损,于是乎何待?"遂行,至宋卫之间,其一【2】子道饿而死焉。门人谏曰:"吾子齿年长矣,家姓甚急,生未有所定,愿吾子之图之也。"言游【1】

简6因字体不同于前面的五支简,被排除出本篇,简4和简5可以缀合为一支完简,改正了整理者的一些误释,如把"左相"改释为"将见",这样改释排序之后,文意未完,后面还有缺简,并指出"根据我们的理解,这篇简文的内容与孔子并无关系,目前所见四简记述的是言游因鲁司寇不以礼待之而去鲁,行至宋卫之间,其一子饿死,门人因此谏言之事"。[①]这样的理解和排序显然要比整理者的理解和排序合理,文意顺畅。我们再回头来看,按整理者的理解,第一简前有缺简,也就是说我们不知道"子道饿而死焉"前面是什么内容,这个"子"前面有没有修饰语或其他的成分,不考虑

---

① 复旦吉大古文字专业研究生联合读书会:《上博八〈子道饿〉校读》,复旦大学出土文献与古文字研究中心网,2011年7月17日。

这些情况，而直接认定"子"就是孔子，恐怕是不可以的。重新排序后，可以看出，"子"前面的"其一"，"其"指的是言游，"其一子"指的言游的一个儿子，这样整理者所理解的"就是历史上所记载的孔子'陈蔡绝粮'、'厄于陈蔡'事件"，也就失去了存在的基础，在这一基础上所做的有关推论也就更难以成立了。在这样错误的理解下，又不审简6文字与其他简的字体差别，而推论出"当时的危难之状已迫使孔子及其弟子、门人准备了后事。有幸得救，才停止了挖墓自葬的悲壮之举"[①]，更是谬以千里，凭空想象。这是不顾文意及最基本的文本情况，而只是根据典籍的记载有孔子厄于陈蔡之事，见到"子道饿"，就想当然地认为是记载孔子之事。其实就算是按整理者的理解，也不能认为简文"就是历史上所记载的孔子'陈蔡绝粮'、'厄于陈蔡'事件"。首先，典籍记载的都是"陈蔡之间"，而不是简文所说的"宋卫之间"。其次，典籍记载只有"子贡南下求救于楚"之事，而不见"言游北上告急于鲁"之事。传世典籍经过后世学者的整理，是大量而系统的，我们现在所见到的竹书是零星且偶然的，我们不能只是根据简单的几个词语，就不顾整篇文意的内容，而轻易地认为补充了历史的新内容。

三、早期的出土文献资料整理本一般都是原大黑白图版，这样可以节省篇幅，降低费用，一般一册就可以公布较多的竹简，如郭店竹书700多支竹简，仅一册书就收录了全部竹简，但不能清晰地

---

① 马承源主编：《上海博物馆藏战国楚竹书（八）》，第129页。

呈现竹简的样貌，给研究带来不便。

  随着出版技术的进步，从上博竹书开始，战国竹书的整理报告一般都配有彩色图版和放大图版，为学界研究带来了便利，一般都是分册出版，费用高昂。整理者都是专业领域的专家，但竹简整理难度较大，情况复杂，分册整理出版持续时间较长，随着整理研究的深入，有时会发现后出的与前出的有关，或本是同一篇竹书，这样就造成了同篇分散在不同册的情况，如清华竹书的《治政之道》和《治邦之道》。

  战国书籍类中的某些问题，往往要经过学界的讨论研究，才能取得一致的意见，所以每次整理报告的公布，都能引起学界的一轮研究热潮，对原整理报告提出修订。如郭店竹书整理本出版后，经过学界数年的研究，后又出版了新的整理本《楚地出土战国简册合集（一）·郭店楚墓竹书》，吸收了学界的研究成果，为各领域提供了相对可靠的文本，另外也有综述性的著作，如刘传宾《郭店竹简文本研究综论》。上博竹书虽还没有完全公布，但就前九册而言，内容也极为丰富，经过数年的研究，学界也有新的整理集释成果出版。[①] 战国竹书的整理复原是一个长期的过程，在学界对某些问题的探讨达到一定程度时，应该有二次整理，也即再整理。从近年的出土文献资料的整理出版情况来看，除了上面提到的战国竹书

---

[①] 俞绍宏：《上海博物馆藏楚简校注》，中国社会科学出版社，2016年版；俞绍宏：《上海博物馆藏战国楚简集释（全十册）》，社会科学文献出版社，2019年版；侯乃峰：《上博楚简儒学文献校理》，上海古籍出版社，2018年版。

之外，其他类型的战国秦汉竹简的再整理也有不少的成果，如秦简牍、银雀山汉简等，刘国胜、王谷指出，"简牍文献再整理的基本目标是提升简牍文本整理与综合研究的水平，形成具有更高质量、更为完善和更加可靠的文本。不同简牍的再整理可能有不同的具体目标，有的侧重简牍内容的再研究，有的则是注重文本整理，还有的是两者兼顾"[①]。

---

① 刘国胜、王谷：《楚地出土战国秦汉简牍再整理的学术反思》，《简帛学理论与实践》第一辑，第130页。

# 第四章 历史上战国竹书的发现与整理

前几章所谈的都是现代发现的战国竹书，我们知道历史上也曾发现过战国竹书，只是因为保存条件等原因，实物没有流传下来。历史上发现的战国竹书在古代史书里时有记载，最重要的是汉代的孔壁中书和西晋时期的汲冢竹书两批，其他的还有一些零星的出土。① 当时的学者根据政治条件和个人学术背景对发现的竹简进行了一定的整理研究，其中的一些方法一直到今天仍被我们所使用，一些经验也值得我们借鉴。根据史书记载及现代学者的研究，把历史上最重要的两次战国竹书发现和整理总结如下。

---

① 参看李零《简帛古书与学术源流》（三联书店，2004年版）一书第三讲"简帛的埋藏与发现"中有相关的论述；杨泽生《战国竹书研究》的绪论"古代出土发现的战国竹书"（中山大学出版社，2009年版）中也有专门的论述，而对历史上发现的简帛资料最系统全面的统计是吕静、郑卉的《1900年以前中国境内出土简帛之考察——以传世文献收集整理为中心》（日本中国出土资料学会编《中国出土资料研究》第13号，2009年，第62—83页）一文，作者还对历史上发现的简帛资料的出土地域、所记内容、出土形态及整理和散佚情况做了很好的论述。本章的相关论述参考了以上三种论著。

## 第一节　汉代战国竹书的发现与整理

战国时期百家争鸣，各家著书立说，至秦灭六国，怒儒生以言干政，听信李斯等谗言，"乃燔灭文章，以愚黔首。汉兴，改秦之败，大收篇籍，广开献书之路"（《汉书·艺文志》），于是各地纷纷献书，主要有：

一、济南伏生藏于壁中的书："秦时焚书，伏生壁藏之。其后兵大起，流亡，汉定，伏生求其书，亡数十篇，独得二十九篇，即以教于齐鲁之间。学者由是颇能言《尚书》，诸山东大师无不涉《尚书》以教矣。"（《史记·儒林列传》）"秦燔书禁学，济南伏生独壁藏之。汉兴亡失，求得二十九篇，以教齐鲁之间。"（《汉书·艺文志》）

二、河间献王所得先秦古书："河间献王德以孝景前二年立，修学好古，实事求是。从民得善书，必为好写与之，留其真，加金帛赐以招之。繇是四方道术之人不远千里，或有先祖旧书，多奉以奏献王者，故得书多，与汉朝等。是时，淮南王安亦好书，所招致率多浮辩。献王所得书皆古文先秦旧书，《周官》、《尚书》、《礼》、《礼记》、《孟子》、《老子》之属，皆经传说记，七十子之徒所论。其学举六艺，立《毛氏诗》、《左氏春秋》博士。修礼乐，被服儒术，造次必于儒者。山东诸儒多从而游。"（《汉书·景十三王传·河间献王德》）

三、孔子旧宅壁中所藏古书："及鲁恭王坏孔子宅，欲以为宫，而得古文于坏壁之中，《逸礼》有三十九，《书》十六篇。天汉之后，孔安国献之，遭巫蛊仓卒之难，未及施行。"（刘歆《移让太常博士书》）"武帝末，鲁共王坏孔子宅，欲以广其宫，而得古文《尚书》及《礼记》、《论语》、《孝经》凡数十篇，皆古字也"（《汉书·艺文志》）。"至景帝时，鲁共王坏孔子教授堂以为殿，得百篇《尚书》于墙壁中。武帝使使者取视，莫能读者，遂秘于中，外不得见"（《论衡·正说篇》）。"壁中书者，鲁恭王坏孔子宅而得《礼记》、《尚书》、《春秋》、《论语》、《孝经》"（《说文解字·叙》）。

四、河内女子发老屋所得书："至孝宣皇帝之时，河内女子发老屋，得逸《易》、《礼》、《尚书》各一篇，奏之。"（《论衡·正说篇》）

五、河间颜芝所藏《孝经》："（《孝经》）亦遭焚烬。河间人颜芝为秦禁藏之。汉氏尊学，芝子贞出之，是为今文。"（《经典释文·序录》）

六、鲁国淹中所出《礼》古经："《礼》古经者，出于鲁淹中，及孔氏学七十篇，文相似，多三十九篇。"（《汉书·艺文志》）

七、民间壁中所得《尚书·泰誓》："武帝末，民有得《泰誓》于壁内者，献之。与博士，使读说之，数月皆起传以教人。"（刘向《别录》）

八、杜林所得古文《尚书》："林前于西州得漆书《古文尚书》一卷，常宝爱之，虽遭艰困，握持不离身。出以示宏等曰：'林流离兵乱，常恐斯经将绝，何意东海卫子、济南徐生复能传之，是道竟不坠于地也。古文虽不合时务，然愿诸生无悔所学。'宏、巡益

重之，于是古文遂行。"(《后汉书·杜林传》)

以上主要是见于典籍记载的汉代所见的先秦古书，虽典籍没有明言，但一般认为是抄写在竹简上的，且大都是为了避秦火而主动藏匿的，考虑到抄写年代更在此之前，所以定为战国竹书也是合适的。汉代所能见到的先秦古书当然应该不止这些，其他的如司马迁《史记》所提到的一些用古文传写的古书《谍记》《国语》《世本》等，另外《汉书·艺文志》所记载的典籍也有古文本。

李零认为上述二、四是三晋写本，三、六是鲁写本。[1] 近年杨泽生根据王国维、李家浩等学者的研究，指出"孔壁竹书为战国时代齐系的鲁国文字"，[2] 这一说法应该是可信的。

从以上的引述可以看出，汉代所发现的先秦书籍类竹简主要有以下几个特点：一、多属于儒家经典，如《周官》《尚书》《春秋》《礼》《论语》《孝经》《孟子》等，其他的只有《老子》一种；二、一般不是从地下发掘出土而是有意地藏于墙壁中者，因汉代去古未远，往往能有意或无意地破墙而得之；三、与今天战国竹书多出土于楚地不同的是，汉代所发现的竹书多见于北方的齐鲁三晋等地。

虽然汉代学者能见到这些古文经典，但由于今文经派在政治上的地位，排斥压制古文经，西汉对这些新发现的先秦典籍并没有予以充分的研究和重视。古文经派一直处于被动地位，今文一直立有

---

[1] 李零：《简帛古书与学术源流》，第83页。
[2] 杨泽生：《战国竹书研究》，第184页。

博士，而古文博士几次被废，但学者对古文经的研究也一直不绝如缕，于是有今古文之争，刘歆作《移让太常博士书》，其文曰：

昔唐、虞既衰，而三代迭兴，圣帝明王，累起相袭，其道甚著。周室既微而礼乐不正，道之难全也如此。是故孔子忧道之不行，历国应聘。自卫反鲁，然后乐正，《雅》《颂》乃得其所；修《易》，序《书》，制作《春秋》，以纪帝王之道。及夫子没而微言绝，七十子终而大义乖。重遭战国，弃笾豆之礼，理军旅之陈，孔氏之道抑，而孙、吴之术兴。陵夷至于暴秦，燔经书，杀儒士，设挟书之法，行是古之罪，道术由是遂灭。

汉兴，去圣帝明王遐远，仲尼之道又绝，法度无所因袭。时独有一叔孙通略定礼仪，天下唯有《易》卜，未有它书。至孝惠之世，乃除挟书之律，然公卿大臣绛、灌之属咸介胄武夫，莫以为意。至孝文皇帝，始使掌故朝错从伏生受《尚书》。《尚书》初出于屋壁，朽折散绝，今其书见在，明师传读而已。《诗》始萌芽。天下众书往往颇出，皆诸子传说，犹广立于学官，为置博士。在汉朝之儒，唯贾生而已。至孝武皇帝，然后邹、鲁、梁、赵颇有《诗》《礼》《春秋》先师，皆起于建元之间。当此之时，一人不能独尽其经，或为《雅》，或为《颂》，相合而成。《泰誓》后得，博士集而读之。故诏书称曰："礼坏乐崩，书缺简脱，朕甚闵焉。"时汉兴已七八十年，离于全经，固已远矣。

及鲁恭王坏孔子宅，欲以为宫，而得古文于坏壁之中，

《逸礼》有三十九，《书》十六篇。天汉之后，孔安国献之，遭巫蛊仓卒之难，未及施行。及《春秋》左氏丘明所修，皆古文旧书，多者二十余通，臧于祕府，伏而未发。孝成皇帝闵学残文缺，稍离其真，乃陈发祕臧，校理旧文，得此三事，以考学官所传，经或脱简，传或间编。传问民间，则有鲁国〔桓〕公、赵国贯公、胶东庸生之遗学与此同，抑而未施。此乃有识者之所惜闵，士君子之所嗟痛也。往者缀学之士不思废绝之阙，苟因陋就寡，分文析字，烦言碎辞，学者罢老且不能究其一艺。信口说而背传记，是末师而非往古，至于国家将有大事，若立辟雍、封禅、巡狩之仪，则幽冥而莫知其原。犹欲保残守缺，挟恐见破之私意，而无从善服义之公心，或怀妒嫉，不考情实，雷同相从，随声是非，抑此三学，以《尚书》为备，谓左氏为不传《春秋》，岂不哀哉！

今圣上德通神明，继统扬业，亦闵文学错乱，学士若兹，虽昭其情，犹依违谦让，乐与士君子同之。故下明诏，试《左氏》可立不，遣近臣奉指衔命，将以辅弱扶微，与二三君子比意同力，冀得废遗。今则不然，深闭固距，而不肯试，猥以不诵绝之，欲以杜塞余道，绝灭微学。夫可与乐成，难与虑始，此乃众庶之所为耳，非所望士君子也。且此数家之事，皆先帝所亲论，今上所考视，其古文旧书，皆有征验，外内相应，岂苟而已哉！

夫礼失求之于野，古文不犹愈于野乎？往者博士《书》有

> 欧阳，《春秋》公羊，《易》则施、孟，然孝宣皇帝犹复广立《穀梁春秋》，《梁丘易》，《大小夏侯尚书》，义虽相反，犹并置之。何则？与其过而废之也，宁过而立之。传曰："文武之道未坠于地，在人；贤者志其大者，不贤者志其小者。"今此数家之言所以兼包大小之义，岂可偏绝哉！若必专己守残，党同门，妒道真，违明诏，失圣意，以陷于文吏之议，甚为二三君子不取也。

刘歆此文是汉代学术史上的名文，"其言甚切，诸儒皆怨恨"，刘歆本人也"忤执政大臣，为众儒所讪，惧诛，求出补吏，为河内太守。以宗室不宜典三河，徙守五原，后复转在涿郡，历三郡守。数年，以病免官"（《汉书·楚元王传附刘歆传》）。除了今古文之争的话题，刘歆此文实际上也讲述了西汉时期先秦书籍类竹简（主要也是战国竹简）的发现和整理概况，其中提到"《尚书》初出于屋壁，朽折散绝""书缺简脱"，这与我们今天所见到的战国竹书的状况是一样的，至于"陈发祕臧，校理旧文，得此三事，以考学官所传，经或脱简，传或间编""今上所考视，其古文旧书，皆有征验，外内相应"，就是我们今天整理出土文献时，与传世文本相互对照，以参验是否有脱漏或错简。也就是说汉代学者的竹书整理方法，和我们是一样的。更具体的整理方法，可以孔安国《〈尚书〉序》为例：

> 古者伏牺氏之王天下也，始画八卦，造书契，以代结绳之政，由是文籍生焉。伏羲、神农、黄帝之书，谓之《三坟》，言大道也。少昊，颛顼，高辛唐虞之书，谓之《五典》，言常

道也。至于夏商周之书，虽设教不伦，雅诰奥义，其归一揆，是故历代宝之，以为大训。八卦之说，谓之《八索》，求其义也。九州之志，谓之《九丘》，丘，聚也，言九州所有，土地所生，风气所宜，皆聚此书也。《春秋左氏传》曰："楚左史倚相，能读《三坟》《五典》《八索》《九丘》。"即谓上世帝王遗书也。先君孔子，生于周末，睹史籍之烦文，惧览之者不一，遂乃定礼乐，明旧章，删《诗》为三百篇，约史记而修《春秋》，赞《易》道以黜《八索》，述《职方》以除《九丘》。讨论《坟》《典》，断自唐虞以下讫于周。芟夷烦乱，剪截浮辞，举其宏纲，撮其机要，足以垂世立教，典谟训诰誓命之文，凡百篇，所以恢弘至道，示人主以轨范也。帝王之制，坦然明白，可举而行。三千之徒，并受其义。及秦始皇灭先代典籍，焚书坑儒，天下学士，逃难解散。我先人用藏其家书于屋壁。汉室龙兴，开设学校，旁求儒雅，以阐大猷。济南伏生，年过九十，失其本经，口以传授，裁二十余篇。以其上古之书，谓之《尚书》，百篇之义，世莫得闻。至鲁共王，好治宫室，坏孔子旧宅以广其居，于壁中得先人所藏古文虞夏商周之书，及传、《论语》《孝经》，皆科斗文字。王又升孔子堂，闻金石丝竹之音，乃不坏宅，悉以书还孔氏。<u>科斗书废已久，时人无能知者，以所闻伏生之书，考论文义，定其可知者，为隶古定，更以竹简写之，</u>增多伏生二十五篇。伏生又以《舜典》合于《尧典》，《益稷》合于《皋陶谟》，《盘庚》三篇合为一，《康王之诰》合于《顾命》，复出此篇并序，凡五十九篇，为四十六卷。<u>其余错乱摩灭，不可复知。悉上送官，藏之书府，以待能者。</u>承诏为五十九篇作《传》，于是遂研精覃思，博考经籍，采摭群言，以立训传，约文申义，敷畅厥旨，庶几有补于将来。《书序》，序所以为作者之意，昭然义见，宜相附近，故引之，各冠其篇首，定五十八篇。既毕，会国有巫蛊事，经籍道息，用不复以闻，传之子孙，以贻后世。若好古博雅君子与我同志，亦所不隐也。

这就是历史上著名的孔壁中书中《尚书》的整理，这批竹书原是用"科斗书"（即古文）书写的，孔安国参考当时流行的伏生所传的今文尚书，"考论文义，定其可知者，为隶古定，更以竹简写之"，这种整理方法为后世所沿用，直到今天我们整理出土文献仍用此法。孔安国把他整理的成果献于朝廷，但"遭巫蛊事，未列于学官"，等到刘向校订欧阳、大小夏侯三家经文时，"《酒诰》脱简一，《召诰》脱简二。率简二十五字者，脱亦二十五字，简二十二字者，脱亦二十二字，文字异者七百有余，脱字数十"（《汉书·艺文志》），可知这批竹书，每简22字或25字不等，与我们今天见到的出于战国时期楚地的竹简相比，属于比较短的，容字自然也就较少，至于脱简可能也是编绳腐烂造成的。王国维所言，"有孔子壁中书出，而后有汉以来古文家之学"，其影响不可谓不大。关于其书写文字，或称"古文""古字"，或称"科斗文字""科斗书"，这些文字部分被收入《说文》中，成为我们今天研究战国文字的重要参考。

## 第二节 西晋战国竹书的发现与整理

西晋时期发现的汲冢竹书是继孔壁中书之后，最重要的一次发现，在学术史上有重要影响和意义，一般认为是西晋初年在汲县一座战国时魏国墓葬里发现的，各书记载传述略有差异，具体见于以下诸书：

《晋书·武帝纪》："咸宁五年……冬十月，汲郡人不准掘魏襄王冢，得竹简小篆古书十余万言，藏于祕府。"

《晋书·律历志》："武帝太康元年，汲郡盗发六国时魏襄王冢，亦得玉律。"

《晋书·荀勖传》："咸宁初，与石苞等并为佐命功臣，列于铭飨。……及得汲郡冢中古文竹书，诏勖撰次之，以为《中经》，列在祕书。"

《晋书·束皙传》："初，太康二年，汲郡人不准盗发魏襄王墓，或言安釐王冢，得竹书数十车。其《纪年》十三篇，记夏以来至周幽王为犬戎所灭，以事接之，三家分，仍述魏事至安釐王之二十年。盖魏国之史书，大略与《春秋》皆多相应。其中经传大异，则云夏年多殷；益干启位，启杀之；太甲杀伊尹；文丁杀季历；自周受命，至穆王百年，非穆王寿百岁也；幽王既亡，有共伯和者摄行天子事，非二相共和也。其《易经》二篇，与《周易》上下经同。《易繇阴阳卦》二篇，与《周易》略同，《繇辞》则异。《卦下易经》

一篇，似《说卦》而异。《公孙段》二篇，公孙段与邵陟论《易》。《国语》三篇，言楚、晋事。《名》三篇，似《礼记》，又似《尔雅》《论语》。《师春》一篇，书《左传》诸卜筮，'师春'似是造书者姓名也。《琐语》十一篇，诸国卜梦妖怪相书也。《梁丘藏》一篇，先叙魏之世数，次言丘藏金玉事。《缴书》二篇，论弋射法。《生封》一篇，帝王所封。《大历》二篇，邹子谈天类也。《穆天子传》五篇，言周穆王游行四海，见帝台、西王母。《图诗》一篇，画赞之属也。又杂书十九篇：《周食田法》，《周书》，《论楚事》，《周穆王美人盛姬死事》。大凡七十五篇，七篇简书折坏，不识名题。冢中又得铜剑一枚，长二尺五寸。漆书皆科斗字。初发冢者烧策照取宝物，及官收之，多烬简断札，文既残缺，不复诠次。武帝以其书付祕书校缀次第，寻考指归，而以今文写之。晳在著作，得观竹书，随疑分释，皆有义证。迁尚书郎。"

《晋书·王接传》："时祕书丞卫恒考正汲冢书，未讫而遭难。佐著作郎束晳述而成之，事多证异义。时东莱太守陈留王庭坚难之，亦有证据。晳又释难，而庭坚已亡。散骑侍郎潘滔谓接曰：'卿才学理议，足解二子之纷，可试论之。'接遂详其得失。"

杜预《春秋左氏经传集解后序》："太康元年三月，吴寇始平，余自江陵还襄阳，解甲休兵。乃申抒旧意，修成《春秋释例》及《经传集解》。始讫，会汲郡汲县有发其界内旧冢者，大得古书，皆简编，科斗文字。发冢者不以为意，往往散乱。科斗书久废，推寻不能尽通。始者藏在祕府，余晚得见之，所记大凡七十五卷，多杂碎怪妄，不可训知。《周易》及《纪年》最为分了。《周易》上下篇，与今正同，别有《阴阳说》，而无《彖》《象》《文言》《系辞》，疑于时仲尼造之于鲁，尚未播之于远国也。其《纪年》篇，起自夏、殷、周，皆三代王事，无诸国别也。唯特记晋国，起自殇叔，次文侯、昭侯，以至曲沃庄伯。庄伯之十一年十一月，鲁隐公之元年正月也，皆用夏正，建寅之月为岁首，编年相次。晋国灭，独记魏事，下至魏哀王之二十年，盖魏国之史记也。推校哀王二十年，太岁在壬戌，是周赧王之十六年，秦昭王之八年，韩襄王之十三年，赵武灵王之二十七年，楚怀王之三十年，燕昭王之十三年，齐湣王之二十五年也。上去孔丘卒百八十一岁，下去今太康三年五百八十一岁。哀王于《史记》，襄王之子，惠王之孙也。惠王三十六年卒，而襄王立。立十六年卒，而哀王立。古书《纪年》篇，惠王三十六年改元，从一年始，至十六年而称惠成王卒，即惠王也。疑《史记》误分惠成之世以为后王年也。哀王二十三年乃卒，故特不称谥，谓之今王。其著书文意，大似《春秋》经，推此足见古者国史策书之常也。文称'鲁隐公及邾庄公盟于姑蔑'，即《春秋》所书'邾仪父'。未王命，故不书爵。曰仪父，贵之也。又称'晋献公会虞师伐虢，灭下阳'，即《春秋》所书'虞师、晋师灭下阳'。先书虞，贿故也。又称'周襄王会诸侯于河阳'，即《春秋》所书'天王狩于河阳'。以臣召君，不可以训也。诸若此辈甚多，略举数条，以明国史皆承告据实而书时事。仲尼修《春秋》，以义而制异文也。又称'卫懿公及赤翟战于洞泽'，疑'洞'当为'泂'，即《左传》

所谓荥泽也。'齐国佐来献玉磬、纪公之甗'，即《左传》所谓'宾媚人也'。诸所记多与《左传》符同，异于《公羊》《谷梁》，知此二书近世穿凿，非《春秋》本意，审矣！虽不皆与《史记》《尚书》同，然参而求之，可以端正学者。又别有一卷，纯集疏《左氏传》卜筮事，上下次第及其文义，皆与《左传》同，名曰《师春》。'师春'似是抄集者人名也。《纪年》又称：'殷仲壬，即位居亳，其卿士伊尹，仲壬崩，伊尹放大甲于桐，乃自立也。伊尹即位于大甲七年，大甲潜出自桐，杀伊尹，乃立其子伊陟、伊奋，命复其父之田宅而中分之。'《左氏传》：'伊尹放大甲而相之，卒无怨色。'然则大甲虽见放，还杀伊尹而犹以其子为相也。此为大与《尚书》叙说大甲事乖异，不知老叟之伏生或致昏忘，将此古书亦当时杂记，未足以取审也？为其粗有益于《左氏》，故略记之，附集解之末焉。"

荀勖《穆天子传序》："古文《穆天子传》者，太康二年汲县民不准盗发古冢所得书也。皆竹简素丝编，以臣勖所考定古尺度其简，长二尺四分，以墨书，一简四十字。汲者，战国时魏地也。案所得《纪年》，盖魏惠成王子令王之冢也，于《世本》，盖襄王也。案《史记·六国年表》，自令王二十一年至秦始皇三十四年燔书之岁，八十六年；及至太康二年初得此书，凡五百七十九年。其书言周穆王游行之事。《春秋左氏传》曰：穆王欲肆其心，周行于天下，将皆使有车辙马迹焉。此书所载，则其事也。主好巡守，得盗骊、騄耳之乘，造父为御，以观四荒，北绝流沙，西登昆仑，见西王母，与《太史公记》同。汲郡收书不谨，多毁落残缺。虽其言不典，皆是古书，颇可观览，谨以二尺黄纸写上。请事平以木简书，及所新写，并付祕书缮写，藏之《中经》，副在三阁，谨序。"

张守节《史记正义》："《汲冢书》，晋咸和（按："和"当为"宁"）五年，汲郡汲县发魏襄王冢，得古书册七十五卷。"

赵明诚《金石录》载西晋太康十年《太公碑》："太康二年，县之西偏，有盗发冢，而得竹策之书。书藏之年，当秦坑儒之前八十六岁。"

就上述记载来看，汲冢竹书的出土年份有异，从古至今有多位学者讨论。[①]除了上述年份之外，另外还有太康八年说，陈梦家认为"太康八年说"决不可信，又疑"咸宁五年十月"为"太康元年十月"之误，"元年十月出土，而官收车送当在次年，故诸书均谓二年出土也"，[②]可备一说。

出土地点是汲郡的汲县，战国时属魏。其所出土的墓葬，有"古冢""魏襄王冢""安釐王冢"等说法，陈梦家认为"魏自惠王至魏亡都大梁，帝王冢不得在汲"，当是"魏国大臣之墓"。[③]夏含夷认为，"在西晋时代人的眼光里，汲冢这座古墓肯定很了不起，当时人以为是王墓一点不奇怪。可是，从现在的考古知识来看，它的陪葬器物等级不是特别高，竹书也往往在大夫一级的墓葬里发现，

---

[①] 参看辛德勇：《谈历史上首次出土的简牍文献——茂陵书》，《文史哲》2012年第4期。
[②] 陈梦家：《汲冢竹书考》，《尚书通论（外二种）》，河北教育出版社，2000年版，第598页。
[③] 陈梦家：《汲冢竹书考》，《尚书通论（外二种）》，第599页。

恐怕汲冢原来不是王墓，而可能是魏国某一大夫的墓。"①

关于汲冢竹书的基本情况，参考以上引述，可以得到一些基本认识。竹简形制，"皆竹简素丝编，以臣勖所考定古尺度其简，长二尺四分，以墨书，一简四十字"，可知竹简是用丝编的，字是用墨书写的，此处的"长二尺四分"和"一简四十字"不知是指某些篇还是全部的竹简，以今天出土所见的战国秦汉竹简来看，还没有长度和容字完全一致的。文字，或说"小篆古书"，或说"科斗文字"，或说"古文"，限于当时学者对古文字的认识水平，这些都是一些含混的概念，以今天对古文字的分类来看，应当是战国时期的三晋系文字。内容方面，虽然当时盗墓者曾用作火把烧毁了部分竹简，但大部分应该保存了下来，所以才能清楚地记载有"七十五篇""七十五卷"这样的具体数目，当然也可能是劫余之篇数。所谓的"十余万言"大概也只是约数，不可凭信。具体篇目，以《晋书·束皙传》记述最详尽，计有：《纪年》十三篇，《易经》二篇，《易繇阴阳卦》二篇，《卦下易经》一篇，《公孙段》二篇，《国语》三篇，《名》三篇，《师春》一篇，《琐语》十一篇，《梁丘藏》一篇，《缴书》二篇，《生封》一篇，《大历》二篇，《穆天子传》五篇，《图诗》一篇，杂书十九篇（包括《周食田法》，《周书》，《论楚事》，《周穆王美人盛姬死事》），以上相加得六十九篇，另外"七

---

① 夏含夷：《〈穆天子传〉辑校举例》，收入《朱希祖史学史选集》，中西书局，2019年版，第53页。

篇简书折坏，不识名题"，总计七十六篇，与"七十五篇"的总数不合，朱希祖认为：

> 《纪年》十三篇，篇数疑误。王隐《束皙传·纪年》十二卷，《隋书经籍志·纪年》十二卷并《竹书同异》一卷，则此当作十二篇，方与下总数七十五篇相合。若作十三篇，则总数为七十六篇，又与王隐《束皙传》"大凡七十五卷"不合，故知三字为二字之误。①

据此，《纪年》当为十二篇，共计七十五篇。另外值得注意的是，从束皙所说"七篇简书折坏，不识名题"，而其他篇都详细记述篇题，特别是"《师春》一篇，书《左传》诸卜筮，'师春'似是造书者姓名也"，可以看出《师春》篇的"师春"应该与内容无关，只是题写的"篇题"，束皙认为"似是造书者姓名"也只是一种推测，这也可以反证其他篇的篇题都是自带的。而"七篇简书折坏，不识名题"的七篇，则很可能就是盗墓者烧掉的。

关于汲冢书的整理，朱希祖《汲冢书考》有"校理年月"和"校理人物"两篇详考，指出"汲冢书之编校写定，盖经始于太康二年（公元二八一年），讫于永康元年（公元三〇〇年），前后约二十年，分为三期：

第一期　自武帝太康二年（公元二八一年）至太康八、九年（公元二八七、八年）为荀勖、和峤分编时期，《穆天子传》、《纪年》

---

① 朱希祖：《汲冢书考》，《朱希祖史学史选集》，第112页。

（初定本）皆于此期写定。

　　第二期　自惠帝永平元年（公元二九一年）二月至六月为卫恒考正时期，后以被楚王玮所害中止。

　　第三期　自惠帝元康六年（公元二九六年）至永康元年（公元三〇〇年）为束皙考正写定时期，《纪年》重行改编，于是十六种七十五篇全部告成。"① 至于具体的内容整理，朱希祖指出"故汲冢书古文虽有《三字石经》可以检寻对照，荀勖等亦不能尽识，写定之时，务为'隶古定'以存其真。或谓《穆传》中空□缺文，勖等不识古文而缺之，此实非也。空□缺文，所缺自一字以至数十字不等，近人《穆传十论》言之详矣。盖当时以隶字写古文，其古文字形为《三字石经》所有者，即依古文下之隶字写之，其古文字形为《三字石经》所无者，虽读其上下文而可知其字义为某字，然务为'隶古定'，而不敢径改为某字……此亦审慎之至者。且其义之是非，亦可以留待后人重行考正也"②。孙钦善进一步指出，汲冢竹书的"整理的程序包括考校、写定，并撰序录，全仿刘向父子校书方法。写定的字体用当时通行的隶书，孔颖达《春秋经传集解后序正义》引王隐《晋书·束皙传》云：'诏荀勖、和峤以隶定写之。'今传《晋书·束皙传》云：'而以今文写之。'所撰序录现存荀勖《穆天子传序》，又裴骃《史记·魏世家集解》引：'荀勖曰：和峤云《纪年》

---

① 朱希祖：《汲冢书考》，《朱希祖史学史选集》，第127页。
② 朱希祖：《汲冢书考》，《朱希祖史学史选集》，第109页。

起自黄帝，终于魏之今王'，今王者，魏惠成王子。……'盖出荀勖《纪年序》"[1]。

除了上述关于汲冢竹书的整理情况之外，朱希祖更指出了非常重要的一点，因为汲冢竹书的整理时间较长，且前后由不同的学者负责，造成有不同的整理本流传，历史上对这些整理本的引述互有歧义，而整理本大都失传，无法对照，故有学者认为是伪书，特别是针对《竹书纪年》的有关引述，朱希祖考证云：

> 近人有疑《竹书纪年》为伪书者，经详加分析研究后，可加以解答如下。《纪年》原本，发现于晋咸宁五年（公元二七九年），亡于北宋末期（公元十一世纪末期），各家征引甚多，决无可怀疑。今本《竹书纪年》，盖后人得宋三卷残本及《师春》所录，又杂采他书以补缀之。然起自黄帝，及东周以后，仍以周纪年，称赧王为隐王，皆仍荀、和旧本，合于编年通史体例，不尽伪也。自束皙考正改定本，始起自夏、商，幽王灭亡，改用晋纪年，学《春秋》以鲁纪年之法。不知此是魏国私人所撰编年通史，非魏国官修之国史，且非编年之断代史也。观其所书魏文侯卒（《史记》卷四十四《魏世家》索隐引《纪年》），与同时秦敬公卒（《史记》卷五《秦本纪》索隐引《纪年》），齐宣公薨（《史记》卷四十六《田敬仲世家》索隐引《纪年》），宋悼公卒（《史记》卷三十八《宋世家》索隐引《纪

---

[1] 孙钦善:《中国古文献学史（修订本）(全二册)》，中华书局，2015年版，第204页。

年》），书法无异，盖明明平视各国，上冠周年，非若《春秋》以鲁纪年，某公薨但书"公薨"，而不言鲁某公薨也。由此可知杜预《后序》亦见束皙本东周以后用晋、魏纪年，更可证非杜预自撰矣。《后序》又云："曲沃庄伯之十一年十一月，鲁隐公之元年（公元前七二一年）正月也，皆用夏正建寅之月为岁首。"案束皙本改用晋、魏纪年，故用夏正；和峤本则东周以后既仍以周纪年，当用周正。《史记·孙子吴起列传》索隐"王邵按：《纪年》梁惠成王二十七年十二月，齐田朌败魏马陵"，而《魏世家》索隐引《纪年》则作"二十八年与齐田朌战于马陵"。二十七年十二月在周正为二十八年二月，是索隐所见本此条尚未改周正为夏正，王邵所见本已改周正为夏正。此《纪年》一本以周纪年用周正，一本以晋、魏纪年用夏正之明证。可见《纪年》原本亦有荀勖、和峤旧本与束皙改定本之别。一起自黄帝，一起自夏、商。一在西周末年以后仍用周纪年，故用周正，一在西周末年以后，改用晋、魏纪年，故用夏正，此不可不察也。①

由此可知，在整理过程中，不同的整理者在处理具体的纪年时，因观念的不同，对竹书原来的纪年方式有所改写，至于哪一种是原貌，则已不可知，但《竹书纪年》存在两种整理本的情况则是可以肯定的。近年夏含夷《汲冢书的发现和编辑》《〈竹书纪年〉的整理

---

① 朱希祖：《汲冢书考》，《朱希祖史学史选集》，第114—115页。

和整理本》对这一问题又有更为深入的研究，对朱希祖的观点有进一步的证明，可参看。[1]

此外，魏晋南北朝时期除了发现汲冢竹书，还有其他的竹书，如襄阳竹书，《南齐书·文惠太子传》说："时襄阳有盗发古冢者，相传云是楚王冢，大获宝物：玉屐，玉屏风；竹简书，青丝编。简广数分，长二尺，皮节如新。盗以把火自照，后人有得十余简，以示抚军王僧虔，僧虔云是科斗书《考工记》，《周官》所缺文也。是时州遣按验，颇得遗物，故有同异之论。"再如，彭城人掘项羽妾墓，也出了一些书，包括古文《老子》《孝经》等。这些出土的古书较为零散，都没有被整理的记录，但其中的一些文字被后世所收录，如夏竦《古文四声韵·序》说："又有自项羽妾墓中得古文《孝经》。"

## 第三节　古代学者整理战国竹书的方法与意义

上面两节我们讨论了汉代和西晋时期学者对当时所见的出土战国竹书的整理情况，可以看出当时学者对这些新见竹书的重视，且整理者都是一时之选，虽然他们整理的成果大都没有流传下来，但整理过程中所体现的整理方法及教训也是值得我们重视的，其成功的经验值得我们传承，其教训值得我们借鉴，李学勤曾对古代学者整理战国竹书的方法有过概括性的总结：

---

[1] 夏含夷著，周博群等译：《重写中国古代文献》，上海古籍出版社，2012年版。

现在每有简帛古籍出土，我们就组织整理，由保护原件，直到出版成书，有着一定的步骤程序。这一系列的工作，是以多年的整理经验为依据。回顾过去，我们的整理工作有过不少曲折，即使是今天，也仍有若干不足之处，有待改进。

整理前代的书籍，不是在现代才开始的，而是在我国历史上早已有之。具体说来，传说中的孔子整理六经，不妨说是这种工作的滥觞。但真正大规模的整理，实在汉代。这是因为经过秦火，典籍残缺书籍有赖于发现，整理工作从而应运而兴。河间献王的广收书籍，即其一例。种种事迹，用不着在这里征引。

西汉时出现的古籍，有的是民间隐藏献出的，如颜贞之献《孝经》；有的是由口传而笔录的，如伏胜之传《尚书》及作《大传》。这时也有出土发现的，最著名的便是孔子壁中书，发现之后交由孔安国整理。孔安国所采的"隶古定"，迄今仍是我们采用的方法。

西晋时汲冢竹书的整理，更接近我们当前进行的工作。竹书出于墓葬，文字是战国古文，需要整理考释，这也是我们面对的难题。当时受命参加整理的学者，如束皙、荀勖等人，可谓极一时之选。不过由于种种原因，他们似乎没有把全部竹书整理完竣，许多珍贵书籍归于再度湮灭，实堪痛惜。其中教训，我们应该引为鉴戒。

汲冢竹书的整理，所用方式似有不一。成绩最佳的莫过《穆天子传》(包括《周穆王美人盛姬死事》)，有古文的摹写

（已佚），有全书的释文，于不识之字则用隶定，体例完善，顾实先生《穆天子传西征讲疏》曾作阐述。《纪年》和《师春》就差一些。特别是《纪年》，如朱希祖《汲冢书考》所论，整理时似有两本，其一广采文献，补其不足，用意可能在做成完整的史籍，结果则失去竹简的原状。这当然不可为训，但历史地去看，也有其不足怪之处。[①]

西汉学者整理竹书的第一个经验就是"隶古定"，即对于前代的古文字，因不同于当时所使用的文字，在整理的时候应该尽可能地保存原貌，而不轻易改写为当时的字，这也是在没有现代摄影影印技术的情况下最大限度地保留竹书文字的原貌，为进一步探讨文字演变保留了样本。我们今天仍采用这种办法，特别是对于一些复杂难以辨认的字，更应如此。看今天的整理本，一般先是图版配严格隶定的释文，然后是整理释文，对于通假字等用括号注明，对于一些暂时不能释读的文字则或直接截图、或只做隶定，这些是对古代学者整理经验的继承和发展。第二个经验是与传世的通行文本对勘，准确记录竹简的缺失情况和异文，刘向以孔壁中书与传世文本的对勘结果"《酒诰》脱简一，《召诰》脱简二。率简二十五字者，脱亦二十五字，简二十二字者，脱亦二十二字，文字异者七百有余，脱字数十"（《汉书·艺文志》），虽然今天已看不到当时的竹书，但通过这准确的记录，我们可以据以了解当时的文本情况。这类似于现在整理出土的战国竹书时，对于有传世文本的篇章，一般会附录两

---

① 李学勤：《新出简帛与学术史》，《简帛佚籍与学术史》，第13页。

种或多种文本做详细对比，可以直观地看出其间的差异。这也可以看作是对古代学者整理经验的继承和发展。

西晋学者对汲冢竹书的整理，吸收了汉代学者的经验，如不能释读之字只做隶定，所以流传到今天的《穆天子传》一书中有不少隶定字，为我们提供了一些考释古文字的线索，同时西晋学者也发展了竹书整理的方法，其中也有值得注意的经验。第一个经验是制作摹本，荀勖《穆天子传序》提到"谨以二尺黄纸写上。请事平以木简书，及所新写，并付祕书缮写，藏之《中经》，副在三阁"，因为出土的竹简只有一份，所以以同样尺寸的黄纸写上，然后再制作副本，分藏于不同的地方，也就是尽可能地保留更多备份。我们今天有了摄影和印刷技术，可以无限制地复制，但对于一些文字比较模糊的竹简仍然有摹本，甚至有学者提出，所有的竹简都应配备摹本。第二个经验是对缺文的处理方法，能释读的字释读，不能释读的字则隶定，对于有缺文或文字不清晰者，则用"□"表示，且一□代表一个字，缺多少字就用多少个□表示。这也是我们今天普遍使用的办法，看各出土文献整理报告的凡例可知。第三个经验是撰写序录，孙钦善指出"所撰序录现存荀勖《穆天子传序》，又裴骃《史记·魏世家集解》引：'荀勖曰：和峤云《纪年》起自黄帝，终于魏之今王，今王者，魏惠成王子。……'盖出荀勖《纪年序》"。[1] 这是汉代学者整理书籍时遵循的办法，西晋学者应用于

---

[1] 孙钦善：《中国古文献学史（修订本）（全二册）》，第204页。

整理出土竹书，我们今天仍沿用。其实《晋书·束晳传》提到："其《纪年》十三篇，记夏以来至周幽王为犬戎所灭，以事接之，三家分，仍述魏事至安釐王之二十年。盖魏国之史书，大略与《春秋》皆多相应。其中经传大异，则云夏年多殷；益干启位，启杀之；太甲杀伊尹；文丁杀季历；自周受命，至穆王百年，非穆王寿百岁也；幽王既亡，有共伯和者摄行天子事，非二相共和也。其《易经》二篇，与《周易》上下经同。《易繇阴阳卦》二篇，与《周易》略同，《繇辞》则异。《卦下易经》一篇，似《说卦》而异。《公孙段》二篇，公孙段与邵陟论《易》。《国语》三篇，言楚、晋事。《名》三篇，似《礼记》，又似《尔雅》《论语》。《师春》一篇，书《左传》诸卜筮，'师春'似是造书者姓名也。《琐语》十一篇，诸国卜梦妖怪相书也。《梁丘藏》一篇，先叙魏之世数，次言丘藏金玉事。《缴书》二篇，论弋射法。《生封》一篇，帝王所封。《大历》二篇，邹子谈天类也。《穆天子传》五篇，言周穆王游行四海，见帝台、西王母。《图诗》一篇，画赞之属也。"这些也可以看作是每篇的序录，即指出每篇文献与传世文献的关系和性质。特别是"《师春》一篇，书《左传》诸卜筮，'师春'似是造书者姓名也"一句，代表了当时整理者对这篇文献的性质、内容和篇题之间的关系的认识，尊重原篇题，即使篇题和内容看不出有直接的关系，同时记录自己的推测"'师春'似是造书者姓名也"，这一办法是完全可取的，值得继承。

我们回过头检讨古代学者的整理，当然也有一些不足之处，如上面所引李学勤根据朱希祖的研究提到的,《纪年》"似有两本,其一广采文献,补其不足,用意可能在做成完整的史籍,结果则失去竹简的原状",对于出土文献记载不详或与其他文献有出入的地方,应当以注释的方式说明,而不是直接补进正文里,这样出土竹书就失去了其本来面貌,降低了其本身的价值。此外,如前所述,朱希祖还指出,"束皙本改用晋、魏纪年,故用夏正;和峤本则东周以后既仍以周纪年,当用周正……此《纪年》一本以周纪年用周正,一本以晋、魏纪年用夏正之明证",之所以如此,是因为"然起自黄帝,及东周以后,仍以周纪年,称赧王为隐王,皆仍荀、和旧本,合于编年通史体例,不尽伪也。自束皙考正改定本,始起自夏、商,幽王灭亡,改用晋纪年,学《春秋》以鲁纪年之法"。也就是说束皙模仿《春秋》的纪年方式对原本《纪年》的纪年方式做了改动,以符合他自己的观念,而"不知此是魏国私人所撰编年通史,非魏国官修之国史,且非编年之断代史也"。最近,夏含夷指出今本《竹书纪年》与墓本虽然纪年方式不同,但年代体系一致,进而推测"汲冢竹书的西晋整理者荀勖和下属的编辑委员会在整理过程当中会造出一种以干支纪年、东周部分以周王纪年的编本。这个编本只是编辑委员会的一种'内部参考料'。他们肯定也作了一种东周部分以晋侯和魏侯纪年的正式释文,这个正式释文被《水经注》引用。虽然如此,也有证据帮助那种内部参考资料的编本流传到以后的学术界,至少东晋时代的干宝引用了,六朝的陶弘景和之后的隋唐时代颜师古(580—643)也都见到了,甚至北宋时代的

## 第四章　历史上战国竹书的发现与整理

刘恕可能也引用了。明代天一阁《竹书纪年》应该上承荀勖的这个'内部参考资料'[①]，具体情况有待研究，但这也进一步印证了当时有改编本的可能。当然考虑到古代学者自身的局限性，"这当然不可为训，但历史地去看，也有其不足怪之处"，这是我们应当引以为戒的，因为整理出土文献最重要的就是要存其真。

前引《晋书·束晳传》提到"初发冢者烧策照取宝物，及官收之，多烬简断札，文既残缺，不复诠次。武帝以其书付祕书校缀次第，寻考指归，而以今文写之"，此处的信息提示我们，西晋学者面对的竹简，因盗墓者的"烧策照取宝物"等也是残缺不全且次序混乱的，这与我们今天所面对的战国竹书的情况是一样的，因此需要学者"校缀次第，寻考指归"。如前所述，我们今天的整理也是需要拼合、编联等步骤，并且对于不缺简的竹书的简序排定，也可能因整理者的理解不同等会有不同的排序方案，但我们知道，任何一篇文章都只能有一种排序方案，而不可能是多种，这就需要我们多方面考虑，参考相关文献，梳理文意，才能找出最佳方案，完全复原竹书的编联排序。西晋学者整理的汲冢竹书流传至今的只有《穆天子传》和《竹书纪年》，前者简序问题不大，后者因后来又失传，历代学者有辑本，即所谓的古本，又有今本，有学者认为今本是伪书，对于这些问题研究者众多，近些年夏含夷一的系列文章，如《也谈武王的卒年——兼论〈今本竹书纪年〉的真伪》《〈竹书纪

---

[①] 夏含夷：《由清华简〈系年〉论〈竹书纪年〉墓本和今本的体例》，《简帛》第二十二辑，上海古籍出版社，2021年版，第73页。

年〉与周武王克商的年代》《〈竹书纪年〉的整理和整理本——兼论汲冢竹书的不同整理本》《晋出公奔卒考——兼论〈竹书纪年〉的两个纂本》等，[①]都证明了今本的可信性。同时，夏含夷也指出了今本《竹书纪年》存在错简的地方，如今本《竹书纪年》关于武王的编年有下列记载：

十二年辛卯，王率西夷诸侯伐殷……

十四年，王有疾，周文公祷于坛墠，作《金縢》。

十五年，肃慎氏来宾；初狩方岳；诰于沬邑；冬，迁九鼎于洛。

十六年，箕子来朝；秋，王师灭蒲姑。

十七年，命王世子诵于东宫；冬十有二月，王陟，年五十四。

夏含夷指出十五、十六两年的内容与其他文献记载不同，可能是错简造成的：

我们在上面所引《金縢》和《史记·周本纪》中已经看到，武王克商后二年得疾，周公旦给他贞卜祈瘳，然后武王当年即崩。如果将上引《今本竹书纪年》与此种历史对比，武王十二年克商，十四年得疾，周公给他祈瘳，完全符合。然而，武王之死亡载于十七年，隔了三年，与《金縢》等大为不同。从另一个角度来看，《纪年》记周公作《金縢》和武王崩之间，隔

---

① 这些文章都已收入其著《古史异观》（上海古籍出版社，2005年版），可参看。

了四十个文字。这个字数非常值得注意。整理《竹书纪年》的晋荀勖在他著《穆天子传序》云:"皆竹简素丝编。以臣勖前所考定,古尺度其简长二尺四寸,以墨书,一简四十字。"一简四十个字,正好是汲冢竹简上的字数。如果"十四年王有疾周文公祷于坛墠作金縢"写在一条竹简的下面,而"命王世子诵于东宫冬十有二月王陟年五十四"写在另一条竹简的上面,那么中间"十五年肃慎氏来宾初狩方岳诰于沬邑冬迁九鼎于洛十六年箕子来朝秋王师灭蒲姑十七年"的四十个字(包括两个年间的空字,参下页图),可能写在另一条竹简上,也可能原来并不属于武王的纪谱,由于竹简的杂乱,被整理《竹书纪年》的学者们误排。照此推测,则武王崩陟的记载直接接着十四年的年纪,而《竹书纪年》原来是记载武王死亡于十四年,也就是十二年克商后二年,与《金縢》、《史记》、《淮南子》、《管子》、《逸周书·作雒解》等古文献恰好符合。

即把"十五年肃慎氏来宾初狩方岳诰于沬邑冬迁九鼎于洛十六年箕子来朝秋王师灭蒲姑十七年"这四十个字的内容排除出去之后,刚好与其他文献符合,那么这四十个字的内容该归属于哪里呢?夏含夷认为其中的"诰于沬邑"和"冬迁九鼎于洛"这两项内容应属于成王纪年,进而推测"这整条竹简上的这四十个字全部应属于成王纪年",并且"这段文字的其他记载虽然和成王的关系不如上述两点那样绝对,但是一个一个地考查,都好像适合成王的纪年",通过论证,最后得出结论:

综上所述，现在《今本竹书纪年》武王十五、十六年的年纪和十七年的记载，正好为一条竹简上的四十个字，没有一句记载为必然属于武王史事，反而至少有两年记载必然指成王史事，其余也都比较适合成王史事。因此，这段四十字的文字应该归到成王纪年之中。或有人问，这条竹简如果这样显然属于成王纪年，那么，西晋学者们怎么会把它排错呢？他们一定会理解"诰于沫邑"为成王即位之后周公作《酒诰》的记载。当然，他们看到"箕子来朝"，谅必会想到武王宾箕子的传说。但是，无论这条竹简上的记载和史事有如何关系，他们所以这样安排竹简，不外乎两个西周年代学上的原因。第一是刘歆所创造武王克商后六年而崩的历史观念，上面已经详细地讨论过，到了公元第三世纪末年，经过魏晋大儒王肃、皇甫谧等考订之后，这个说法已成为定论。由于《竹书纪年》的整理家处于这种学术背景，整理刚出土的历史料时候，他们不免在竹书中找同样的证据。非常偶然，在记载武王史事的竹简上，十四年的年纪所记疾病和死亡，于两条不同的竹简上，可以分开读通。不但如此，更偶然地，有另外一条竹简有似乎可以适合武王纪年的三年的纪年，可以插入载十四年年纪的两条竹简之间，而使武王的死年从十四年变成十七年。①

可以看出西晋时期的整理者，因受当时流行的典籍记载的影响，对

---

① 夏含夷:《也谈武王的卒年——兼论〈今本竹书纪年〉的真伪》,《古史异观》, 第368—373页。

竹简上的记载未作深入的研究，导致排序错误而造成了此处的错简，巧合的是此处刚好是四十个字，符合当时学者对竹简容字的记录。如果说这只是一个巧合的话，夏含夷又发现了其他的错简情况，在《〈竹书纪年〉的整理和整理本——兼论汲冢竹书的不同整理本》及《三论〈竹书纪年〉的错简证据》《四论〈竹书纪年〉的错简证据》[1]等论文中做了进一步的讨论。由此可见，西晋时期的学者由于各种原因，在整理竹简的时候对简序的排列有错误之处，特别是在涉及重要历史史事的时候，这些错误会对历史研究造成很大的影响，不可不慎，这也是我们今天整理战国竹书时应特别注意的问题。此外，王连龙也指出了一个西晋时期学者整理汲冢竹书时的一个问题，即改编和割裂，通过"改编人名"和"割裂篇章"把不同的篇章改编重组，以符合当时的意识形态，"它的相关整理，已经不再是一项简单的文献整理活动，而是成为不同学术思想、政治派别斗争的一个重要阵地"，从而导致"晋人整合《逸周书》的结果，今见《逸周书》篇章不仅支离破碎，拼合现象严重，而且伴随着《六韬》等文献掺入，《逸周书》的地位急剧下降，从《汉书·艺文志》属《六艺略》'书类'的'周时诰誓号令'，落至隋唐时期史志目录中'委巷之说，迂怪妄诞，真虚莫测'的'杂史'类"，[2]这也是需要注意并引以为戒的。

---

[1] 这两篇文章已收入其著《古史异观》、《兴与象：中国古代文化史论集》(上海古籍出版社，2012年版)，可参看。

[2] 王连龙：《汲冢"〈周书〉"与〈逸周书〉》，《王若曰：出土文献论文集》，凤凰出版社，2021年版，第118—119页。

# 第五章　由战国竹书的复原整理看先秦书籍

战国时期百家争鸣，是中国古代思想发展的一个高峰。书籍是各家思想的重要载体，从历史上和现代发现的战国竹书来看，主要有齐鲁、三晋、楚地，基本囊括了当时最主要的思想发源地。余嘉锡《古书通例》对古代典籍诸多方面做了很好的总结，把先秦典籍的一些规律总结为条例，深化了对先秦书籍制度的认识，验之出土的战国竹书，大都符合，如"古书不题撰人""古书单篇别行"等。[①]李零在余嘉锡的基础上，参考出土发现，重新做了归纳，主要有以下几点：

（一）古书不题撰人。

（二）古书多无大题，而以种类名、氏名及篇数、字数称之。

（三）古书多以单篇流行，篇题本身就是书题。

（四）篇数较多的古书多带有丛编性质。

（五）古书往往分合无定。

（六）古书多经后人整理。

---

[①] 余嘉锡：《古书通例》，《余嘉锡说文献学》，上海古籍出版社，2001年版。

（七）古书多经后人附益和增饰。

（八）古人著书之义强调"意"胜于"言"，"言"胜于"笔"。[①]

结合前面的论述，可知这些大体上也都是可信的。李锐结合近年出土的战国秦汉简帛古书，对余嘉锡的论述有修正和阐发。[②]顾史考以出土的战国竹书与《古书通例》相比对，指出"余氏凡此种种卓见，多已得到十足的证实，而我们如今研究出土古书的方法与基本了解，亦多赖于先前余氏此遗书的指津。然而到现在对古书所不理解的仍多，而随着日后先秦竹书的新发现，将在此良好的基础上更进一步的认识乃至一部分崭新的观点"[③]。余嘉锡所总结的通例是由传世典籍而得的，我们今天见到了更多的战国书籍的实物，一方面验证了余嘉锡的卓识，另一方面也可以据之补充，增进我们的新知。曾参与武威汉简等西北简牍整理的陈梦家，根据自身经验对汉代的简册制度做了很好的总结，[④]陈梦家总结的汉代简册制度对先秦时期的简册也有参考作用，随着对出土战国竹书研究的深入，我们对先秦书籍本身的制度亦会日渐深入和全面，在此基础上可以全面总结先秦书籍制度。除了书籍制度之外，对战国竹书的整理与研

---

① 李零:《出土发现与古书年代的再认识》,《李零自选集》,广西师范大学出版社,1998年版,第25—31页。

② 李锐:《〈古书通例〉补》,《同文与族本——新出简帛与古书形成研究》,中西书局,2017年版,第237—270页。

③ 顾史考:《以战国竹书重读〈古书通例〉》,《上博等楚简战国逸书纵横览》,第432页。

④ 陈梦家:《由实物所见汉代简册制度》,《汉简缀述》,中华书局,1980年版。

究，推动了学术的发展，也使得我们可以更直观地了解当时书籍的形制、抄写、命名等方面的情况，学界在对这些战国竹书做基础性研究的同时，也对其中所包含的先秦书籍的流传、制作、收藏等做了一些有益的探讨。近年来，学界对这些问题有很多有益且深入的探讨，本章综合学界看法，谈一些有关先秦书籍的问题。

## 第一节　先秦书籍的流传与收藏

关于早期中国典籍是否有书写定型的文本，其流传主要是靠口头还是文本，中西方学者有不同看法。美国学者柯马丁依据出土材料中《诗经》类的资料存在大量异文的现象，"没有任何两个写本中的《诗经》引文在字形上一致，因此无法证明共同书面传统的存在"，指出先秦的典籍，特别是《诗经》主要是口头流传的，进而否认当时已有书写的文本[①]，西方的其他学者也有赞同者。夏含夷对此有更深入的分析，他通过新发现的战国竹书，特别是上博竹书的《孔子诗论》和清华竹书《耆夜》提到的《蟋蟀》等，并根据金文的记录，指出先秦时期《诗经》的流传最主要的还是靠文本，"我们今天所看到的《诗经》在其成书的三个阶段，即创作、早期传授与编纂中，书写也发挥了非常重要的作用。这些证据中，最具说

---

① 柯马丁：《方法论反思：早期中国文本异文之分析和写本文献之产生模式》，《当代西方汉学研究集萃·上古史卷》，第399页。

服力的几例仅在最近几年才出现：上海博物馆与清华大学收藏的几份战国写本都系统地引用了《诗经》或包含了一些独立诗篇的早期形态。这些写本是表明这些诗歌可能写于战国时期的最为坚实的证据。也有另外一些证据，虽然不是那么直接，但有力地表明了书写参与了《诗经》创作与传授的每一步。铜器铭文显示出，在西周和春秋时期，至少有一些社会精英完全有能力写出与传世本《诗经》的诗歌非常类似的作品。在传世本《诗经》中见到的字形异文和错误，可能是公元前几百年中字形或习语用法的演变所导致的，这说明至少有一部分《诗经》传授是由从一个写本至另一个写本的抄写来完成的。此外，传本《毛诗》将本来分属两处的诗或章节合并，证明了作出合并的编辑是在跟竹简上的文本打交道。所有这些证据应该足以提醒读者，《诗经》与荷马史诗不同，它是在一个具备完全的读写能力的环境下创作出来的"①。显然与柯马丁的认识不同，《诗经》作为一种适合口头传诵的作品尚且如此，其他类型的作品就更不可能靠口头传播了。其实古人早就认识到了书写的重要性，如《墨子·兼爱》载："吾非与之并世同时，亲闻其声，见其色也。以其所书于竹帛，镂于金石，琢于槃盂，传遗后世子孙者知之。"又《墨子·明鬼》载："古者圣王必以鬼神为（引按：此下当有缺文），其务鬼神厚矣，又恐后世子孙不能知也，故书之竹帛，传遗后世子孙；咸恐其腐蠹绝灭，后世子孙不得而记，故琢之盘盂，镂之金

---

① 夏含夷：《出土文献与〈诗经〉口头和书写性质问题的争议》，《文史哲》2020年第2期。

石，以重之；有恐后世子孙不能敬若以取羊，故先王之书，圣人一尺之帛，一篇之书，语数鬼神之有也，重有重之。"冯胜君通过对甲骨文中相关内容的研究，认为早期的文献"都是以文本的方式传布的"，"精英阶层知识的获得与传承，必然需要一定的文本作为保证"，"这些文本应该就是写在竹木简上面的。我们可以放心地说，简册作为书写载体在商代就已经出现，而且到魏晋以前一直都是古书的主要书写材料"①。这些结论应该是可信的，先秦时期的知识传播是以文本的形式为主的，而竹帛就是最主要的书写载体，而帛贵竹贱，帛作为书写材料不是一般人能具备的，目前发现的战国木简很少，所以我们下面的讨论只说竹简。验之典籍，也可见以简作记录的例子，《左传·襄公二十五年》："大史书曰：'崔杼弑其君。'崔子杀之，其弟嗣书，而死者二人，其弟又书，乃舍之。南史氏闻大史尽死，执简以往，闻既书矣，乃还。"所谓的"执简以往"，可见南史氏作为史官欲记录此事，明确的是拿着竹简而去记录的。

典籍有个人藏书的记载，《庄子·天下》"惠施多方，其书五车"，《战国策》记苏秦"乃夜发书，陈箧数十，得《太公阴符》"等，但当时是否有出售书籍的地方，类似于我们今天的书店之类的，则没有见于记载，典籍所见最早的买卖书籍见于汉代。以竹简作为书写材料的书籍，如果想获取某一文本，必须通过抄写才能达到为我所有的目的，要抄写这些书籍最基本的就需要有竹简。信阳长台关楚

---

① 冯胜君：《出土材料所见先秦古书的载体以及构成和传布方式》，《出土文献与古文字研究》第四辑，上海古籍出版社，2011年版。

## 第五章　由战国竹书的复原整理看先秦书籍

墓出土有书写工具箱，里面装有竹简制作和书写的工具，如下图：

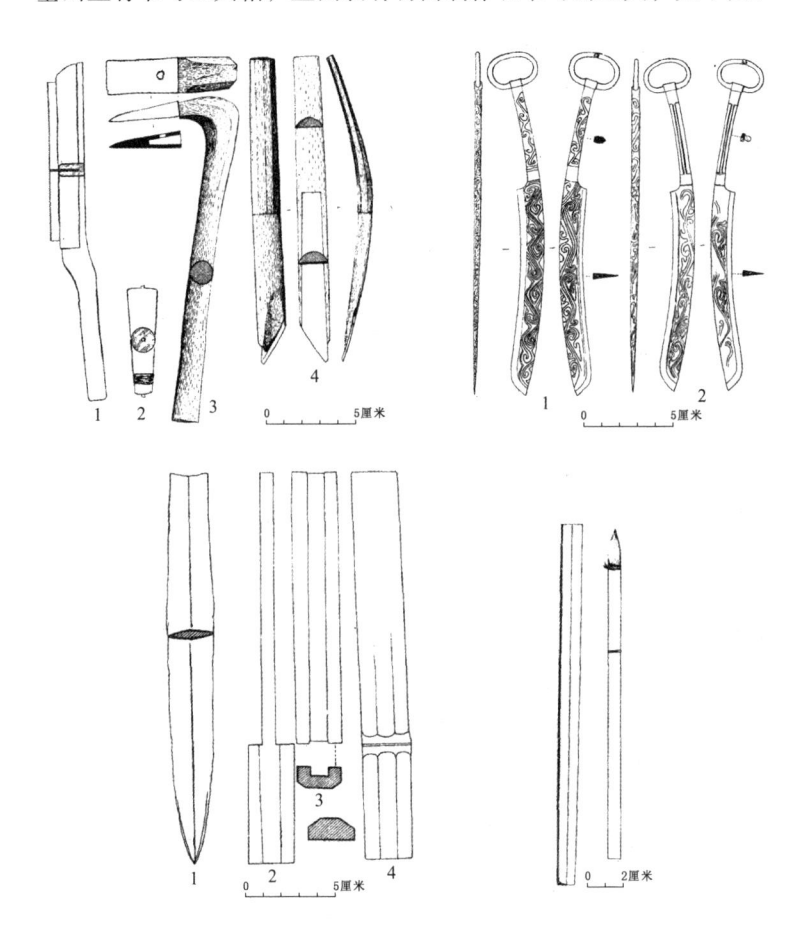

计有锯1件、锛1件、削2件、夹刻刀2件、刻刀3件、锥1件、毛笔1件、笔管1件。① 郭店楚墓中发现的竹简，其中有70余支空白简，

---

① 河南文物研究所：《信阳楚墓》，文物出版社，1986年版，第64—67页。

另外清华竹书中编联成册的竹简也有空白简，如整理者认为《行称》与下篇《病方》原当抄录在一卷竹书上，竹简正面地脚处有次序编号，已编至"十九"，今第十二、十五简佚失，第十一简仅剩下部一小半，其余十六支简基本完整。第一至十简与第十三、十四简内容性质全然不同，字迹也分属两种，今分作两篇处理。第十六至十九简首尾完整，除编号外无其他文字。因第十四简文末已见截止符，可推知本卷原自第十五简后均为空白简。可以推想，当时的知识阶层想要获得书籍，可能需要自己亲手制作竹简，或自己常备空白简，以便遇到自己想要的书籍时能够抄写下来。当然，同一墓葬出土的竹简上的文字有多种笔迹，显然不是一人所抄写的，也可能是来自别人的馈赠或交换等，如上博竹书《竞建内之》简1背面有"竞建内之"四字，一般书写于此处的都是篇题，但这四字与正文内容无关，且后来的研究表明，此篇与《鲍叔牙与隰朋之谏》当为一篇，而"鲍叔牙与隰朋之谏"才是篇题，所以有学者推测"竞建内之"的"竞建"是人名，这也符合出土文字资料所见的楚国景氏一般写作"竞（竟）"的习惯，而"内之"的"内"读为"纳"，"竞建内之"表明此篇竹书是由"竞建"所纳，与篇题无关，有一定道理。西晋时期发现的汲冢竹书中有题为"师春"的一篇（具体情况见附录三），《晋书·束晳传》"《师春》一篇，书《左传》诸卜筮，'师春'似是造书者姓名也"，束晳之所认为的"'师春'似是造书者姓名也"，显然也是因为此二字和正文内容无关，也有可能是纳书者之名。

先秦书籍既然是以文本形式流传，因战国时期各国间的文字差异，在不同地域之间流传的书籍就会有底本和抄本文字不同的问题，历史上发现的战国竹书有三晋和齐鲁系文字抄写的文本，可惜都没能流传下来，我们无法看到实物。目前我们所见到的战国竹书大都是楚地出土的，虽然大都是用典型的楚文字抄写的，但也有一些非楚地所产生的文本，显然是由其他国家传入的。楚地的接收者会按自己的书写习惯重新抄写，抄写的过程中即是一次文字转换的过程，但对于一些原来的字体也会保留其本来的写法，所以我们现在可以看到楚简上的某些文字不是楚文字的写法，而是三晋或齐鲁文字的写法，这也说明，楚地的抄写者是对照着原来属于其他系统的文字的底本抄写的。虽然大部分楚地出土的竹书是以典型的楚文字书写的，但其中也常含有其他系的文字因素，反映了战国时期各国思想文化的交流，甚至不能排除由其他地区直接流传到楚地的竹书。周凤五最早对郭店竹书中的非楚文字因素做了探讨，认为郭店竹书的文字可分为四类，只有第一类是典型的楚文字"标准字体"，其他三类则或多或少都受到了其他系文字的影响：

  第二类字体见于《性自命出》、《成之闻之》、《尊德义》、《六德》。这四篇的字形结构与第一类基本相同，但书法体势具有"丰中首尾锐"的特征。据《说文解字·叙》所载先秦、两汉字体的分类，参照《魏三体石经》以及《汗简》、《古文四声韵》等所保存的"古文"字体的实例，这种"丰中首尾锐"的体势，似乎比较接近两汉学者观念中的"孔子壁中书"，即两汉时代流传的战国儒家典籍的字体，也就是《说文解字·叙》所载"孔子书六经，左丘明述《春秋传》，皆以古文"的"古文"。此外，这类字体还有一个特征，即部分笔画盘纡周旋，带有类似"鸟虫书"的体势，装饰性较强，如《性自命出》第二六简的"思"、"心"；《成之闻之》第五简的"厚"，第十一简的"矣"、"也"；《尊德义》第十二简的"必"、第二八简的"德"、第三二简的"惠"等字，为历年出土楚简所未见。这种类似"鸟虫书"的笔画与齐、鲁儒家典籍的原始面貌无关，估计可能出于楚国儒家后学"尊经"的心理、是传习抄写者刻意美化经典，甚至企图加以神秘化的结果。总之，郭店竹简第二类字体融合了"鸟虫书"与"科斗文"的风格，兼顾实用性与艺术性，是一种十分特殊的字体。

第三类字体见于《语丛一》、《语丛二》、《语丛三》……我们可以说，《语丛一》、《语丛二》、《语丛三》具有齐、鲁、三晋、中山等国字体的特征，而这一带正是深受儒家思想浸染的区域。《孟子·滕文公上》载："陈良，楚产也，悦周公、仲尼之道，北学于中国。北方之学者未能或之先也，彼所谓豪杰之士也。"可见当时楚国儒学昌盛之一斑。《语丛一》、《语丛二》、《语丛三》保存若干齐、鲁、三晋一带儒家经典字体的原貌，不但具体反映先秦时代儒家思想自齐、鲁向四方传播的过程，也客观呈现了楚国与各国学术交流的实况。尤其《语丛三》第二十四简以下，笔势圆转流畅，笔触轻重变化显著，与《魏三体石经》的"古文"最觉神似；且其中屡次出现的"者"字完全不同于楚国以及三晋文字的形体结构，而与齐国文字一脉相承，其讹变、递嬗之迹斑斑可考。凡此均足以证明，这一类字体保存了较多以齐、鲁为主的儒家经典文字的特色。

第四类字体主要见于《唐虞之道》与《忠信之道》。这类字体与第三类比较接近，但笔画更形肥厚，"丰中首尾锐"的特征更为显著，其中"仁"、"而"、"皇"、"情"、"皆"、"用"、"甚"、"者"、"治"等字保存齐国文字的结构，与楚国简帛文字迥然有别。估计其底本出自齐国儒家学者之手，传入楚国为时尚暂，未经辗转抄写"驯化"，因而保留较多齐国文字的本来面貌。值得注意的是，《五行》也有少数这类字体，如"者"字就是最好的例证。此字《五行》凡二十见，字形分为两种，其一为楚国简牍所常用，即本文的第一类，见于第二十简、第四九简；其二与《唐虞之道》、《忠信之道》相同，齐国文字特色，见于第十九简、第四十简、第四三简、第四四简、第四五简、第四九简、第五十简。这种字体歧出的现象，与《五行》出于儒家，传自齐、鲁正相一致。《五行》虽然写作的年代最早，传入楚国已久，其字体绝大多数已被楚国学者辗转传抄"驯化"，是一个典型的楚国抄本，然而字里行间却仍然保留着外来文字的蛛丝马迹。

总结地说，郭店竹简的字体可以分为四类，第一类常见于楚国简帛，字形结构是楚国文字的本色，书法体势则带有"科斗文"的特征，可以说是楚国简帛的标准字体；第二类出自齐、鲁儒家经典抄本，但已经被楚国所"驯化"，带有"鸟虫书"笔势所形成的"丰中首尾锐"的特征，为两汉以下《魏三体石经》、《汗简》、《古文四声韵》所载"古文"之所本；第三类用笔类似小篆，与服虔所见的"古文篆书"比较接近，应当就是战国时代齐、鲁儒家经典文字的原始面貌；第四类与齐国文字的特征最为吻合，是楚国学者新近自齐国传抄、引进的儒家典籍，保留较多齐国文字的形体结构与书法风格。[①]

这一分析很有见地，为后来的楚简文字国别划分奠定了基础，随着更多的楚简被发现，楚简上的非楚文字因素也越来越引起重视，冯胜君根据裘锡圭和李家浩的研究，指出虽然"楚地出土的战国简都是楚人的抄本"，但某些篇章"与典型楚文字相比，在文字形体和用字习惯方面都存在大量显著差异"，所以他提出"在目前的情况下对这类包含较多他系文字因素的竹书，比较稳妥的界定似应为'具有某系文字特点的抄本'。'具有某系文字特点'是指简文中包含有较多的该系文字因素，类似《五行》篇那种包含零星的非楚文字因素的简文不在此列。'抄本'一词则涵盖了两种情况：一种是某系书手的抄本，一种是楚人以某系书手的抄本为底本的转录本。在楚人的转录本中可以包含一些楚文字的因素，这应该不会影响对

---

① 周凤五：《郭店竹简的形式特征及其分类意义》，《郭店楚简国际学术研讨会论文集》，第57—59页。

'具有某系文字特点'的界定。正如《五行》篇包含零星他系文字因素,但我们仍然可以认为它'具有楚系文字特点'一样"①。用这类称法来界定某些具体篇章确实是比较合适的,并且也为研究战国文字各系之间的关系提供了可靠的基础。清华竹书中也有大量的这类情况,如冯胜君指出"或许我们可以说《保训》篇是书法风格具有齐鲁地区特征的楚文字抄本",②赵平安认为"《厚父》篇有明显的晋系文字特征",③王永昌统计"清华简第一至第七辑的34篇文献中,有24篇带有晋系文字特征",且"多为经、史、子等古书类文献的清华简,其中绝大部分内容并非楚地原有文献,很可能是从晋地传入,即晋系文字书写的文献传入楚地之后形成的楚文字抄本"④。《墨子·贵义》记墨子"南游使卫,关中载书甚多",战国竹书的发现和研究,为我们更好地了解和认识战国时期各国间的文化交流提供了直接的文本证据,也表明了当时各国间交流的频繁。

楚简中有不少是来源于其他地区的抄本,那么楚地是哪些人在收藏这些书籍类竹简呢?郭店竹书是发掘所得,随葬品有不少可以

---

① 冯胜君:《有关战国竹简国别问题的一些前提性讨论》,《古文字研究》第二十六辑,中华书局,2006年版,第318页。更详细的研究可以参看冯胜君《郭店简与上博简对比研究》中的相关论述。

② 冯胜君:《试论清华简〈保训〉篇书法风格与三体石经的关系》,《清华简研究》第一辑,中西书局,2012年版,第92—98页。

③ 赵平安:《谈谈战国文字中值得注意的一些现象——以清华简〈厚父〉为例》,《出土文献与古文字研究》第六辑,2015年版,第305页。

④ 王永昌:《清华简文字与晋系文字对比研究》,吉林大学博士论文,指导教师:李守奎教授,2018年,第153、158页。

提供墓主也就是竹简收藏者身份信息的物品，如刻有"东宫之师"或"东宫之杯"字样的漆耳杯，表明墓主年纪较高的鸠杖等，都为探讨墓主身份提供了帮助，学者有各种讨论，甚至具体到个人，认为墓主是陈良、环渊、慎到、屈原等，刘传宾分析了各家的说法之后，指出"不论将墓主确定为谁，都存在这样或那样的题。我们认为，就现阶段对郭店一号墓的研究现状而言，还不足以将墓主精确到某个人。学术研究容许合理推断、大胆假设，但应以实实在在的证据为基础。在新证据发现之前，我们只能根据墓葬情况及同墓所出文物对墓主身份做一个大致的范围界定，任何将墓主身份细化到某个人上的讨论都只是一种推测"。①那么是否可以通过这些书籍类竹简的内容来判定墓主呢，李零记述了他和李学勤的有趣谈话：

> 记得有一次，我问李先生（引按：指李学勤），我们是不是可以凭随葬书籍，破译墓主的身份和性格。李先生说，西方有个说法，就是你千万别让人参观你的图书馆，因为别人一看这些书，就能猜出你是什么人。然后我又问，如果我们发现的是切·格瓦拉死时身上带的小书包（里边有毛泽东和托洛茨基的书），或许可以这样讲，但如果书很多，像上博楚简那样，我们也能这样讲吗？他不回答。②

虽然如此，但我们知道任何一个图书收藏者，都不是盲目地收集书

---

① 刘传宾：《郭店竹简文本研究综论》，第59页。
② 李零：《郭店楚简校读记（增订本）》，第242页。

籍的，肯定有自己的目标，这个目标也许很庞大很复杂，但绝不会漫无边际，所以就算是书很多，也可以推测收藏者个人的一些信息，就如李学勤提到的"你千万别让人参观你的图书馆，因为别人一看这些书，就能猜出你是什么人"那样。上博竹书是分批次入藏的，是否出自同一墓葬不好确定，而清华竹书则一般认为是出自同一墓葬的竹简，目前虽然还没有完全公布，不过据整理者介绍大概也可以看出其全貌，参与整理的李守奎对清华竹书所有内容做了分类分析，指出清华竹书从内容上看有一些突出的一些特点：

第一，七十多篇全部是先秦书籍，未发现楚墓中常见的卜筮、遣策和日书。清华简与其他几批已经公布的竹书相比，突出特点是其中不少对于当时的战国人来说，也是名副其实的"古书"，例如诗、书之类。

第二，内容涉及面非常广，经、史之外，有巫、医、数、相马等多方面的内容。可以见得墓主的知识非常广博。

第三，书多为佚书，这不是清华简的特点，出土文献大都如此，尤其是先秦文献，传世的实在非常有限。清华简70多篇中只有很少部分与文献对读，大部分内容不见于传世文献记载。整理的次序是先易后难，能够与古书对读的大都已经公布，第五册还有《逸周书》中的《命训》。前文说过。什么样的文献流传，什么样的古书散逸不都是偶然，有的是历史淘汰的结果。被淘汰掉的并不是不重要，更可见每个时代的学术风气。

第四，多长篇，内容宏大。一百支以上的有3篇，全部有编号；五十支以上的5篇。目前各公布1篇——《系年》和《筮法》。

第五，古帝王传说与阴阳五行及诸神密切结合，系统而丰富，长篇中大都是这类内容，其中有的把五纪、五算、五时、五度、五正、五章等内容组织成一个缜密的系统，其丰富程度令人惊叹，完全超出了我们的想象。这部分内容对于我们了解战国人的古史观念和阴阳五行框架的重要性自不待言。这些内容全部是佚书，其命运很像汉代的纬书。到目前为止，一篇也没有公布。

第六，清华简中史类内容相对较少，其中楚事、楚言很少，除了《楚居》外，没有单独记载楚事的篇章；齐人齐事更少。《系年》、《良臣》两篇涉及楚、齐的人和事，但宗旨都不是以记事为主。郑和晋的篇章相对较多。从这个角度看，墓主不像楚国的史官。

第七，孔子言行等儒家类很少，只有一篇，这与郭店简、上博简形成鲜明的对比。

第八，从总体上看，其思想多为爱民、节用、反战，与《左传》中所记载子产的言行所体现的思想更接近。

这些古书可能是墓主的个人爱好，像汉代淮南王那样的人先秦也会出现。但更大的可能是教学用的教材。常说的诗、书、礼、乐，一样不缺。

由以上的分析，进而指出清华竹书的收藏者非常博学，基本不可能是史官，内容"正统"，书写规范，外来成分明显，"有可能是一位在楚国任职的师或大师，很可能来自郑国"，与郭店竹书相比，"书的种类更丰富，许多当时的'古书'时人也未必能够轻易见到。竹简普遍比郭店简长，抄写也更工整。清华简更像图书馆收藏，郭店简则有点像个人著述和主题搜集"①。刘国忠则有另外的看法，指出"清华简的拥有者可能不应仅仅视为是'历史学家'这么简单，这位墓主人拥有这么多高规格的《尚书》类治国理政文献，注重从历史发展中总结规律获得借鉴，并大量参考诸子百家有关治国理政的种种见解，一定具有实用的目的。笔者认为，这位墓主人绝不会仅是一位文献档案的搜集者，其身份更可能是一位楚国的高级贵族，甚至不能排除是楚王的可能性。墓主人生前肯定身居要职，可以直接参与楚国的治理工作。只有这种层次的高级别统治者，才能够拥有清华竹书并留意从这类文献中汲取营养，从而为现实的政治服务。值得注意的是，清华竹书尚未公布的篇目中有一篇《仪礼》类文献。我们知道礼仪往往与人的身份与地位息息相关，不同的人需要遵循不同的礼制规定"②。虽然认识有所不同，但都认为墓主是一位身份比较高的人，这个身份或是职业身份，或是权利体系中的等级身份，掌握了各类治国理政文献，知识广博。结合典籍所载的墨

---

① 李守奎：《楚文献中的教育与清华简〈系年〉性质初探》，《出土文献与古文字研究》第六辑，第297—300页。

② 刘国忠：《清华简的文献特色与墓主身份蠡测》，《光明日报》，2021年10月30日第11版。

子、惠施、苏秦等那样的藏书丰富者，及汲冢竹书的墓主和郭店墓主那样的身份不高者，可知战国时的书籍收藏者，应该是一批知识阶层的人，所从事的职业不同，但出于个人爱好或职业需要藏书，也即是个人兴趣和职业需求两种情况决定了书籍的选择和收藏，这与我们今天的情况是一样的。

总之，先秦时期的书籍是以文本的形式流传的，在不同的国家地区之间有较为普遍的书籍流通，书籍的收藏者是一批知识阶层的人，出于个人爱好或职业需要有目的地搜集和保存书籍，这些书籍有一部分可能是墓主本人抄写的，也有可能是来自别人的馈赠或从各种途径搜集而来。

## 第二节　先秦书籍的传抄与改写

上一节我们探讨了先秦书籍的流传和收藏问题，从战国竹书来看，先秦书籍主要以文本的形式在不同地域国家之间流传，收藏者根据自己的爱好或职业需要搜集收藏书籍。但收藏者很多时候并不是被动地接受，而是根据自己的需要和自己的语言及用字习惯，在传抄的过程中对文本进行不同程度的改写，所以我们看到的出土文本与传世文本会有较大的差异，从篇章结构到具体的文句用字都会有所不同，即使同样是出土文本，不同墓葬出土的同一篇文献也往往有差异，甚至同一墓葬出土的同一篇文献的不同抄本也会有差异。

首先是篇章结构相同，但文字存在差异的情况。郭店竹书和上博竹书中都有《缁衣》，二者叙述结构、章序排列是一致的，都是二十三章，但"在文字风格、字形结构、用字习惯等方面体现出各自截然不同的特点"，冯胜君对这些差异做了详细的梳理分析，并结合其他学者的研究，指出就字体来说，郭店竹书《缁衣》属于比较典型的楚文字，而上博竹书《缁衣》则是"具有齐系文字特点的抄本"[①]，这一结论是可信的。《缁衣》作为一篇儒家文献，是《礼记》中的一篇，在先秦时期单篇流传，上博竹书《缁衣》"具有齐系文字特点的抄本"，透露出的信息说明其原本就产生于齐鲁，这与它的文献属性是一致的，也就是说《缁衣》原本就是用齐系文字抄写的儒家文献，传入楚地之后，楚地的抄写者在用楚文字重新抄写的时候，一方面保留了其本身齐系文字的某些文字风格、字形结构、用字习惯，一方面又用自己熟悉的楚文字改写了大部分的文字内容，模仿与改写并存，可以说上博竹书《缁衣》是从齐系文本向楚系文本的一个过渡形态，而郭店竹书《缁衣》则完成了彻底的改造，已是典型的楚系文字风格了。虽然我们无法看到齐系文字抄写的《缁衣》，但推想它一定是存在的，从用齐系文字抄写的原本《缁衣》到"具有齐系文字特点的抄本"的上博竹书《缁衣》，再到楚系文字抄写的郭店竹书《缁衣》，为我们呈现了战国时期书籍在不同地域国家之间传抄和改写的典型个案，当然这种改写只涉及文字

---

① 冯胜君：《郭店简与上博简对比研究》，第64、259页。

书写方面。

其次是篇章内容大体相同，部分内容有所增删或调整。传世本《尚书·金縢》：

既克商二年，王有疾，弗豫。二公曰："我其为王穆卜。"周公曰："未可以戚我先王。"公乃自以为功，为三坛同墠。为坛于南方，北面，周公立焉。植璧秉珪，乃告太王、王季、文王。史乃册祝曰："惟尔元孙某，遘厉虐疾。若尔三王，是有丕子之责于天，以旦代某之身，予仁若考能，多才多艺，能事鬼神。乃元孙不若旦多才多艺，不能事鬼神。乃命于帝庭，敷佑四方。用能定尔子孙于下地，四方之民罔不祗畏。呜呼！无坠天之降宝命，我先王亦永有依归，今我即命于元龟，尔之许我，我其以璧与珪归俟尔命，尔不许我，我乃屏璧与珪。"乃卜三龟，一习吉。启籥见书，乃并是吉。公曰："体，王其罔害。予小子新命于三王，惟永终是图。兹攸俟，能念予一人。"公归，乃纳册于金縢之匮中，王翼日乃瘳。

武王既丧，管叔及其群弟乃流言于国，曰："公将不利于孺子。"周公乃告二公曰："我之弗辟，我无以告我先王。"周公居东二年，则罪人斯得。于后，公乃为诗以贻王，名之曰《鸱鸮》。王亦未敢诮公。

秋大熟未获，天大雷电以风。禾尽偃，大木斯拔，邦人大恐。王与大夫尽弁，以启金縢之书，乃得周公所自以为功，代武王之说。二公及王乃问诸史与百执事，对曰："信。噫！公命我勿敢言。"王执书以泣，曰："其勿穆卜！昔公勤劳王家，惟予冲人弗及知。今天动畏，以彰周公之德。惟朕小子其新逆，我国家礼亦宜之。"王出郊，天乃雨，反风，禾则尽起。二公命邦人：凡大木所偃，尽起而筑之。岁则大熟。

清华竹书《周武王有疾周公所自以代王之志》释文：

武王既克鹭（殷）三年，王不瘵（豫）又（有）尽（迟）。二公告周公曰："我其为王穆卜。"周公曰："未可以【1】感（戚）虐（吾）先王。"周公乃为三坦（坛）同壝（墠），为一坦（坛）于南方，周公立安（焉），秉璧眚（戴）珪。史乃册【2】祝告先王曰："尔元孙发也，遘（遘）遻（害）虐（虐）疾，尔母（毋）乃有备子之责才（在）上，佳（惟）尔元孙发也，【3】不若但（旦）也，是年（佞）若丂（巧）能，多怎（才）多埶（艺），能事鬼（鬼）神。命于帝廷（庭），尃（敷）又（有）四方，以奠（定）尔子【4】孙于下陞（地）。尔之诨（许）我＝（我，我）则厌（厌）璧与珪。尔不我诨（许），我乃以璧与珪归。"周公乃内（纳）亓（其）【5】所为巩（功），自以弋（代）王之敚（说），于金縢（縢）之匮，乃命执事人曰："勿敢言。"臺（就）后武王力，城（成）王由（犹）【6】學（幼），才（在）立（位），官（管）吊（叔）返（及）亓（其）群蚬（兄）俤（弟），乃流言于邦曰："公𬙘（将）不利于需（孺）子。"周公乃告二公曰："我之【7】□□□□亡（无）以复见于先王。"周公石（宅）东三年，祸（祸）人乃斯得，于后，周公乃遗王志（诗）【8】曰《周（鸱）鸮》，王亦未逆公。

是戠(岁)也,萩(秋)大䈞(熟),未𫫇。天疾风以雷,禾斯晏(偃),大木斯臧(拔)。邦人【9】□□□覍(弁),夫=(大夫)繇以启金縢(縢)之匮。王得周公之所自以为玌(功),以弋(代)武王之敚(说)。王䪨(问)执【10】事人,曰:"訏(信)。殹(噫)公命,我勿敢言。"王捕(抚)箸(书)以泣(泣),曰:"昔公堇(勤)劳王家,隹(惟)余沖(冲)人亦弗返(及)【11】智(知),今皇天瘅(动)畏(威),以章(彰)公惪(德),隹(惟)余沖(冲)人亓(其)亲逆公,我邦家豊(礼)亦宜之。"王乃出逆公【12】至鄀(郊),是夕,天反风,禾斯记(起),凡大木斋=(之所)臧(拔),二公命邦人尃(尽)复篬(筑)之。戠(岁)大又(有)年,萩(秋)【13】则大𫞩。【14】

周武王又(有)疾,周公所自以弋(代)王之志。【14背】

清华竹书《周武王有疾周公所自以代王之志》公布后,学界对二者的不同已作了很多研究,认为二者互有优劣,也有学者认为二者是不同的传流系统,①程浩认为"虽然两本在用字、用词方面存在一定差异,部分文句也有一定程度的变动,但总的来说都在古书流变的合理范围之内。简本与传本在用字上的差异主要是由音近通假、传抄致讹以及同义代换造成,而这三种现象在文献流传过程中是普遍存在的。特别是汉字发展到战国阶段出现了音化趋势,战国文字中

---

① 参看程浩《有为言之:先秦"书"类文献的源与流》(中华书局,2021年版)第60—63页对各家研究的总结。

大量运用通假"。除此之外,"简本方面,简文无传本中周公祝告先王后对占卜事的记载,应是有所删节,另外传本周公'祝告先王'之辞中的'四方之民罔不祗畏'至'今我即命于元龟',简本皆无",程浩认为是由于简本所依据的本子脱掉了一支简,并指出"简本与传本之间的差异并不是非常大,而且这种变异并不是任何人出于特定目的有意为之,而是文献流传过程中的自然现象以及抄写者再整理的结果"。① 虽然我们不能确定传世本的来源,但二者最大的不同,即清华竹书《周武王有疾周公所自以代王之志》删除了周公祝告先王后的占卜之事,我们认为这是有意为之的,同时"四方之民罔不祗畏。呜呼!无坠天之降宝命,我先王亦永有依归,今我即命于元龟"也不是脱简造成的,是楚地抄写者有意删减,以保持行文的前后一致,故全面删减关于占卜的记述,程浩已指出简本在随葬前很可能是作为楚人进行贵族教育的教材而实际使用过的。刘国忠也有类似的看法,认为"楚人对于有关文献的改写,最典型的莫过于清华简《金縢》篇,该篇不仅对《金縢》一文中有关占卜的内容统统删除,还把篇名改为'周武王有疾周公所自以代王之志'。这一标题富有楚人的特色,而其修改的最终目的,是把《金縢》篇变成了一篇教育贵族子弟的'志'类书籍"②,徐聪对先秦时期的"志"类文献有很好的梳理,指出其与"书"类文献的不同,之所以清华

---

① 程浩:《有为言之:先秦"书"类文献的源与流》,第61—62页。
② 刘国忠:《清华简的文献特色与墓主身份蠡测》,《光明日报》,2021年10月30日第11版。

竹书本自题篇名为"周武王有疾周公所自以代王之志"就是为了表明这一特性（参见第三章第四节的论述），这些论述应该是合理的。清华竹书《周武王有疾周公所自以代王之志》与传世本《尚书·金縢》有共同的来源，在其传入楚地之后，楚地的抄写者对其进行了改写，因是用来作为贵族子弟的教育教材的，故有意地删减了其中有关占卜的内容，使文意更紧凑，同时以"志"为名，更进一步强化了这种改造，完成了从原本到楚地文本的改写。

再看一个同是楚地抄本，但内容有多少之别，顺序有所调整的例子。郭店竹书《性自命出》公布后，对其分章及简序等方面有许多讨论，上博竹书《性情论》公布后，可知郭店竹书整理的排序是无误的，二者是同一篇文献，除了简序略有不同之外，二者最大的不同的是《性自命出》比《性情论》多了一章内容，即《性自命出》简34—35：

　　憙（喜）斯慆（陶），慆（陶）斯奮，奮斯羕（咏），羕（咏）斯猷（犹），猷（犹）斯迮（迮—作）。（作），憙（喜）之终也。愠（愠）斯愿（忧），（忧）斯戚（戚），戚（戚）【34】斯鸂（叹），鸂（叹）斯㪫（辟），㪫（辟）斯通。通，愠（愠）之终也。【35】

与此相似的一段话见于《礼记·檀弓下》：

　　子游曰：礼：有微情者，有以故兴物者；有直情而径行者，戎狄之道也。礼道则不然，人喜则斯陶，陶斯咏，咏斯犹，犹斯舞，舞斯愠，愠斯戚，戚斯叹，叹斯辟，辟斯踊矣，品节斯，斯之谓礼。

冯胜君认为"这可能意味着,《性情论》所依据的底本或祖本本来就没有这一章。如果承认《性自命出》和《性情论》有一个共同的来源即祖本相同的话,G07(引按:即《性自命出》简34—35的内容)就应该是传抄过程中后人所增益的部分。从文义上看,这一章与前后各章联系并不紧密,略显游离。而且除此之外,简文中也再没有大段文字与典籍记载相吻合的例子了。种种迹象表明,G07并非祖本所固有,而是传抄过程中后人摘取了子游的一段话附益于简文,如果不计G07,上引G06就是《性自命出》的最后一章,与G08文义相承章序相连。也就是说G08做为下篇的开头,从章序的角度来看是比较合理的"。此外,二者下篇的简序不同,冯胜君通过文意对比认为"《性自命出》的章序更为合理"。[①]总体来看,郭店竹书《性自命出》比上博竹书《性情论》的章序更为合理,但却多出一章"与前后各章联系并不紧密,略显游离"的内容,后来冯胜君对此有进一步的讨论,认为"《性情论》下篇不合理的章序也很可能是由于简册散乱所致",并对书籍类竹简的整理排序提出了一些极有价值的意见:

  《性情论》下篇也是两个大的"义群"——每个"义群"又包含了若干小的章节——之间前后顺序发生错乱,而"义群"内部的章序则是基本正确的。有学者提到,"单个的简和较短的册(串编起来的竹简,长度相当于一篇之中内在连贯的一些

---

[①] 冯胜君:《郭店简与上博简对比研究》,第202—204页。

段落）在已定型的篇的范围内可以比较自由地流动",从上面谈到的例子来看,在已定型的篇的范围内,章节间的"流动"往往是因为简册散乱而被动发生的。而且这种流动多以"义群"为单位,"义群"之内的章节顺序则相对固定。还有一些文献,如《老子》、《论语》等,结构更加松散,章节之间往往没有明显的意义上的联系,这类文献最初由哪些章节构成可能并不固定,章节之间的流动性也会比较大。上博竹书《周易》的例子也很典型,每一卦独占2—3支简,没有不同的卦在同一支简上连抄的现象。如果把每一卦看做是一个章节的话,那么章节之间在形式上是非常独立的。一旦竹简散乱,而重编者又对原本的卦序并不了解的话,则会给卦序的复原带来巨大的困难。这种困难,正是上博竹书《周易》整理者所面临的。在这种情况下,即使整理者怀疑竹书本《周易》的卦序可能与今本不同,因为没有足够的证据特别是文本本身的支持,也只能按照今本《周易》的卦序来排列简文。[1]

这一认识有助于理解战国竹书的排序,也有助于理解先秦典籍的成书,特别是对于一些章节之间没有严密逻辑的文本,可以随机地重编组合而不影响整体,而郭店竹书《性自命出》比上博竹书《性情论》多出来的那一章,很可能是别处的一组简文被误编入了此处。

---

[1] 冯胜君：《出土材料所见先秦古书的载体以及构成和传布方式》,《出土文献与古文字研究》第四辑。

最后，楚地的文本中存在一种纯粹的摘抄本，郭店竹书的《语丛》几篇，文意互不连续，多少简短的格言式的文句，而其中的某些句子又见于其他的先秦典籍，且竹简的形制特殊，是同批竹简中最短的，学界一般认为是摘抄本，类似于我们今天的口袋书，应该是可信的。此外，郭店竹书《老子》三种，具体情况前面章节已做了介绍（参看第三章第四节），有不少学者认为这三种《老子》是摘抄本，如果这一看法是可信的，也就是说，先秦时期在书籍的流通中，对于一些篇幅较大而自己只是需要或喜爱其中一部分，甚至某些句子的内容可以以摘抄的方式为我所用，类似于我们今天的读书笔记或名言名句抄写本，抄写者或收藏者可以根据自己的需要，有目的有计划地制作自己的书籍，而书籍是一种具有公共属性的东西，改写或重编不会造成版权上的纠纷。其实不止先秦时期，西汉以前都存在大量这样的情况，刘娇对此有系统的梳理和总结，[①]可参看。

综上所述，由战国竹书的整理可以看出，先秦典籍的制作和形成，既是原作者的行为，代表了原作者的思想和认识，同时抄写者通过改写改编，也参与了文本的形成，从某种意义上来说，甚至是一种再创造。所以我们对待先秦典籍，特别是在把新发现的战国竹书和传世文本对比的时候，要把它看作一种流传中的文本，一种未

---

[①] 刘娇：《言公与剿说——从出土简帛古籍看西汉以前古籍中相同或类似内容重复出现现象》，线装书局，2012年版。

定型的文本。程浩提出"在出土简帛古书大量发现的今天，再以疑古过甚的态度以及片面的真伪去看待古书早已不合时宜。古书成书过程的复杂程度与其中的未知因素是我们了解与认识古书的主要障碍。正是由于我们对于古书的了解仍十分有限，因而在开展相关讨论时应当将目前未知的因素充分考虑进去"，"由于古书'层累'形成的特点，在长期的流传过程中难免受到整理与改动，其文本并不固定。因此以局部内容的时代去判断文本整体价值的方法并不可取。在充分考虑个别内容元素可能为后世增入的前提下，深入到每一篇章字句形成时代的研究，才能对文本的整体价值进行正确判断"。① 这就是由战国竹书的整理带给我们的思考和对先秦典籍的新认识。

## 第三节 出土文本和传世文本的关系

前一节我们谈到要把新发现的战国竹书看作一种流传中的未定型的文本，这类文本与传世文本相比，可能更古老更接近原貌，但因流传和传抄中的各种因素，也可能导致各种问题，所以对出土文本和传世文本的关系应辩证地看待，本节通过几个例子来看谈谈这一问题。

在郭店竹书和上博竹书中都有《缁衣》，这两种抄本除了文字

---

① 程浩：《有为言之：先秦"书"类文献的源与流》，第336页。

大同小异之外，[①]章节排序上没有差别，郭店竹书《缁衣》篇的最后有"二十又三"表明全篇分为二十三章，上博竹书虽然没有标明章数，但以小短横作为分章标识，实际与郭店竹书是相同的，为了叙述方便我们统称为竹书《缁衣》，而把传世文本称为《礼记·缁衣》。《礼记·缁衣》的分章情况学者有分歧，我们采用传统的分章方法，即以每一"子曰"为一章，共二十五章。两种竹书本《缁衣》公布后，学者除了考证其与《礼记·缁衣》的文字差异之外，还就二者的篇章结构问题作了有益的探讨，如彭浩、廖名春、邢文、张富海、夏含夷等。竹书《缁衣》与《礼记·缁衣》的章节对应关系为：

| 竹书《缁衣》 | 1 | 2 | 3 | 4 | 5 | 6 | 7 | 8 | 9 | 10 | 11 | 12 |
|---|---|---|---|---|---|---|---|---|---|---|---|---|
| 《礼记·缁衣》 | 2 | 11 | 10 | 12 | 17 | 6 | 5 | 4 | 9 | 15 | 14 | 3 |
| 竹书《缁衣》 | 13 | 14 15 16 | 17 | 18 | 19 | 20 | 21 | 22 | 23 | 无 | 无 | 无 |
| 《礼记·缁衣》 | 13 | 7 8 | 24 | 19 | 23 | 22 | 20 | 21 | 25 | 1 | 16 | 18 |

对比可知，竹书《缁衣》的第十四、十五、十六三章被合并为了两章，作为《礼记·缁衣》的第七、八章，而《礼记·缁衣》第一、十六、十八章，竹书《缁衣》中却不存在。再看章序，若以竹书

---

[①] 关于郭店竹书《缁衣》和上博竹书《缁衣》的文字对比可参看冯胜君：《郭店简与上博简对比研究》；虞万里：《上博简、郭店简〈缁衣〉与传本合校补正》（上、中、下），《史林》2002年第2期、2003年第3期、2004年第1期。

《缁衣》为准，《礼记·缁衣》显得杂乱无序；同样，若以《礼记·缁衣》为准，竹书《缁衣》也是杂乱无序的。那么，这两种文本哪一种更合理，或者说哪一种更接近原貌呢？

先看《礼记·缁衣》的第一章：

> 子言之曰：为上易事也，为下易知也，则刑不烦矣。

以往学者也有怀疑此章不属于本篇，但没有明确的证据，竹书《缁衣》公布后，夏含夷结合以往学者的研究，认为至少有五个原因可以说明这一章原来不属于《礼记·缁衣》：1.这一章既不见于郭店本，又不见于上博本《缁衣》；2."子言之曰"这一套语与《缁衣》所有其他章文的"子曰"者不一样，可是在与《缁衣》有姊妹关系的《表记》篇里出现多到八处；3.《缁衣》所有其他的章文是由"子曰"的引语和"诗云"（或"书"的某一篇）的引语组成的，可是这一章仅仅见夫子的引语，没有加上其他经典的引语，似乎不太完整；4.《缁衣》这个篇题是从次章"子曰：好贤如《缁衣》"的"缁衣"得来的，战国时代作篇题的常用方法是采取头一句话最显著的两个字，在郭店竹书本《缁衣》里"夫子曰：好美如好缁衣"这一章正好是全篇头一章，与篇题的关系似乎可以证明这一章是全篇的开头；5."子言之曰：为上易事也，为下易知也，则刑不烦矣"一共只有十九个字，很可能是一条简上所写的文字，而错置于此。[①]

---

[①] 夏含夷：《试论〈缁衣〉错简证据及其在〈礼记〉本〈缁衣〉编纂过程的原因和后果》，《古史异观》，第344页。

这些显然都是正确的,有了竹书本的对照,我们可以肯定第一章原本不属于此篇,而是后世整理时误置于此篇的。再看《礼记·缁衣》的第十六、十八章:

> 子曰:小人溺于水,君子溺于口,大人溺于民,皆在其所亵也。夫水近于人而溺人,德易狎而难亲也,易以溺人;口费而烦,易出难悔,易以溺人;夫民闭于人,而有鄙心,可敬不可慢,易以溺人。故君子不可以不慎也。《太甲》曰:"毋越厥命以自覆也。若虞机张,往省括于厥度则释。"《兑命》曰:"惟口起羞,惟甲胄起兵,惟衣裳在笥,惟干戈省厥躬。"《太甲》曰:"天作孽,可违也;自作孽,不可以逭。"《尹吉》曰:"惟尹躬天见于西邑夏,自周有终,相亦惟终。"(十六章)

> 子曰:下之事上也,身不正,言不信,则义不壹,行无类也。(十八章)

对于这两章,学者也大都认为不属于《缁衣》,是后人整理时误增入的,如彭浩认为:

> 今年第十六章的文字是最多的,章末同时引用《尚书·太甲》、《兑命》和《尹吉》,与上述简本各章体例显然不同,估计是后人增入此章时添加了文字。

> 第十八章的文字较短,在:"子曰"之后只有数句短语……其后也没有引《诗》和《尚书》,与诸节多有不合。其文字与今本第四章"下之事上也"相重复,因此,我们判定,今本第

275

十八章是后增入的。①

夏含夷更进一步地指出，《礼记·缁衣》的第十八章"子曰：下之事上也，身不正，言不信，则义不壹，行无类也"，"这一句话是由二十一个字写成的，也很可能是一条竹简上所写的文字"，也就是说刚好有一支简错置于此了。②这些意见都应该是可信的。通过以上的对比研究，我们可以肯定，历代学者认为有问题的、体例与其他章明显不合的三章，乃是后人的误增，本不属于此篇。

以上讨论的是不见于竹书《缁衣》而见于《礼记·缁衣》的三章的情况，下面再看竹书《缁衣》第十四、十五、十六章与《礼记·缁衣》第七、八章的关系。为了便于讨论，先列出原文，竹书《缁衣》：

子曰：王言如丝，其出如缗；王言如索，其出如绋。故大人不倡流。《诗》云："慎尔出话，敬尔威仪。"（十四章）

子曰：可言不可行，君子弗言；可行不可言，君子弗行。则民言不危行，（行）不危言。《诗》云："淑慎尔止，不愆于义。"（十五章）

子曰：君子导人以言，而恒以行。故言则虑其所终，行则稽其所敝，则民慎于言而谨于行。《诗》云："穆穆文王，于缉熙敬止。"（十六章）

---

① 彭浩：《郭店楚简〈缁衣〉的分章及相关问题》，《简帛研究》第三辑，第46页。
② 夏含夷：《试论〈缁衣〉错简证据及其在〈礼记〉本〈缁衣〉编纂过程的原因和后果》，《古史异观》，第346页。

《礼记·缁衣》：

> 子曰：王言如丝，其出如纶；王言如纶，其出如綍。故大人不倡游言。可言也，不可行，君子弗言也；可行也，不可言，君子弗行也。则民言不危行，而行不危言矣。《诗》云："淑慎尔止，不愆于仪。"（七章）
>
> 子曰：君子道人以言，而禁人以行。故言必虑其所终，而行必稽其所敝；则民谨于言而慎于行。《诗》云："慎尔出话，敬尔威仪。"《大雅》曰："穆穆文王，于缉熙敬止。"（八章）

对比可知，竹书本的第十四章相当于《礼记·缁衣》第七章的前半部分加第八章的"《诗》云：'慎尔出话，敬尔威仪'"；竹书本的第十五章相当于《礼记·缁衣》第七章的"可言也"以下的部分，而少了开头的"子曰"；竹书本的第十六章相当于《礼记·缁衣》第八章除去"《诗》云：'慎尔出话，敬尔威仪'"的部分。也就是说《礼记·缁衣》的第七、八两章是由竹书本的第十四、十五、十六三章糅合而成的，无论是从文意还是从全篇体例上看，显然都是竹书本更合理。

除了以上的明显差别外，相对应的各章只是有引《诗》《书》文句的长短和个别用字的差别，如竹书第五章"子曰"之后引《诗》作"谁秉国成，不自为正，卒劳百姓"，与之相对应的《礼记·缁衣》第十七章引《诗》作"昔吾有先正，其言明且清，国家以宁，都邑以成，庶民以生。谁能秉国成，不自为正，卒劳百姓"。对于用字的差别，前面提到的各位学者都有考证，这里就不赘述了。至于两种本子的章序，张富海通过对各章主旨的分析指出，竹书本"章序相当合理，即旨意相同的章节必定相邻"，而《礼记·缁衣》"章序明显缺乏条理"，但"从总体上看，楚简本靠前的章节今本大多数也靠前，居后的章节今本亦居后。可以说，今本章序虽乱而尚未大乱"。[①] 夏含夷认为，"郭店本《缁衣》（引按：包括上博本）比《礼记》本更接近《缁衣》的原来面貌，《礼记》本的编者在做整理工作的时候没有郭店本来参考……《礼记》本的编纂过程当中，《缁衣》经过了不少重要的改变。这些改变包括次序不一样、错简、把其他篇文的文字插进本文、文字隶定和改写。我自己觉得在大体上来说《礼记》本《缁衣》远不如郭店本理想"。[②]

通过以上以《缁衣》篇为例的分析，我们可以得到如下的认识，传世古书中存在许多问题，历代的学者研究这些古书时已经看出了这些问题，但是由于没有直接的证据，所以他们一般持谨慎的态度，不妄作改动，我们有幸得见出土的战国文本，而出土的文本一般都早于传世文本，其可靠程度明显较高，可以据之对传世古书进行校正，尽可能恢复其原貌。以后研究像《缁衣》这样有出土文本的传世古书时，"除简帛本明显有误之处外，应该尽可能以简帛本为依据"。[③] 否则，研究结论就会大打折扣，这也是战国竹书的重大

---

[①] 张富海：《郭店楚简〈缁衣〉篇研究》，第34—35页。
[②] 夏含夷：《试论〈缁衣〉错简证据及其在〈礼记〉本〈缁衣〉编纂过程的原因和后果》，《古史异观》，第360页。
[③] 裘锡圭：《中国出土简帛古籍在文献学上的重要意义》，《中国出土古文献十讲》，第86页。

价值所在。

再看一个例子。上博竹书《民之父母》简3、4、5：

> 孔子曰："'五至'乎，物之所至者，志亦至焉；志之【3】所至者，礼亦至焉；礼之所至者，乐亦至焉；乐之所至者，哀亦至焉。哀乐相生，君子【4】以正，此之谓'五至'。"【5】

与此类似的话出现在《礼记·孔子闲居》中：

> 孔子曰："志之所至，诗亦至焉；诗之所至，礼亦至焉；礼之所至，乐亦至焉；乐之所至，哀亦至焉。哀乐相生。是故正明目而视之，不可得而见也；倾耳而听之，不可得而闻也。志气塞乎天地。此之谓五至。"

对比可知，这两段话有一处明显的不同，《礼记·孔子闲居》中多了一些内容，顾史考认为：

> 今本《孔子闲居》实有两种大误，正可通过《民之父母》来纠正。其一是"[是故]正明目"至"塞乎天地"三十一字，实与"五至"无关，而应如《民之父母》将之排到"三无"的叙述当中，此显为错简所致（引按原注：此点陈剑已指出过，见其《上博简〈民之父母〉"而得既塞于四海亦"句解释》，简帛研究网站，2003年1月）。《民之父母》的"哀乐相生，君子以正"，亦正好以韵文结语（"生""正"皆耕部），与下面"三无"之言"君子以此，皇（横）于天下"情形相近……其二则是《孔子闲居》的"志""诗""礼""乐""哀"的次序颇难说通，似不如《民之父母》的"物""志""礼""乐""哀"之为简朴

好解。①

这一看法应该是正确的,这是通过文献比勘,得到的认识。

以上两个例子说明,出土文本确实在某些方面更准确更合理,为我们校订传世文本提供了直接的证据,但这并不是说出土文本就一定比传世文本好,战国竹书中也有各类讹误衍脱需要利用传世典籍对其进行校正。裘锡圭曾说,"我们也不能盲目地推崇古本,排斥今本。由于底本和抄手的好坏不同,新发现的这些古本的价值是不一致的。并且就是比较好的本子,也免不了有讹误衍脱的地方需要用今本去校正。抄得坏的本子就更不用说了"。②

上博竹书《武王践阼》篇甲本简5、6:

> 武王闻之,恐惧,为【5】铭于席之四端曰:"安乐必戒。"右端曰:"毋行可悔。"席后左端曰:"民之反侧,亦不可志。"后右端曰:……【6】

今本《大戴礼记·武王践阼》作:

> 王闻书之言,惕若恐惧,退而为戒书,于席之四端为铭焉,……席前左端之铭曰:"安乐必敬";前右端之铭曰:"无行可悔";后左端之铭曰:"一反一侧,亦不可以忘";后右端之铭曰:"所监不远,视迩所代"。

对比可知,今本的叙述更完整合理,而竹书本明显有脱漏,如"安

---

① 顾史考:《古今文献与读者之喜新厌旧》,《中国哲学与文化》第六辑,第49—50页。
② 裘锡圭:《考古发现的秦汉文字资料对于校读古籍的重要性》,《中国出土古文献十讲》,第97页。

乐必戒"一语前明显少了"席前左端",从文例看"右端"前似乎少了一个"前"字等,均可据今本校正补充。

通过上面的几个例子可以看出,战国竹书在校正传世文献方面有重要价值,但我们也应该认识到战国竹书作为抄本,本身也有这样那样的问题,在利用战国竹书校正传世文献时,不能一味地厚此薄彼,而应该全面权衡,找出最佳的方案,才能得到正确的认识。

学者在把出土文本与传世文本对比时往往有"不恰当的'趋同'和'立异'两种倾向","前者主要指将简帛古书和传世古书中意义本不相同之处说成相同,后者主要指将简帛古书和传世古书中彼此对应的、意义相同或很相近的字说成意义不同"。[①]顾史考则将此更形象地比为"喜新厌旧"和"忠贞不渝",前者指"新见的古文出土本一出,乃竭力执之以纠正传世本之非,以追求新意为尚,以不顾传统之成说为心,不考虑出土本本身的缺点,而一力推新以代旧",后者指"一心一意拥护旧有的今文传世本,只想强迫出土本服从于其早已奠定的标准,因而一概忽视出土本的长处,不容任何新意侵犯到传世本的宝座","此二种心理确实有时会不知不觉地作怪,因而我们不得不时而加强防备"。[②]程浩通过梳理清华竹书中的"书"类文献,对古书的成书和流传的研究也提出了类似的意见,因为"作为文本书写载体的简牍、帛书等,由于材质的脆弱性,在

---

① 裘锡圭:《中国古典学重建中应该注意的问题》,《中国出土古文献十讲》,第8页。
② 顾史考:《古今文献与读者之喜新厌旧》,《中国哲学与文化》第六辑,第48—49页。

流传过程中极易发生简序散乱、简文脱漏以及篇目分合、序次的错乱。适当估计书写载体对文本流变的影响，对认识古书的流传与演变的过程将大有裨益"，所以"我们现在看到许多先秦古书，实际上都经过了汉人的整编与改动，并不能展现它们在先秦时期流传的原貌。虽然刘向等人为古书的辑存做了大量有益工作，但由于其中掺杂一些主观的理解，我们今天再来思考这项工作必须抱以审慎的态度"。①

---

① 程浩：《有为言之：先秦"书"类文献的源与流》，第336—337页。

# 结　语

　　战国竹书在历史上虽有过发现，古代学者也对之做了整理复原的工作，为我们留下了一些整理本，这些整理本对相关研究起到了很好的推动作用，但由于历史条件的局限，历史上发现的战国竹书的实物都未能保存下来，我们无缘得见。近几十年来考古事业的发展，发掘了大量的战国墓葬，战国竹书也时有出土，同时也有盗掘的竹简，被相关研究机构收藏，近几十年来，特别是郭店竹书公布以来，战国竹书的研究引起了各学科学者的关注，而战国竹书的整理复原是研究中的基础性工作，这一工作的成功与否直接影响到对这些新材料的利用。由于自然环境和发掘、转运中的人为因素造成竹简的保存状况普遍不太理想，我们面对的竹简基本都是散乱、断折的，同时还有各种遗失，增加了整理复原工作的难度。近些年的研究实践表明，如果能够根据竹简本身的线索，找出那些可以为竹简整理复原提供帮助的要素，按照严格的步骤，是可以复原竹简的本来编联次序的，至少也可以减少错误。

　　从竹简本身来说，其形制、字体及书写格式属于最直观的要素，仅凭观察就可以找出有共同属性的竹简，最初的整理者一般也把这些作为整理的起点，依据这些共同属性对竹简初步分类。简序编号是复原竹简的最直接依据，除个别讹误外，只要按着序号排列即可，但在现在所见到的大量战国竹书中，有简序编号的所占比例并不高，可见这种在竹简上书写类似于现代书籍页码的序号的现象，没有形成制度，从其后的秦汉书籍类竹简来看，也没有继承这种做法。这种情况只见于某些抄手所抄写制作的竹书，并不是当时的通例，属于昙花一现。就现在所见到的战国竹书来看，简序编号是最便利的复原依据，即使竹简有残损，也很容易发现。随着对竹简本身观察的深入，在研究过程中，学者发现了简背划痕这一现象，为战国竹书的整理复原带来了很大的便利，虽不如简序编号那么直接，但也是非常重要的参考要素，清华竹书整理过程中，充分利用了这一要素，事实证明是很有效的。如果能对之前的战国竹书补充观察这类信息，相信对整理复原工作会有很大的帮助，并可以纠正以往研究的错误。除此之外，篇题位置、反印文字、类似的残断情况等，也是整理复原过程中值得注意的要素。这些要素的获取是建立在高质量的图版和准确的数据信息的基础上的，现代技术的发展，如红外线技术的应用，已经能为我们提供可靠的信息，这是现代研究者的幸运。

  从整理复原的过程来说，完整的一篇竹书是由一支一支的竹简编联而成的，所以首先是对一支一支竹简的拼合，即恢复竹简本身的基本单位，这就要充分利用上面提到的各种要素，对于无法拼合而又有证据确实属于同一支竹简的残片可以遥缀。有了一支一支完整的竹简，下一步就是编联，对没有残缺的竹书，尽可能地复原完整，排出全部竹简的次序。对于竹简有残缺的竹书，及内容没有内在叙述逻辑的篇章，则可以采用编联组的方式，复原为一些文意相对完整的章节。因个人对文意理解的不同，即使一篇没有残缺的竹书，不同的学者也可能排出不同的竹简次序，所以没有明确竹简信息的竹书，简序排定也并不容易，面对这种情况，简背划痕、篇题位置等要素就显得尤为重要了。此外，对一些竹简形制、字体等完全一样的竹书，还可能存在不同篇之间的误编，所以对这类竹书要考虑篇际调整的可能。同时，整理者对竹简符号和整理符号的使用，对竹简文字的隶定，对竹书的命名等都是需要统一规范的，还有待学界的共同努力。

通过对战国竹书的复原实践，我们既感到了古代学者整理竹书时同样的艰辛，又对现代技术在战国竹书复原中的应用感到幸运，更认识到他们留下的经验之可贵。战国竹书的复原，除了使我们看到更为准确可靠的文本之外，也使我们对先秦时期书籍的形态、抄写、流传、收藏等有了更为直观的认识，丰富了我们对早期书籍的了解和认知。

本书从多个层面，结合学者的研究实践，对近年出土战国竹书的复原方法做了比较全面的探讨，以期为今后的整理复原工作提供借鉴。展望未来，我们相信，随着简帛学标准化的推进，尽量避免整理复原过程中各种不必要的问题，提高准确性，为其他学科或相关研究提供可靠可信的文本。同时，我们也要看到，战国竹书的整理复原是一个长期的复杂的过程，几十年来的整理和研究实践成败皆有，对于某些暂时无法解决的问题，有待将来的深入，对于某些目前比较一致或还没有取得一致意见的问题，还有待将来的验证。

# 附　录

## 一、四批战国竹书基本信息

### （一）郭店竹书

《老子》：竹简现存完、残简71支，依形制和契口位置的不同，可分为甲、乙、丙三组，约1750字。甲组共有竹简39枚，竹简两端均修削成梯形，简长32.3厘米，编线两道，编线间距为13厘米。乙组共存18枚，竹简两端平齐，简长30.6厘米，编线两道，编线间距为13厘米。丙组共存14枚，竹简两端平齐，简长26.5厘米，编线两道，编线间距为10.8厘米。

《太一生水》：现存完、残简14支，7支完整，7支残缺。竹简两端平齐，整简长26.5厘米，上下两道编绳间距10.8厘米。现存305字。其形制及书体均与《老子》丙相同，原来可能与《老子》丙合编一册，篇名为整理者据简文拟加。

《缁衣》：现存简47支，保存完整。竹简两端梯形，简长32.5厘米。编绳两道，间距12.8—13厘米。每简字数多在23—25之间，最多者31字。无篇题。整理者据《礼记·缁衣》拟加篇题。

《鲁穆公问子思》：现存完、残简8支，竹简两端均修削成梯形，简长26.4厘米，编线两道。本篇原无篇题，整理者据简文拟加。

《穷达以时》：现存完、残简15支。竹简两端均修削成梯形，简长26.4厘米，编线两道，编线间距为9.4—9.6厘米。竹简形制及简文书体与《鲁穆公问子思》全同。原无篇题，整理者今以篇中"穷达以时"为题。

《五行》：现存完、残简50支。竹简两端均修削成梯形，简长32.5厘米，编线两道，编线间距为12.9—13厘米。全篇现存1144字，分章符号27个。首简完整，全文以"五行"两字开头，应是紧接于下五句的总括之词，整理者推测当时即以"五行"名篇。

《唐虞之道》：现存完、残简29支。竹简两端平齐，简长28.1—28.3厘米，编线两道，编线间距为24.3厘米。整简字数多在24—27之间。本篇原无篇题，今整理者据简文补加。

《忠信之道》：现存完、残简9支。竹简两端平齐，简长28.1—28.3厘米，编线两道，编线间距为13.5厘米。篇题为整理者据文义拟加。

《成之闻之》：现存完、残简40支，其中38支完整，2支残断。竹简两端均修削成梯形，简长32.5厘米，编线两道，编线间距为17.5厘米。原无篇题，今为整理者据简文拟加。

《尊德义》：现存完、残简39支。竹简两端均修削成梯形，简长32.5厘米，编线两道，编线间距为17.5厘米。原无篇题，今为整理者据简文拟加。

《性自命出》：现存完、残简67支，其中58支完整，9支残断。

竹简两端均修削成梯形，简长32.5厘米，编线两道，编线间距为17.5厘米。原无篇题，今为整理者据简文拟加。

《六德》：现存完、残简49支，其中39支完整，10支残断，残简主要位于全篇前半。竹简两端梯形，整简长32.5厘米。编绳两道，间距17.5厘米。整简字数多在22—25之间。原无篇题，今为整理者据简文拟加。33、34、36、44号简的契口设于左侧。《成之闻之》《尊德义》《性自命出》《六德》四篇形制完全相同。

《语丛一》：现存完、残简112支，加上8号残简，共113支。其中文字残缺的有5支。整简长17.2—17.4厘米，编绳三道。整简书满文字者一般8字。本篇及此后三篇的内容体例与《说苑·谈丛》《淮南子·说林》相似，故整理者将简文篇题拟为《语丛》。

《语丛二》：现存完、残简54支，其中残简2支。整简长15.1—15.2厘米，是郭店竹书中简长最短的一篇。编绳三道。整简书满文字者一般8字。无篇题。

《语丛三》：现存完、残简72支，加上荆门市博物馆在竹简养护过程中发现的一支遗简，共73支。其中65支完整，7支残断。整简长17.6—17.7厘米。编绳三道。1—16号简，契口在右侧；17—72号简，契口在左侧。64号以后各简，分上下两栏书写。整简书满文字者一般为8—10字。

《语丛四》：现存完、残简27支简，简长15.1—15.2厘米，两端平齐。有上下两道编线，间距6—6.1厘米。现存403字，句读符号34个，分章符号4个。其中一简的背面写有14字。按现存分段符号，简文分作5段，各段简数多少不一，有的段只有1、2简。全篇由类似格言的句子组成。本篇原无篇题，整理者依惯例归入《语丛》。

## （二）上博竹书

### 1. 上博竹书（一）

《孔子诗论》：本篇完、残者共29支。较完整的简右侧有浅斜的编线契口，每简共3处，契口上偶尔还残存编线残痕。文字匀称秀美，在契口处间距稍宽。各简字数多少各有差异，满简约为54或57字。在本篇整理出的29支简中，完整者仅1简，长55.5厘米；凡长度在50厘米以上者5简，40厘米以上者8简，余简残损较多，统计全数约1006字。简上下皆圆端。本篇与《子羔》篇及《鲁邦大旱》篇的字形、简之长度、两端形状，都是一致的。这29支简很多残断，有的文义不连贯，因为没有今本可资对照，简序的排列就相当困难，局部简据文义可以排列成序列，但是有的简中间有缺失或断损过多，很难判定必然的合理序列。而且没有发现篇题，虽然所整理的简文内容和书法相同，但原来也未必是单独连贯的一本，句读符不统一，可能分为若干编，由于残缺严重，只能分类整理，整理者将其命名为《孔子诗论》。

《紂衣》：有24支简，计有978字，其中重文10字，合文8字。整篇中仅有8支为完简，长约54.3厘米，宽约0.7厘米。其余16支简的上端、下端或中间都有不同程度的断缺。简文原无篇题，整理者据首简定为《紂衣》。简文均单面书写，书于竹黄。简的上下端均不留白，完整之简，简文最多能抄写57字，简文字形结构稍长，笔画较粗，横竖笔道均匀。整篇《紂衣》由一人书写，字体风格完全一致，字迹清楚，书写熟练。完简明显有三道编线痕迹，按编线有右契口。自上端到第一契口之间距为9厘米，第一契口到第二契口之间距为18.1厘米，第二契口到第三契口之间距为18.1厘米，第三契口到下端之间距为9厘米。竹简两端均经修正，呈梯形状。

《性情论》：本篇总1256字，其中重文13字，合文2字。现存可按文意排列的竹简40枚，还有过于残损难以辨别文字、序列的残段总5枚。残段作为《附一》列于篇末，以供学者参考。另外，能确切知道此版本残无的整简有2枚，即位于本篇第3简、第4简之间，每简书写约38字，共计76字。长度完整简7枚，分别是1、8、9、10、20、24、28简。根据完整简可知，本篇竹书长约57厘米。本篇书写工整、严谨，字距划一，犹如标尺点花。整篇竹黄、竹青面排列划一，竹黄面书写文字，卷背竹青全部留白。满简书写，一般每简约36字，第1简及第40简、第41简则每简约有46字之多，在同篇中，行款字数上下如此大是少见的，显然是两次抄写而成。从行款现象分析，估计本篇书写完后，又做了两项工作，一是核对原文，二是废弃原漏抄不全的第1简及第40、41简，并且重新作了补抄。由于补抄文字的插入，使原行款、字数发生明显变化，因此，这三简的书体、行款、字数彼此相合，而与第2简至第36简不同。本篇墨标有三种：一、墨钉63个，这些墨钉功能相当于我们今天的句读；二、墨节6个，墨节用以标示章节、段落，或者是被简省过的章节、段落；三、墨钩1个，墨钩下留白，表示全篇文章结束。但使用界限还不是很规范，句读符也时有脱漏。

2. 上博竹书（二）

《民之父母》：本篇共14简，总397字，其中重文3字，合文6字。内容基本完整，现状良好。简首略有残损，有2支简残去半段，但这14支简是完全可以连续编联的，且所残文字可据今本补出。竹书三道编线，第5简为完简，每简书写34字左右，根据完简现状，可知本篇上下留有天头、地脚。第一编线上留白2.2厘米，第三编线下留白2.5厘米。第一编线与第二编线间距20.6厘米，第二编线与第三编线间距约20.9厘米。篇尾有墨钩，墨钩下全部留白。整篇竹简正、反排列规范，竹黄面书写文字，竹青面留白，无文字。书写端正，运笔颇具特色，横多露锋，竖、撇、曲笔则顿笔后应势提运，与传统篆体均匀笔法不同。本篇无篇题。整理者根据本篇主题，命名为《民之父母》。

《子羔》本篇长短简共14支，没有一支完简。共395字，其中合文6字，重文1字。第5简的背文题有《子羔》。为一人手迹，形体和《鲁邦大旱》《孔子诗论》完全相同。本篇最后文字内容是"叁天子"，并有墨节，其下有相当于13或14个字的空白段，说明有关叁王内容的简应列于后段，有关尧舜的内容列于前段，墨节是篇末结束记号。

《鲁邦大旱》：本篇长短简共6支，残存208字。简上下端均为弧形，编线契口三道。长度和文字书法与上博竹书《孔子诗论》及

《子羔》完全一致，可能属于同一编的不同内容。第6简辞末有墨节，为该篇的终结记号。墨节之后有一与文字几乎等长的空白段，而《子羔》末简也有此情况，说明其后相续的各篇都是在左邻的白简上重新书写的。《鲁邦大旱》完简第一契口离上端8.6厘米，第一契口至第二契口间距19.4厘米，第二契口至第三契口间距为19.5厘米，第三契口至下端7.9厘米。各完简长度可能有微小的差别。

《从政（甲篇、乙篇）》：分甲、乙两篇。甲篇完、残简共19枚，其中第6、7两件本属同一简，故实数当为18支，计519字。甲篇诸简中较完整者有9枚，长约42.6厘米，其余9枚可由编绳部位、字体及依内容隶属为同一篇。根据简文内容，仅第1、2简及第5、6、7简可以彼此连缀。乙篇仅存完、残简共6枚，其完整者1支，长42.6厘米，可资连缀者今2枚，其余各简则有赖编绳部位予以归并，计140字。两篇合共659字。由于甲、乙两篇缺简情况严重，通篇文意无法妥顺连贯，排序标准亦难以确定。

《昔者君老》：简文原无篇题，整理者根据本篇首句定名为《昔者君老》。本篇仅存4支简，其中3支完简，1支残简，共存158字，其中重文8字，合文1字。4简简文均不能连读，第1简和第4简有起首语和结语，第2简和第3简皆无可承接，只能按记载事态进展的前后关系排列，其间缺失多寡无法判定。简文书于竹黄面，字体端正，字距划一，各简上下皆为平头。书写时上端留白1.2厘米，下端留白1厘米，完简全长44.2厘米。简有三道编线痕迹，按编线有右契口，自上端至第一契口之间距为1.2厘米，第一契口至第二契口之间距为21厘米，第二契口至第三契口之间距与上同，第三契口至下端之间距为1厘米。

《容成氏》：此篇共存完、残简53支。简长44.5厘米，每简约抄写42到45字不等。篇题存，在第53简背，作"訟成氏"，从文义推测，当是拈篇首帝王名中的第一个名字而题之，可惜本篇首简已脱佚。

3. 上博竹书（三）

《周易》：本篇是迄今为止所发现的最早一部《周易》。楚竹书《周易》总58简，涉及34卦内容，共1806字，其中合文3字，重文8字，又25个卦画。完整竹简两端平齐，长44厘米，宽0.6厘米，厚0.12厘米左右，三道编绳。上契口距顶端1.2厘米，上契口与中契口间距约21厘米，中契口与下契口间距约20.5厘米，下契口距尾端1.2厘米，契口位于竹简右侧。竹简行款：第一字起于第一道编绳之下，最后一字终于第三道编绳之上，一支完整的竹简一般书写44字左右。书体工整，大小一致，字距基本相同，每卦所占简数，或2简，或3简。全书抄完后作过校对，抄写者发现了第54简中的漏字，并补在两字的空隙间。另外，整理者发现，香港中文大学中国文化研究所收藏的一段残简属本篇，并能和本篇第32简完全缀合。

《中弓》：本篇第16简背有篇题"中弓"。全篇现存简28支，整简3支，分别为三截和二截缀合而成，余皆为残断之简。整简全长47厘米左右，字数在34至37字之间。编绳为上、中、下三编，第一编绳距简上端0.8厘米；第三编绳距简下端约1.6厘米；第一编绳距第二编绳约23厘米；第二编绳与第三编绳约21.7厘米至23厘米之间。字数共520字，其中合文16，重文4。另有附简24字。

《恒先》：这是一篇首尾完具的道家著作。全篇共13支简，大多保存完好，简长约39.4厘米。第3简背面有篇题作"亙先"，整理者据以题篇。

《彭祖》：此篇存完、残简共8支，完简长约53厘米。篇题未见，现篇题为整理者据内容补加。这是目前发现最早的彭祖书。

4. 上博竹书（四）

《采风曲目》：本篇仅存6简，残损过甚，最长的一支为56.1厘米，上端仍有两个字位置的断缺长度，其他几支简所缺的部位都在上端，而下端较为完整。记载的内容是五声中宫、商、嗜（徵）、羽各声所属歌曲的篇目，没有发现角声的声名。最后两支简只抄录了几个篇目，留下了长段白简，又不能和其他简缀合，所以还不知道原来是否有角声的声名。有的简背面竹青上有满简文字，有的简背面抄写有三截文字，内容属于他篇。

《逸诗》：逸诗残简共2篇，无篇名。今以完整诗章的首句名篇者，为《交交鸣鹭》；诗章不够完整，以诗意名篇者，为《多薪》。现存《交交鸣鹭》为4支残简。按照章句序列统计，原诗分三章，章十句。残句或可补，因为各章之间有几句完全相同或仅有个别字不同。但仍有三字只知道其位置而难以了解字形。《多薪》多已残缺，没有完章，现存者约为此诗其中二章的部分诗句，共44字，含重文8字。

《昭王毁室·昭王与龚之脾》：本篇共10支简，其内容由《昭王毁室》和《昭王与龚之脾》两篇文章合成。前篇的结束语与后篇的起始同在第5简上，有墨节可分，故文字内容可以分为两篇。《昭王毁室》比较完整。《昭王与龚之脾》内容缺失，尚不能通读。两篇现存388字，《昭王毁室》为196字，《昭王与龚之脾》为192字，均单面书写于竹黄，字体工整，字距划一。简上下皆平头，简设三道编线，皆右契口。自顶端至第一契口为1.2厘米，第一契口至第二契口之距为20.5厘米，第二契口至第三契口之距为21厘米，第三契口至底端之距为1.2厘米。完简长43.7—44.2厘米不等。整篇有三种墨标：合文符在字右下，以两短划表示；句读符在字右下以短划示之；结束符以粗线或粗钩示之，表示全文结束。本篇句读符脱漏较多。

《柬大王泊旱》：本篇共23简，总601字，其中合文3字，重文5字。这部分竹简现状保存完好，竹简两端平齐，长24厘米，宽0.6厘米，厚0.12厘米左右，两道编线。上契口距顶端7.5厘米，上契口与下契口间距约9厘米，下契口距尾端7.5厘米，契口位于竹简右侧。竹简首尾都不留白，满简书写，每简书写字数在24至27字之间。整篇有4个墨钉，分别见于第8、第16、第21、第22简。竹青面留白，竹黄面书写文字。字体舒展，工而不苟，字距相近。本篇原无篇题，现题取用全文首句，也是全文中心。

《内豊（礼）》：全篇现存完残简共10支，其中完简4支，全长

44.2厘米；由2支断简接缀而成的整简3支，全长亦为44.2厘米；仅存上半段的残简1支；仅存下半段的残简1支；存上、下段但中段有缺失的1支。整简的编线为上、中、下三编，第一编线距头端1.2至1.4厘米，第三编距尾端0.8至1.1厘米；第一编线与第二编线，第二编线与第三编线的间距均为21厘米。第1至第7简可连读。全篇多见句读符号。第1简背有篇题"内豊（礼）"，"内礼"一词文献中未见。

《相邦之道》：本篇仅存残简4支，第4简句末有终结符号，并留白，当为全篇最后1简，故置于篇末，余3简皆残断。现共存107字，其中合文5字，重文1字。四简字体相同，内容亦差相配合，故归并为一组。简文原无篇题，整理者以末简孔子与子贡问答，涉及相邦之道而名篇。该篇内容多残缺。

《曹沫之陈》：本篇包括整简45支，残简20支。残断的简往往从中间断折，只有一半，给拼接造成困难。第2简简背有篇题。

5. 上博竹书（五）

《竞建内之》：本篇第1简背有"竞建内之"四字，按例应是原书篇题，今整理者沿用。本篇现存10简，大都为完简，其间有缺佚，凡能连读者均在每简末注明，不能连读者，仅按文意予以相次排列。现存文字347字，其中合文1字。书体工整，字距基本相等。本篇上、下端平齐，各简长度大致相同，在42.8厘米到43.3厘米之间。简文书写字数多寡略有差异，在32至36字之间。简设三道编线，契口在右侧，上契口距顶端为1.8厘米，上契口至中契口为

19.5厘米至19.8厘米，中契口至下契口为19.6厘米至19.9厘米，下契口至尾端为1.8厘米。天头、地脚均留白，满简书写，皆书于竹黄。

《鲍叔牙与隰朋之谏》：本篇存9简，其中1支简为原书篇题"鲍叔牙与隰朋之谏"，按习惯置于篇末。本篇各简基本完整，且大多按文句通读可以相连。但简间尚有缺失。各简书写33—51字不等，总共340字，书体工整，字距基本相等。本篇各简上、下端平齐，长度大致相同，在40.4—43.2厘米之间，篇题简长40.9厘米。简设三道编线，契口在右侧，上契口距顶端为1.8厘米，上契口至中契口为19.5—19.8厘米，中契口至下契口为19.6—19.9厘米，下契口至尾端为1.8厘米。天头、地脚均留白，满简书写，皆书于竹黄。简尾设墨钩，以下留白，示本文结束。

《季康子问于孔子》：本篇原无篇题，整理者取用全文首句为篇题，命之为《季康子问于孔子》。由于这部分竹简在流传过程曾被打开，以致有些竹简在约20余厘米处断损。本篇共23简，竹简两端平齐，完简长约39厘米，宽0.6厘米，厚0.12厘米左右，上契口距顶端约1.3厘米，上契口与中契口间距约为18厘米，中契口与下契口间距约18.2厘米，下契口距尾端约1.3厘米，契口位于右侧。本篇第1、3、4、7、14、19、20、23简完整；第10、15、18、22简分别为两断简缀合，经缀合简完整；第11简亦为两断简缀合，但缀合后，简下端尚缺一字，第2、6、8、9、12、13、16、17、21简均残上半段，下半段保存完好；第5简残存终中段。本篇竹简留有天头、地脚。文字书写在第一编绳与第三编绳之间。完简的书写字数在34至39不等。整篇有墨钩5个，分别见于第9、11、13、14简。竹青面留白，竹黄面书写文字，书体工整，字距相近。全文总669字，其中合文35字，重文4字。

《姑成家父》：全篇现存完、残简共10支。其中完简6支，长44.2厘米。残简4支：上仅缺一字的基本完简1支；前约四字部位残缺的简1支；仅存下半段的残简1支；仅存上半段的残简1支。整简的编绳为上、中、下三编。第一编绳距顶端0.8厘米至1厘米，第三编绳距尾端0.8厘米至1.1厘米；第一编绳与第二编绳、第二编绳与第三编绳的间距均为21厘米左右。全篇460字，其中重文8处，合文2处，合文的重文1处。本篇原无篇题，今整理者以首简"姑成家父"题篇。

《君子为礼》：本篇与《弟子问》简文内容相类，两篇合共41简。本篇共16简，完简长54.1厘米至54.5厘米之间。根据完简，第一契口距顶端为10.5厘米，第一契口与第二契口间距为13.2厘米，第二契口至第三契口间距为19.5厘米，第三契口距尾端为10.3厘米。

《弟子问》：本篇共25简，原简多残缺不全，彼此之间难以依序编连。

《三德》：本篇共存整简、残简22支，另附1支为香港中文大学中国文化研究所文物馆所藏。篇题未见，现篇题为整理者补加。篇中多韵语，有句读为隔。这组简文，大部分可以拼连。

《鬼神之明》《融师有成氏》：本编共8支简，其内容由《鬼神之明》和《融师有成氏》两篇合成。前篇《鬼神之明》的结束语与后篇《融师有成氏》的首句同在第5简上，篇间由墨节划分。《鬼神之明》现存简5支，基本完整。全篇只残去文章的前面部分，留下的大半篇，文义可以衔接。末简于全篇结束处，接抄有另一篇文章，中间用篇章号作分隔。完简长约53厘米，中有三道编线痕迹。全篇共存197字。《融师有成氏》现存简4支，2支基本完整，1支为残简。文章起首完整，前3简文义可以衔接，全篇已残去下半部分。完简长约53厘米，中有三道编线痕迹。全篇共存122字。

6. 上博竹书（六）

《竞公疟》：本篇原题"竞公疟"，篇题位于第2简上段背部。本篇残存13简，总489字，其中合文2、重文1。根据竹简现状分析，本篇竹简在流传过程中曾被折断为上、中、下三段，上、中两段都约长20厘米，在整理中没有发现有下段残简。上、中段残简，能缀合者10例。竹简宽0.6厘米，厚0.12厘米左右，根据缀合后形制判断，完整竹简两端平齐，原长应约55厘米，三道编绳。第一契口距顶端8.4厘米，第一契口与第二契口间距约19厘米，第二契口与第三契口间距约19厘米，第三契口距尾端约8.4厘米，契口位于竹简右侧。下段残简约15厘米，都已流失。本篇满简书写，每简书写字数约55字。整篇有5个墨點，1个墨"∟"。竹青面书题，竹黄面记文。书体工整，字距相近，每字约占1厘米。

《孔子见季桓子》：本篇竹书较长，流传过程中折损严重，存简也无完整者。经上海博物馆实验室专家处理后，简最长为50.2厘米，即本篇的第5简，最短仅9.5厘米，即本篇的第23简。简宽0.6厘米，厚，0.12厘米左右。根据竹简的现状可知：原简两端平齐，不作弧状，或梯形状。长约54.6厘米，三道编绳。第一契口距顶端1.1厘米，第一契口与第二契口间距约25.5厘米，第二契口与第三契口间距约26.5厘米，第三契口距尾端1.5厘米，契口位于竹简右侧。竹黄面书写文字，竹青面留白。竹简留有天头、地脚。文字书写在第一编绳与第三编绳之间，估计完简的书写字数在41字左右。书体工整，整篇字距基本一致。全文只有一个墨"└"和一个墨钩，墨钩不书写文字，以示文章结束。本篇原无篇题，现篇题为整理者取全文首句命名。

《庄王既成》《申公臣灵王》：本篇共9支简，其内容由《庄王既成》和《申公臣灵王》两篇合成。前篇《庄王既成》的结束语与后篇《申公臣灵王》的首句同在第4简上，篇间由墨钉划分。《庄王既成》共4简，简长33.1—33.8厘米，宽0.6厘米，厚0.12厘米，皆为完简。竹简上下设有两道编绳，契口位于竹简右侧，上契口距顶端8.9—9.5厘米，上契口至下契口15厘米，下契口距尾端9.2—9.3厘米。满简书写，首尾不留白，前三简各书26字，最后一简有11字，第1简背有篇题4字，共93字，书于竹黄，字体工整，字距相近。《申公臣灵王》共6简，首句接在《庄王既成》篇末，墨钉之后。简长为33.7—33.9厘米、宽0.6厘米、厚0.12厘米，竹简设有两道编绳，契口位于竹简右侧，上契口距顶端9.3—9.4厘米，上契口至下契口15厘米，下契口距尾端9.3—9.5厘米。书写首尾不留白，每简有11—25字不等，其中重文1字，书于竹黄，字体工整，字距相等。

本篇原无篇题，6简皆完，又可通读，最后1简文末有墨钩，其下空白无文，示该文结束。全篇117字，是一篇完整的史籍，内容未见他书记载。

《平王问郑寿》：本篇共7简。简长33—33.2厘米，宽0.6厘米，厚0.12厘米。竹简上下设有两道编绳，契口位于竹简右侧，上契口距顶端9.5厘米，上契口至下契口15厘米，下契口距尾端8.5—8.7厘米。满简书写，首尾不留白，每简字数在9—28字不等，共173字，其中重文4，皆书于竹黄。字体工整，字距统一。本篇原无篇题，整理者据简文内容命名为《平王问郑寿》。7简皆为完简，各简文句相接，均可通读。起首完整，最后1简文末有墨钩。

《平王与王子木》：本篇共5简。简长约33厘米，宽0.6厘米，厚0.12厘米。竹简上下设有两道编绳。契口位于竹简右侧，上契口距顶端9.5厘米，上契口至下契口15厘米，下契口距尾端8.5厘米。简文书写首尾不留白，每简字数在22—27字不等，共117字，皆书于竹黄，字体工整，字距较统一。本篇原无篇题，现篇题为整理者据首简命名。起首完整，5简皆为完简，其中2简可通读。

《慎子曰恭俭》：本篇第3简背有篇题"慎子曰恭俭"。全篇现存简6支，共128字（含合文2），似难连读。完简仅1支，全长约32厘米；余5支皆为存留上半段的残简，所存部分长短不一。整简的编绳为上下二编，第一编绳距顶端7.8—8厘米；第二编绳至尾端6.1厘米；第一编绳与第二编绳间距为18.1厘米。简顶端均削为平头，且第一字上和整简的最后一字下几无天头地脚；6支简的上下编绳是合一的，然契口则多于编绳数，且有编绳盖在字迹上的现象。是为废品再利用抑或有其他原因，阙疑待考。

《用曰》：本篇今存简20枚。由于篇中多见"用曰"一辞，故以之名篇。每一小节字数不多，陈述简洁，自为起讫，且原简书目有所缺佚，编联困难。简号仅作排列之用，内容未必有连属关系。至于第20简句末有分章标记，并留有空白，故置于全篇之末。

《天子建州（甲本、乙本）》：《天子建州》凡甲、乙两本。甲本完整，共有简13支，其中9支简首略有残损，缺佚1—2字，可据乙本补足，全篇文字共407字（计合文）。完简长约46厘米，每简书写一般为32字，略有上下。乙本存简11支（全篇亦应为13支），完简长约43.5厘米，每简书写字数不等，一般在35字左右，个别最少为25字，最多为38字（不计合文）。全篇最后一部分缺佚（根据甲本，缺42字）。书法前紧密，后疏朗，未及甲本工整，书体亦不同于甲本，显然为另一书手所抄。本篇原无篇题，按照古书惯例，摘首简数字为名。

7. 上博竹书（七）

《武王践阼》：本篇原无篇题，因其内容与《大戴礼记·武王践阼》篇相合，故名。本篇存15简，竹简设上、中、下三道编绳，契口浅斜，位于竹简右侧。简长41.6—43.7厘米不等，各简自上契口以上皆残，中契口距顶端为18.1—20.3厘米，中契口与下契口间距为20.4—21.3厘米，下契口至尾端为2.5—2.7厘米。各简字数28—38字不等，总存491字，其中重文8字，单面书写，皆书于竹黄，字体工整，字距稍宽。篇末有墨钩，以示本文结束。

《郑子家丧（甲本、乙本）》：本篇共14简，凡甲、乙两本，各7简，内容完全相同，唯行次略异。甲本完整，各简上下端平齐，长33.1—33.2厘米，宽0.6厘米，厚0.12厘米。简上下设有两道编绳，契口位于竹简右侧。满简书写，各简书写字数在31—36不等。本篇甲本共235字，其中合文3字，皆书于竹黄，字体工整，字距紧密。乙本整简残损，长34—47.5厘米不等，宽0.6厘米，厚0.12厘米。简上下设有两道编绳，右侧契口极浅。满简书写，字距疏朗。书体与甲本不同，显然不是同一抄手。本篇乙本现存214字，其中合文3字，各简书写字数为28—34字不等。经与甲本校对，全篇缺20字，又多1字，漏2字。原数应与甲本相合，为235字。本篇无篇题，整理者取其首句为篇名。甲本第7简下有墨钉，为终止符，其下尚留1字余白，示本文结束。

《君人者何必安哉（甲本、乙本）》：本篇竹书出于保存较为完好的泥方中，保存了原竹书的基本面貌。本篇竹书有甲、乙两本，内容基本一致。甲本完整，共9简，简长在33.2—33.9厘米之间，简宽0.6厘米，厚0.12厘米左右。简两端平齐，两道编绳。第一契口距顶端的8.6厘米，第一契口与第二契口间距约16.8厘米，第二契口距尾端约8.5厘米，契口位于竹简右侧。满简书写，各简字数在24—31字之间。竹黄面书写文字，竹青面留白。篇中无句读，篇末有墨节，示文章结束。总241字，其中合文4。乙本完整，共9简，简长在33.5—33.7厘米之间，简宽0.6厘米，厚0.12厘米左右。简两端平头，两道编绳。第一契口距顶端9.1厘米，第一契口与第二契口间距约16.4厘米，第二契口距尾端约8.2厘米，契口位于竹简右侧。满简书写，各简字数在26—31字之间。竹黄面书写文字，竹青面留白。篇中无句读，篇末有墨节，示文章结束。墨节之后有一个白文"乙"字，这种现象颇为少见，如后世白文印稿，其意义有待进一步考证。总237字，其中合文3。本篇原无篇题，今整理者以"君人者何必安哉"为题。

《凡物流形（甲本、乙本）》：本篇凡甲、乙两本。甲本完整，共有简30支，内容相接续，其中少数简尾略有残损，有缺字，可据乙本补足，全篇文字共存846字（计合文、重文，不计缺文）。完简长度为33.6厘米，每简书写字数不等，一般为27—30字，个别最少为25字，最多为32字。据乙本，简文有漏抄、抄错现象。书法疏朗，未及乙本工整。乙本有残缺，现存简21支，全篇文字共存601字（计合文、重文）。完简长度为40厘米，每简书写字数一般为37字左右，略有上下。内容可与甲本互补和校正，简文有不少漏抄、抄重的现象。书法工整，书体不同于甲本。显然为另一书手抄写。本篇原有篇题，见于甲本第3简背，系摘取简文首句题篇。

《吴命》：本篇现存简9支，除第9简为完简外，余皆有残缺。从内容分析，全篇首尾皆有残损，估计篇首缺简约一支半，篇尾不详。全篇文字共存375字（计合文、重文）。完简长度为52厘米，每简书写字数一般为64—66字左右，书法工整秀丽，结体严密。编绳三道，简端至第一契口约为10.6厘米，第一契口至第二契口约为16.5厘米，第二契口至第三契口约为16.7厘米。本篇原有篇题，书于第3简简背，今整理者依旧。

8. 上博竹书（八）

《子道饿》：本篇在流传过程中缺损较多，全文共6简，其中2支完简。根据完简可知本篇竹书长约44厘米，每简宽0.6厘米，厚0.12厘米左右。上、下平头，三道编绳。契口居简右侧，第一契口距顶端1.2厘米，第一契口与第二契口间距约21厘米，第二契口与第三契口间距为21厘米，第三契口距尾端约1.2厘米。本篇最长简为44.1厘米，即本篇的第2简，最短为8.3厘米，即本篇的第6简。本篇竹黄面书写文字，竹青面留白。竹简留有天头、地脚。文字书写在第一编绳与第三编绳之间，完简的书写字数在35字左右，书体工整，型宽相协。全文无句读。本篇原无篇题，整理者据首简题篇。

《颜渊问于孔子》：本篇竹书共14简。根据较为完整的第7简并结合其他简的现状综合分析，本篇简长约46.2厘米，宽0.6厘米，厚0.12厘米，整篇两端齐平，三道编绳。契口居右侧，第一契口距顶端约2.6厘米，第一契口与第二契口间距为20.5厘米，第二契口与第三契口间距为20.5厘米，第三契口距尾端约2.6厘米。文字书于第一契口与第三契口之间，每简书写31字左右。本篇竹书留有天头、地脚，竹黄面书写文字，竹青面留白。总313字，其中合文7，重文6。本篇竹书原无篇题，整理者现据本篇首句为题。

《成王既邦》：本篇竹简上半部分保存比下半部分好，个别竹简变色较为严重。完简2支，分别长45.6厘米（第14简）、45.9厘米（第15简）。根据完简及他简现状分析，本篇竹书长约45厘米，现存16枚。简上、下平头，三道编绳。契口居简右侧，第一契口距上端约1.4厘米，第一契口与第二契口间距为22厘米，第二契口与第三契口间距为21厘米，第三契口距尾端1.4厘米。本篇竹黄书写文字，竹青面留白。竹简留有天头、地脚。文字书写在第一编绳与第三编绳之间，完简的书写字数在35字左右。书体工整，行款相协，运笔流畅。本篇为先秦重要佚文，原无篇题，现整理者据本篇简首"成王既邦"为题。总319字，其中合文1，重文3，又2字不清。

《命》：本篇共11简，皆完整。简长33.1—33.4厘米，竹简设两道编绳，契口位于竹简右侧，第一契口距上端9.5厘米，第一契口与第二契口间距为15厘米，第二契口至尾端8.6—8.9厘米。满简书写于竹黄面，首尾不留白，字体工整，字距相近。各简书写字数在25—29字不等，总存274字，其中重文2字，合文4字。本篇有墨钉6个。本篇第11简背有"命"字，书于简之中部，按照惯例当为篇题，今整理者从之。

《王居》：本篇有起首和结束，唯中间缺佚较多，全篇仅存7简，其中3枚为残简，总152字，其中合文3，篇题2字。简长在33.1—33.2厘米之间，简两端平头，设有两道编绳，第一契口距顶端9.3—9.6厘米，第一契口与第二契口间距为14.8—15厘米，第二契口至尾端8.7—8.8厘米。契口位于竹简右侧。本篇满简书写于竹黄面，竹青面除篇题外留白，每简字数在23—25字。书体工整，字距相近。全篇共有9个墨钉。本篇第1简背面上端有"王居"两字，应是原有的篇题，今整理者从之。

《志书乃言》：本篇共8简，文字基本完整，大多可接读。共169字，其中合文1，重文1。简长33.1—33.2厘米之间。简两端平齐，设两道编绳，第一契口距顶端9.3—9.5厘米，第一契口与第二契口间距为14.8—15厘米，第二契口至尾端8.7—8.8厘米。契口位于竹简右侧。本篇满简书写于竹黄面，竹青面留白，每简字数在23—25字不等，最后一简仅3字。书体工整，字距相近。全篇共有8个墨钉。本篇原无篇题。

《李颂》：本篇完整，共有简3支。由于第1支简为本卷册最后1支，正面写满后，因已无抄写余地，所以只好从背面抄文字，而第2支简、第3支简亦即全文倒数第2、第3支简的背面。这种情况在目前出土的楚简中尚属首次发现。可见此卷是先编联成册而后抄写文字内容。完简长度约53厘米，书写字数为57字，全篇共计172字，其中重文1。编绳三道，简端距第一契口约10.8厘米，第一契口距第二契口约15.5厘米，第二契口与第三契口间距约为15.5厘米，第三契口距尾端约10.5厘米。本篇原无篇题，取篇中歌颂主题为名。

《兰赋》：本篇现存简共5支，除第5简外，均有残损。完简长度约53厘米，除末简下段抄写较密者外，一般书写字数为48字左右。编绳三道，简端距第一契口约11厘米，第一契口距第二契口约15.5厘米，第二契口与第三契口间距约为15.5厘米，第三契口距尾端约10.5厘米。全篇现存160字。本篇原无篇题,取内容主题为名。

《有皇将起》:本篇现存简6支,完残不一。全篇起首及篇尾完整,中间有残缺,内容大致上可以相连。完简长度约为42厘米,每简约39字。编绳三道,简端至第一契口约1.3厘米,第一契口距第二契口约23厘米,第二契口与第三契口间距约为16厘米。共存186字(含其中重文3字)。本篇原无篇题,依古书惯例,摘取首四字为名。

《鹠鹎》:本篇现存简2支,是一篇楚辞体作品,未见今本《楚辞》。由于第2简的大部分已残缺,现仅存45字(其中合文1字),从文义推测全篇文字不会太长。本篇原无篇题,取篇中所咏对象为名。

9. 上博竹书(九)

《成王为城濮之行(甲本、乙本)》:本篇共9简,凡甲、乙两本,起首完整,无结语。简长23.1—33.3厘米,设上、下两道编绳,契口位于竹简右侧。满简书写,皆书于竹黄面,字体工整,字距较疏,各简为22—34字不等。甲本共5简,138字,其中合文2,重文4。乙本共4简,残损甚为严重,除二简外,其余二简仅存数字,4简共71字。甲、乙本共存209字。本篇原无篇题,整理者取其首句为篇名。

《灵王遂申》:本篇原无篇题,整理者据其内容名篇。本篇共5简,皆为完简,上、下平头,设两道编绳,契口位于竹简右侧,上契口距顶端9.5厘米,第一契口与第二契口间距为15厘米,第二契口距尾端8.8厘米。满简书写于竹黄面，字体工整，字距相近，共有167字。其中合文3，每简抄写29—36字不等。

《陈公治兵》：本篇原无篇题，整理者据其内容名篇。本篇共20简，其中完简9支，上、下平头，长44厘米，第一契口距顶端1.3厘米，第一契口与第二契口间距为20.7厘米，第二契口与第三契口间距为20.7厘米，第三契口距尾端1.3厘米。其余11支简均有不同程度的缺失，长度分别在17.1—22.2厘米之间。竹简设三道编绳，契口位于竹简右侧。书写于竹黄面第一编绳与第三编绳之间，字体工整，字距匀称，共存519字，其中合文5，重文5。本篇起首完整，下半部分断缺较多，最后又无结束语，使文意不能通顺表达。本篇句末右下角多设句读符，本篇所见已有23处。

《举治王天下（五篇）》：本篇竹书共五篇文章接续抄写，篇与篇之间以墨节为界。竹简共有完简5枚。简长46厘米、宽0.6厘米、厚0.12厘米左右。第一契口距顶端1.4—1.5厘米，第一契口与第二契口间距为22.3—22.5厘米，第二契口与第三契口间距为20.3—20.5厘米，第三契口距尾端1.4—1.5厘米。简上、下平头，契口位于竹简右侧。竹简设三道编绳，竹黄面书写文字，竹青面无文字。竹书留有天头、地脚。书写于竹黄面第一编绳与第三编绳之间，前两篇完简字数在27—33字左右，后三篇完简字数在39字左右。本卷竹书无题，相关篇题整理者据文意拟定。《古公见太公望》总3简，无完简，共44字。《文王访之于尚父举治》总17又墨节上段简，即第4简至第21简（墨节上）完简4枚。共376字，其中合文2，重文

310

1，文字不清5。《尧王天下》共4简又墨节下段，共93字，其中重文1，文字不清1。《舜王天下》共3简又墨节上段，共51字。《禹王天下》共6简又墨节上段，1枚完简，共164字，其中合文1。

《邦人不称》：本篇现存13简。其中第4、5、8、9、12、13简等6枚为完简。完简长为33厘米，每简宽0.6厘米，厚0.12厘米左右。上、下平头，契口居右侧。第一契口距顶端9.4厘米，第一契口与第二契口间距为15厘米，第二契口距尾端8.6厘米。缀合3简，为第2、10、11简，断口基本位于距简顶端8厘米左右处，缀合后简基本完整，不损文字。竹书两道编绳，竹黄面书写文字，竹青面留白。满简书写，天头地脚不留空。完简的书写字数在32—34字之间。书体工整，字距规整如尺。篇末最后一简7字，下有墨钩，墨钩下留白，全文总358字。其中合文2，重文1，5字残。

《史蒥问于夫子》：本篇缺损较多，无完简。综合残简情况分析可知：本篇完简原长约37厘米，每简宽0.6厘米，厚0.12厘米。上、下平头，契口居右侧。第一契口距顶端10厘米，第一契口与第二契口间距为17厘米，第二契口距尾端10厘米。竹书两道编绳，竹黄面书写文字，竹青面留白。满简书写，天头地脚不留空。推测完简的书写字数在31字左右，字距相近，全文总236字，其中合文1，重文3。另有4个句读符。本篇不见篇题，整理者据简文内容题篇。

《卜书》：本篇今存完简4枚、残简6枚。完简有标记简序的数目字，标在第三道编绳下的简尾空白处，位置明确。残简失去编号，但是最后一简有一个黑方块，是全篇结束的标记，位置也很明确。其他5枚，是据简文内容编联，并参考了简背划痕。全篇顺序得以排定无误。篇题由整理者据内容拟补。

## （三）清华竹书

### 1. 清华竹书（一）

《尹至》：本篇竹简共5支，简长45厘米，三道编。满简书写29—32字。原无篇题，现据篇首"惟尹自夏徂亳，逯至在汤"句试拟。简背有次序编号。文字保存较好，只有第2简上端首字磨减。《尹至》简同本辑下面收录的《尹诰》简，形制、尺寸全然相同，字体风格也出于一手，应为同时书写，因此编联殊费斟酌。现在的编联是在仔细观察简背痕迹，并参照《慎大》叙事次第后决定的。

《尹诰》：本篇竹简共4支，简长45厘米，三道编。满简书写31—34字。原无篇题，此系据《礼记》与郭店竹书、上博竹书《缁衣》所引确定。简背有次序编号。文字保存较好，惟第4简上端首字缺损一半。《尹诰》为《尚书》中的一篇，或称《咸有一德》。据《书·尧典》孔颖达《正义》所述，西汉景帝末（或说武帝时）曲阜孔壁发现的古文《尚书》即有此篇，称《咸有一德》。《史记·殷本纪》和今传孔传本《尚书》及《尚书序》，也都称《咸有一德》。

《程寤》：本篇竹简共9支，三道编，简长45厘米，保存完好。全篇原无篇题，亦无次序编号。按《艺文类聚》《太平御览》等传世文献曾有引用《逸周书·程寤》篇的若干文句，将其与本篇简文的内容相对照，可知本篇简文即久已失传的《程寤》篇。

《保训》：全篇共有11支简，完简长28.5厘米，编痕上下两道。简文顶头书写，简尾大都留一个字距的空白。每支简22—24字。其中第2支简上半残失约11字。

《耆夜》：本篇竹简共14支，简长45厘米，其中4支有残缺。每简正面字数27—31字不等，背面都有次序编号。第14支简背有"郜夜"二字，系篇题。"郜"古书作"黎"或"耆"等，"夜"通"舍"或"馳"。简文讲述武王八年伐黎大胜之后，在文王太室举行饮至典礼，武王君臣饮酒作歌的情事。"郜夜"就是伐黎后舍爵饮酒的意思，正是简文内容的概括。

《周武王有疾周公所自以代王之志（金滕）》：本篇竹简计14支，三道编，完简长45厘米。其中第8支简与第10支简的上端均有部分缺失，各约损失3—4字。简背有次序编号，书于竹节处。第14支简背下端有篇题"周武王有疾周公所自以代王之志"。全篇简文与《尚书》的《金滕》大致相合，当系《金滕》篇的战国写本。简文不用"金滕"作为篇题，疑抄写者没有见过《书序》。

《皇门》：本篇竹简凡13支，简长44.4厘米左右，三道编。满简39—42字不等。原无篇题，由于内容与今本《逸周书·皇门》大体相符，故定名《皇门》。简背有次序编号。字迹清晰，书写工整，仅第10简上端缺2字。

《祭公之顾命（祭公）》：本篇竹简共21支，简长44.4厘米，三道编。每支简文字约23—32字不等。无次序编号。原有篇题5字《（祭）公之（顾）命》，记于第21简正面下端。除第2、3、4简上下端稍有残裂，第19简略呈模糊外，全篇保存良好，文字可辨。

《楚居》：本篇竹简凡16支，其中有4支下部分分别残去3—4字，其他简文皆完整，无缺简。简长47.5厘米左右。完简上书写37—48字不等。书写工整，是典型的楚文字。《世本》有《居篇》，叙帝、王、君之所居，如叙楚王之居有"楚鬻熊居丹阳""武王徙郢"等。本篇内容主要叙述自季连开始到楚悼王共23位楚公、楚王的居处与迁徙，内容与《世本》之《居篇》很相类，故定名为《楚居》。

2. 清华竹书（二）

《系年》：本篇竹简共138支，简长44.6—45厘米。简背原有排序编号，但有一处误记，后又加以纠正，计编号至137号，最末1支简无编号。原无篇题，因篇中多有纪年，文字体例与若干内容又近似西晋汲冢出土的《竹书纪年》，故拟题为《系年》。竹简保存较好，仅有个别残损之处。

3. 清华竹书（三）

《说命》：本篇竹简简长45厘米，共有三篇，由同一书手写成。每一篇最后一支简简背都有篇题《傅说之命》，现据内容次第分别题为《说命上》《说命中》和《说命下》。《说命上》有简7支，《说命中》也是7支，《说命下》则有10支，但缺失了第1支简，现仅存9支。《说命》是《尚书》的一部分。《书序》云："高宗梦得说，使百工营求诸野，得诸傅岩，作《说命》三篇。"竹简本《说命》正系三篇。《说命》不在汉初伏生所传今文《尚书》之内，《尚书正义》

所引郑玄讲的孔壁古文《尚书》多于伏生的16种24篇，也没有《说命》。东晋时梅赜所献孔传本《尚书》则有三篇《说命》，前人已考定为伪书。与清华竹书《说命》对照，梅氏献出的《说命》，除自先秦文献中摘辑的文句外，全然不同。先秦典籍曾多次引用《说命》，最重要的是《国语·楚语上》楚灵王时大夫白公子张所述，但未明说《说命》篇题。不过其间有"若药不瞑眩，厥疾不瘳"，《孟子·滕文公上》所引标出"《书》曰"，足以证明《楚语》此段的来源。竹简本正有与《楚语》相当的语句，可相对勘。《礼记·缁衣》引《说命》"惟口起羞"云云，也见于《墨子·尚同中》所引，同样可在竹简本里找到。此外，《礼记·文王世子》《学记》所引《说命》，以及《缁衣》另引的一条佚文，则不见于竹简本，这应该是由于《说命》的传本有异。

《周公之琴舞》：本篇共17支简，其中除15号简残缺了近半，其他都保存完好。篇尾留白，有结尾符号。简背有编号。篇题"周公之琴舞"写在首简背面上端，字迹清晰。值得注意的是本篇与《芮良夫毖》形制、字迹相同，内容也都是诗，当为同时书写。《芮良夫毖》首简背面有篇题"周公之颂志（诗）"，曾被刮削，字迹模糊。该篇题与其正面内容毫无联系，疑是书手或书籍管理者据《周公之琴舞》的内容概括为题，误写在"芮良夫毖"的简背，发现错误后刮削未尽。竹简篇题本为检取方便而加，篇题异称不足为怪，《周公之琴舞》又称"周公之颂志（诗）"的可能性很大。

《芮良夫毖》：本篇竹简共28支简，简长44.7厘米，满简书写

30字左右。第1支简简背原有篇题"周公之颂志",但有明显刮削痕迹。现据简文内容另拟篇题为"芮良夫毖"。简背皆有序号。有14支简残断,经拼缀后,仍有7支残缺。简文语意连贯,文辞古奥,先述周厉王时的情势,次载芮良夫作毖的内容。芮良夫针对时弊所作的训诫之辞,涉及君王应敬畏天常、体恤民意、德刑兼施、勿用奸佞以及君臣莫贪利享乐、应谨奉慎守等方面的治国之道。芮良夫谏厉王、戒百官之事多见于典籍,如《逸周书·芮良夫》《国语·周语上》《史记·周本纪》等,据传为芮良夫所作的《诗·大雅·桑柔》篇亦可对照参阅。全篇多用韵,基本上都是句尾韵。

《良臣》:《良臣》与下篇《祝辞》,原由同一书手写在一编相连的竹简上,共16支简,简长32.8厘米,无篇题。鉴于两者内容性质截然不同,今分别拟题为"良臣""祝辞",作为两篇处理。本篇共11支简,文字没有缺失。因其内容记述黄帝以至春秋著名君主的良臣,试拟今题。简文通篇连贯书写,中间用粗黑横线分隔成二十小段(释文中分段表示),从黄帝到周成王依历史顺序,春秋晋文公至郑子产的师、辅则按国别编排(最后楚共王一条似系后补)。简上文字有的属于三晋一系的写法,如"百"字作"全"。考虑到篇中特别突出子产,详记"子产之师""子产之辅",作者可能与郑有密切关系。

《祝辞》:《祝辞》原与《良臣》连写在一篇竹简上,详见上文。《祝辞》有简5支,各写祝辞1则,属于巫术之类。首则是"恐溺"即防止落水淹没的祝辞;次则是"救火"的祝辞;后3则都是射箭时的祝辞，分别用于射敌人、射禽兽和射甲革3种情况。

《赤鹄之集汤之屋》：共15支简，三道编，简长45厘米。竹简保存情况较好，仅第1支和第2支简末端略有缺残，各损失1字。简背有序号，书于竹节处。第15支简简背下端有篇题"赤鹄之集汤之屋"。整篇竹简背面上端还有一道斜的刻划痕迹。

4. 清华竹书（四）

《筮法》：竹简保存良好，没有明显缺损，入藏时全篇大部仍维持原来成卷的状态，只有外层小部分简游离散乱。简长35厘米，共63支，原无篇题，每支简尾正面有简序编号。简上除编绳外，背面还有用丝带粘贴加固的痕迹。数字卦的形式与天星观、包山、葛陵等楚简中的实际占筮记录所见一致，因此拟定简的篇题为"筮法"。《筮法》全篇文字分栏书写，并且附有插图和表格，体例犹如一幅帛画。

《别卦》：本篇现存7支简。从内容推断，原来应为8支，第3支缺失。每简长16厘米，宽1.1厘米，右侧有两处契口，原来应有两道编绳。本篇内容为卦象和卦名。每简顶头书写，自上而下，依次是卦象、卦名。每支简上卦象相同，卦名占1个字的位置（2字以上用合文表示），排列齐整。每简书7个卦名，加上简首卦象隐含的卦名，共8个，通篇恰为64卦。其排列顺序与马王堆帛书《周易》一致，应是出于同一系统。根据易学界的习惯，暂名之为《别卦》。

《算表》：本篇凡21支竹简，入藏时已散乱，今所见为整理者据形制与内容编排复原而成。原无篇题，编者据内容与功能定名

"算表"。完整竹简17支（有4支经缀合而成），另外4支上端残缺。完整者长43.5—43.7厘米，宽1.2厘米左右，厚约0.13厘米。原册以三道编绳编联，原编绳已无存，仅存编痕。上编痕距顶端约2厘米，中编痕居中，下编痕距下端约2厘米。所见数字皆以战国楚文字书写，多异体、繁化及合文（有合文符）。凡见18条朱色栏线横穿于上述21支简简面，三道编绳亦作为栏线使用，与朱色栏线一起，用以分隔数字等。除最上端及最下端的朱色栏线外，其他栏线皆二次形成，即先画墨色细线，再在墨线所在位置画朱色线或设编绳。本篇每简上端第一栏下半位置皆设圆孔，孔内大多见残存线状丝带残留（原当有21处，其中2处已缺，今存19处）。其中1简无数字，但每一栏内皆有圆孔及丝带残留物，凡20处。据观察，丝带必须捻成线状才能穿过所有小孔，其平展状态宽约0.3厘米。本篇第20简背面上端至下端间附着有一条丝带残迹，则此丝带之长度至少与简的长度相当。据残留物情况推测，其他简原本都设有丝带，但后已断绝，故今仅见不连贯的残迹。《算表》构成一表格形态，表格应有的行、列、单元格三要素皆具备。18条朱色栏线横穿于21支简之简面，而三道编绳亦作为栏线使用，与朱色栏线一起，构成表格之横"列"，全表凡20列。按内容与功能划分，其中首列据所见项目可分为上半列与下半列两部分。每1支竹简自然构成为表格纵向之竖"行"，全表凡21行。行、列交叉组成420个长方形，构成此表之"单元格"，用于分隔构成项目的数字、引绳圆孔等。其中右起第一、第二行之首格上半空白，未设项目。

5. 清华竹书（五）

《厚父》：共13支简。简长约44厘米，宽约0.6厘米。第1支上下两端残缺，其他各支皆为完简。简背标有序号，依次为"一"至"十三"，今缺序号"一"。最后一支背面有"厚父"二字，系篇题。

《封许之命》：原由9支简构成，简长约44厘米，宽约0.6五厘米，简背有简序编号。现第1、4两简缺失，第3、7、8、9四简上端也有不同程度残损。在第9简背面下部写有篇题"封许之命"。"命"本系《书》的一体，在传世《书序》中有《肆命》《原命》《说命》《旅巢命》《微子之命》《贿肃慎之命》《毕命》《冏命》《蔡仲之命》《文侯之命》等，今传世《尚书》中只有《文侯之命》一篇。清华竹书中已发表的《说命》三篇，以及这一篇《封许之命》，使我们得以更多了解"命"的性质和面貌。

《命训》：共有15支简，三道编，全篇各简均有不同程度的残损，其中第1、2、3、7、9、12、14、15诸简的文字也有一些损毁。估计完简的长度约为49厘米。除最后1支简外，每支简的简背均有次序编号，书于竹节处，今缺序号"四"，序号"十四"残。全篇原无篇题，因其内容与《逸周书》的《命训》篇大致相合，当系《命训》篇的战国写本，今径以"命训"命名本篇。

《汤处于汤丘》：本篇计19支简，长约44.4厘米，宽约0.6厘米，内容完整无缺。原无篇题和序号，现根据内容上下文拟定其顺序和篇题。本篇与清华竹书《汤在啻门》形制、字迹相同，内容相关，为同一抄手所写，并属战国时期作品。

《汤在啻门》：共21支简，内容保存完整，字迹清晰，篇末留白。简长约44.5厘米，编痕三道。其中2支简首残，7支缺简尾，但文字尚未残缺。本篇内容记汤问小臣古先帝之良言，小臣答以成人、成邦、成地、成天之道，由近及远，由小及大，比较系统地阐述了当时的天人观。

《殷高宗问于三寿》：本篇原由28支简编联而成，今缺第3简，存27支。其中第25简上部缺大半，第8简上、下及第9简下端亦稍残。完整简长约45厘米，宽约0.6—0.7厘米，设三道编绳。满简书写28—34个字。简背有次序编号"一"至"廿八"，今缺序号"三"。序号有错乱，其中原编号"十五"者当排在第10简位置，而原编号"十"者当排在第15简位置，今已据文义互换。篇题"殷高宗问于三寿"写在本篇末简简背。全篇文字较清晰，唯第8简上端有一字缺损，又第9简中段"君子"前一字及第20简"责"字笔画模糊。

6. 清华竹书（六）

《郑武夫人规孺子》：现存18支简，据简背划痕考察，今或缺第15简，则全篇当有19支。竹简保存情况良好，字迹亦清晰。完整简长约45厘米，宽0.6厘米，设三道编绳。简背有三道划痕，未见编号。今简序为整理者据内容及简背划痕排定。原无篇题，今篇题为整理者所拟定。

《管仲》：本篇现存30支简，完简长约44.5厘米，宽0.6厘米，三道编。竹简保存大体完好，但第28简下半段缺失，第29简上半段亦不存；这两支简之间是否还有缺失的竹简，尚不易断定；此外，第29简与第30简之间亦应该有缺简。全篇原无篇题，每支简的简背亦无次序编号。该篇简文系以齐桓公问、管仲答的形式而成篇，今径以"管仲"命名本篇。

《郑文公问太伯（甲、乙）》：有甲、乙两本，内容基本相同，系同一书手根据两个不同底本进行抄写，为目前战国简中仅见的情况。现存25支简，甲本14支，第3简有残缺；乙本当为12支，第3简缺失。简长45厘米，宽0.6厘米，三道编。原无篇题，今篇题为整理者所拟。

《子仪》：现存20简，简长一般在41.5—41.7厘米之间，宽约0.6厘米，简背无编号，无篇题。每简保存基本完整，经编联，内容大致相通，惟第15—16简、第19—20简之间跳跃较大，疑有缺简。

《子产》：简长约45厘米，宽约0.6厘米，共29支，是一篇传述子产道德修养和施政成绩的论说。全篇可分为10个小段，前9段均以"此谓……"作结。

7. 清华竹书（七）

《子犯子余》：共15支简，简长约45厘米，宽约0.5厘米，三道编，第1、4、5、6简在第一道编绳处残断，各残缺3字，第14简的简首残缺1字，其他都保存完好。篇题"子犯子余"书于第1简简背，近第一道编绳，与正文是同一书手。简文无次序编号，有点断及结尾符号。本篇简与《晋文公入于晋》形制、字迹相同，而且都是记晋国史事，当为同时书写。

《晋文公入于晋》：凡8简，简长约45厘米，宽0.5厘米。除第

1、5简有残缺外，其他基本完整。原简无篇题、序号，当前篇题、简序系据简文内容拟定编排。

《赵简子》：由11支简组成，简长约41.6厘米，宽0.6厘米。除第4、11简有残缺外，其他基本完整。原简无序号，目前次第依内容和简背信息编排。全篇由两部分组成。前为范献子对赵简子的进谏，后系赵简子和成鱄（鱄）的问答。

《越公其事》：本篇原有篇题"越公其事"在篇尾，与正文连属，无间隔。简文略有残缺，首、尾两章残断较为严重，经拼缀，全篇75支竹简，文义基本完整。全篇共11章，章尾有标志符号，或简尾留白，或章间留白。竹简长约41.6厘米，宽约0.5厘米，简背有划痕。满字简每支书写31—33字，全篇书写工整，谨严整饬，字体略呈扁平状，字迹首尾一致，为同一人所写。该类字迹在清华竹书中比较多，除了第6辑已经公布的《郑武夫人规孺子》《郑文公问太伯（甲、乙）》《子仪》等，还有一些将陆续公布。

8. 清华竹书（八）

《摄命》：凡32简，简长约45厘米，宽约0.6厘米。第3、25、29简略有残缺，其他基本完整。简背有序号，无篇题。篇题"摄命"为整理者根据简文内容拟定。

《邦家之政》：本篇原由13支简编联而成，今缺第1、2简，存11支。其中第3简上、下段及第5、13简上段有残缺。完整简长约45厘米、宽约0.6厘米，设三道编绳。满简书写28—34字不等，文字较清晰。简背书次序号"三"至"十三"，缺序号"一""二"。

简背有划痕，但原册未按划痕规律编联。今按序号复原，则内容连贯顺畅。原册未见篇题，今篇名据内容及简文所见"邦家之政"拟定。

《邦家处位》：本篇有11支简，简长约41.5厘米，宽约0.5厘米，三道编。简背有编号。第9简上部残缺约20字，第10简中上部残缺约6—7字，其余完整。原无篇题，现篇题取简首4字而定。

《治邦之道》：本篇现存简27支，简长约44.6厘米，宽0.6厘米，三道编。简文原无篇题，无序号。其中第22简上有"此治邦之道，智者智（知）之"之语，今据简文主题，取此句中"治邦之道"4字命名本篇。本篇所使用的竹简依其形制可分为3组，每组简背皆有划痕，对于全篇的编联颇有参考，但如果完全按照划痕排序，一些文句又扞格难通；此外，由于开头和中间部分可能有一些竹简缺失，而且有些竹简的简首或简尾有残损，使得竹简的编联非常棘手；再加上简文的字迹比较潦草模糊，有些字还不能确释，也给本篇简文的整理带来了很大困难。因此，整理者主要从竹简的内容出发，并参考形制和划痕等信息，来进行本篇简文的编联复原。

《心是谓中》：本篇共7支简，简长约44.6厘米，宽约0.6厘米，其中第1、6简下部略残，内容完整。简文无篇题，无序号，今简序根据文意并结合简背划痕等排列，篇题取自简文。

《天下之道》：本篇共7支简，简长约41.6厘米，宽约0.6厘米，满简书40—43字，三道编，简背有划痕，无序号，无篇题。今篇题取自第1简前4字，简序参考划痕等综合排定。

《八气五味五祀五行之属》：本篇由7支简组成，简长约41.6厘米，宽约0.6厘米。据简背划痕，第3、4简，第4、5简之间有缺简，其他基本完整。原无序号，无标题，现题据文意拟定。本篇据内容可分为4组：第1组是一年中八个节气的推算，与传统的二十四节气不同，有助于研究二十四节气的形成；第2组讲酸甘苦辛咸五味的功效，相关内容见于《黄帝内经·素问》等古医书；第3组是五祀、五神与五行的相配；第4组讲述木火金水土五行各自的特点。

《虞夏殷周之治》：本篇由3支简组成，简长约41.6厘米，宽约0.6厘米。原无序号，无标题，现题据文意拟定。

9. 清华竹书（九）

《治政之道》：本篇凡43简，简长约44.2厘米，宽约0.6厘米，三道编。简尾有编号，首尾编联无阙，大部分简自竹节处断为两段，完简不足10支。经缀合，内容基本完整。本篇与第8辑《治邦之道》编痕一致，文意贯通，应是首尾完整的一篇。全篇有70简，约3230字，现存3165字（合文、重文以一字计），是长篇政论。竹书形制之复杂为目前所仅见。篇首以"昔者前帝之治政之道"开宗明义，故撮取"治政之道"为题。

《成人》：本篇凡30简，简长约45.2厘米，宽约0.7厘米，三道编。满简书写27—33字。文字保存基本完好，仅简10末字残半。简上未见编号，背面有刻划痕迹，其中简1—19的划痕呈倒序排列，比较特别。今简序是据文意并参考简背划痕、污痕等形制信息综合排定。本篇原无篇题，篇中主要记述了"成人"关于典狱刑法等内容的论说,故拟题为《成人》。

《廼命一》:本篇凡12简,简1—5上端有残缺。简长约44.6厘米,宽约0.6厘米,竹简下端有编号。原无篇题,取篇首二字名篇。简文与下篇《廼命二》为同一书手书写,内容也相互关联。

《廼命二》:本篇凡16简,简9、简15有残缺。简长约44.6厘米,宽约0.6厘米,竹简下端有编号。原无篇题,取篇首二字名篇。简文与上篇《廼命一》为同一书手书写,内容也相互关联。

《祷辞》:本篇凡23简,简长约44.5厘米,宽约0.6厘米,三道编。竹简保存完好,仅第2支简末端略有缺残。竹简下端有编号。全篇共分为8节,每节之末都有章节符号。简文原无篇题,《祷辞》乃据简文内容所拟。

10. 清华竹书(十)

《四告》:本篇凡50简,简长约45.7厘米,宽约0.6厘米,三道编。简背有连续编号。根据内容,简文可分为4组:第1—14简为一组,第16—24简为一组,第26—37简为一组,第38—50简为一组。第34、35简残缺,第15、25、39、41简佚失。其中第15、25简处于两组简之间,应为空白简。这种情况表明,竹简系先编后写。4组简均为告辞,内容独立,可分成4篇。

《四时》:本篇凡43简,简长约45厘米,宽约0.6厘米,三道编。简尾有编号,无篇题,篇题《四时》系据简文内容所拟。本篇与《司岁》连续编号,从形制上看,为一卷竹书。本卷竹书正面简尾编号分2组,第1组为1—51,第2组为47—53,第1组末简,即编号为51的简与第2组的首简，即编号为47的简，据内容当编排在一起。本篇简文的编号为1—43，《司岁》篇编号为43—51，47—53，编号存在重叠，故《司岁》篇重加整理号。本卷竹书共用了4节竹简，其中《四时》简1—14为一节竹简，简15—34为一节竹简，《四时》简35—43和《司岁》简1—8为一节竹简，《司岁》简9—15为一节竹简，每一节竹简简背都有单独的刻划线。不同篇的竹书连续编号，同一篇竹书重复部分编号，为我们提供了战国竹书形制的新认识。

《司岁》：本篇凡15简，简长约45厘米，宽约0.6厘米，三道编。简尾有编号，无篇题。据简文"六辰司岁""两辰司岁"，拟篇名为《司岁》。本篇接抄于《四时》篇后，与其合为一卷竹书（可参看《四时》篇说明）。本篇竹书原有编号为43—51，47—53，编号接续《四时》篇，且有重叠，为避免混淆，新加整理号。

《行称》：《行称》与下篇《病方》原当抄录在一卷竹书上。该卷竹书每简长约32.8厘米，宽约0.6厘米。竹简正面地脚处有次序编号，已编至"十九"，今第12、15简佚失，第11简仅剩下部一小半，其余16支简基本完整。第1—10简与第13、14简内容性质全然不同，字迹也分属两种，今分作2篇处理。第16—19简首尾完整，除编号外无其他文字，在清华简中尚属首见。因第14简文末已见截止符，可推知本卷原自第15简后均为空白简，从用途看，其上应还可备抄其他内容。《行称》内容见于本卷竹书前10支简，仅剩一小部分的第11简，除编号外，未见正文文字，由此推测本篇内容不会超过11支简。第10简末句虽已写至简尾，但内容已很完整，不排除本篇有就此完结的可能。如果再参考本辑收录《四告》全卷的抄写格式，第11简也可能原为1支空白的"隔简"。

《病方》：《病方》原与《行称》连写在一卷竹书上，详见《行称》篇说明。卷末空白简的编号释文附于本篇之后。《病方》篇首已残，据整卷竹书的编联情况判断，本篇最多有3支简，现存后两支。简文残存33字，记病方3种。

11. 清华竹书（十一）

《五纪》：凡130简，简长约45厘米，宽约0.6厘米，每简书写35字左右，简下端有编号，唯简14、15、113、114阙失，简22、23、24、27、34、35、36、101、103、105、106有残损。全篇内容基本完整，存4470字（重文、合文、顺序编号按1字计），是前所未见的先秦佚籍。全篇以"五纪"为中心展开，故据拟今题。

12. 清华竹书（十二）

《参不韦》：凡124简，简长约32.8厘米，宽约0.6厘米，三道编，简背有顺序编号（其中"八十四"编号重），完简书写22—26字不等。竹简保存较好，唯简16、95、122等略有残缺，存2977字（重文、合文、顺序编号按1字计），为内容基本完整的佚书。原简无篇题，篇名乃据简文篇首和内容拟定。

13. 清华竹书（十三）

《大夫食礼》《大夫食礼记》：《大夫食礼》与《大夫食礼记》编连为一卷，分别有竹简51支与14支，简长约46厘米，宽约0.6厘米，各自编号，简背有刻划痕迹，篇题为整理者根据简文内容拟定。

《五音图》：本篇简长19.3厘米，宽0.5厘米，无顺序编号，简背亦无刻划痕迹等可供编联参考的信息。今简序主要依据内容推定，可参后附摹本、复原图。本篇原至少有简37支，现存35支，其中第9、19简佚失，第2、3、5、6、7、12、16、17、20简有残损。

《乐风》：本篇简长9.9厘米，宽0.5厘米，是目前所见长度最短的战国竹书，其形制小巧，便于随身携带，具有一定实用功能。完整竹简满写8字，行款整饬，在第2和第6字下各有一道编绳。原简无序号，简背有刻划痕迹，今简序是参考划痕和内容综合拟定。本篇原应有简14支，现存12支，其中第8、13简佚失，第9、10简有残损。

《畏天用身》：本篇共17支简，简长44.4厘米，宽0.6厘米，首尾完整，无缺简，简背有刻划痕迹，无序号，无篇题。篇题根据简文首句和全篇内容拟定。

## （四）安大竹书

### 1. 安大竹书（一）

《诗经》：完简长48.5厘米，宽0.6厘米，三道编绳，每简27—38字不等。简背有划痕，简首尾留白，简面下端有编号，自"一"始，最后一个编号为"百十七"。经初步清理，缺失第18、19、23、24、26、30、56—58、60—71、95—97号等24支简，实际存简93支。简文内容为《诗经》国风部分，共存诗57篇（含残篇）。

2.安大竹书(二)

《仲尼曰》：本篇共有13支简，保存完整。简长43厘米、宽0.6厘米。两道编绳。顶格书写，不留空白。原无篇题，不分章。简1—7背有编号，简9背疑存编号，简13背存"二"字。简7、8、12背有抄写者练习写的字，与正文内容无关。原简无篇题，姑取篇首"仲尼曰"三字名篇。

《曹沫之陈》：本篇原有46支简，实存44支，缺2支。整简长48.5厘米、宽约0.7厘米。三道编绳。简首尾留白，简15顶格书写。每支简字数一般在38字左右。简背有划痕。简22背有数十字，漫漶不清，从可辨识的字看应与正文内容有关。简26、28、33、35、43背各有一个与正文相关的字。原简无篇题。其内容与上海博物馆藏楚简《曹沫之陈》相同，仅个别文字略有不同，故本篇篇题据上博楚简《曹沫之陈》拟定。

## 二、四批战国竹书整理凡例

### （一）郭店竹书整理凡例：

1. 本书包括郭店一号墓出土的全部竹简的图版、释文和注释。

2. 图版按竹简原大影印，分篇排列编号。两枚以上残简缀合为一枚，只编一个号。释文中于每简最后一字下旁注简号。书末附竹简整理号与出土号对照表。

3.简文原无篇题。释文篇题是由整理者据简文内容及传本拟加的。

4.简文之末有分章、分段标志,而且标志之后不接抄其他章段文字的,释文在其后空一行再接抄同篇其他章段的文字。因竹简出土时已扰乱,这些章段的次序可能并不符合原来次序,甚至可能原属不同的篇。简文有分章、分段标志,但标志之后接抄其他章段文字的,释文按简文实际抄写格式连排,并保留分章符号。各篇中文字相连的简文(包括其间虽有缺字而确知其是这种关系的),释文都连写。简文虽同属一段或一篇,但不能确知其具体关系的(包括虽很有可能相连但未能十分确定的),释文都提行抄写。这些提行抄写的释文间的先后次序也不一定符合原来次序。在各章段隔行抄写的情况下,分在同一章段中的这类释文也有可能原属不同章段。

5.原简上的符号,除上条所举分章、分段标志,释文一概略去,释文另加标点符号。简文中的重文号、合文号,释文一般改写成相应的字。个别处理有困难的,予以保留,并在注释中说明。无合文符号的合文亦改写成相应的字,并加注说明。

6.简文中残缺的和残泐不能辨识的字,可据旁简格式推定字数的,释文用囗号表示。简文残缺或字形不能确定字数的(包括缺整简的情况),释文用……号表示。简文笔划残损,但可据文意辨识的,释文于其字外加方框表示。无法释出或隶定的字,释文按原形摹写。简文残缺之字,凡可据传本补入或以意推定的,一律在注释中说明。

7. 释文不严格按照竹简原来的字体排印。如"智"字的简文作"䜌""䜈"等形，现皆用"智"字排印。一些原本不是一字，而古籍或古文字中常常混用的，如"其"与"丌"，"以"与"㠯"等，释文采用通行字"其""以"等排印。简文中的假借字、异体字在释文中随文注出本字、正字，用（）号表示。简文中的错字，随文注出正字，用〈〉号表示。简文原有夺字、衍字，释文不作增删，在注释中说明。

**（二）上博竹书整理凡例：**

1. 上海博物馆藏战国楚竹书将按注释完成的具体情况分批发表，包括有关索引。

2. 上海博物馆藏战国楚竹书在发表时，将刊出每篇竹书排序图版和每简放大3.65倍的彩色图版，以方便学者研究、鉴赏、认定字形，各篇都有相应的注释。

3. 本书内容复杂，在注释后需要再作表述的，则列有附录。注释所引用经籍限于两汉以前著述及其有关的注疏。有关引用著述，一律在行文中注出，篇后不再另列引用书目。

4. 上海博物馆所藏战国楚竹书中，共发现二十余名时人书写的篇题，这些篇题一律按原名刊出。凡篇题缺损者，由注释者按文义内容题名。

5. 竹简按文顺序排列，凡能缀合的残简，一律按缀合后的现状排列；残简则根据文义、编线、简端等实际情况，给予复原定位。能判断简次，而无法判断具体处位的残简，则一律列于第一编线之下。为了便于查阅，每简前都标有该篇的顺序简号，同简残为数段者只编一个号。有些残简由于文字不清、或过分残短，难以找到处位，则一律附在篇尾，以供参考。

6. 凡释文中残字、不完整或模糊不清的字，均用"囗"表示，"囗"符号个数，表示能确切知道的残字数。凡无法确知残字数者，用"……"符号表示。凡残字，能确切补定者，则在补定的文字外加"囗"，以示区别。放大彩色图版旁的隶定字，中间残一字者空一字距离，残二字及以上者，空二字距离，以标示之。

7. 整篇释文按原简文序列、文字隶定，旁不作任何引注。简文的夺字、衍字也不作任何改动。原简文旁所注重文符、合文符、墨钉、墨节等墨标符按原样附于释文旁。

8. 为了方便读者，每简注释前附有黑白原大竹简。按简序、短句逐一注释，注释中的释文随时对应的异体字、假借字，这些字外加括号。

9. 不能隶定的文字，按原形摹出。

10. 本书分别邀请不同的作者注释，个别文字由于文义等原因，而未能作统一。

11. 凡见于今本或《郭店楚墓竹简》者，一般都附有《上海博物馆藏战国楚竹书》与他本的文字比较表，以便从中看出版本差异、文字使用的具体情况。

### (三) 清华竹书整理凡例：

1. 竹简各篇，凡原有篇题者以原篇题命名，无篇题者由整理者拟定。原篇题字数较多者，括注简称或者传世文献中相应的篇题，如《周武王有疾周公所自以代王之志》(《金縢》)、《祭公之顾命》(《祭公》)，并在引文及字形表中使用简称。

2. 本书收录之图版分为二种：一为竹简原大图版，包括竹简所有正、背面影像，每简设一整理序号，以中文数字标于图版下端，两支及两支以上残简缀合为一支者，只设一个整理序号。整理序号以篇为单元，由右至左依次排列（简背影像由左至右排列）。残简的位置根据简形、编绳痕迹及上下文关系确定。二为按二倍比例放大的竹简图版，编排于原大图版之后，包括所有竹简的正面影像，以及竹简背面文字的局部影像，序号与原大图版相同。每简影像左侧录出相应的文字隶定及原存符号，不加标点。

3. 释文部分由说明、释文、注释组成。说明简略介绍每篇竹简的数量、形制特征、大体内容及有必要说明的事项。释文与原大图版对应，整理序号标于每简释文末字之后。注释采用篇末注形式，篇幅短者以篇为单元，篇幅长者则分节注释。注释内容包括字形分析、词义解释、语法特征及重要历史人物、历史事件、历史地理、典章制度等。凡内容见于传世古籍者，则于注释后择善附录相关文献，供读者参考。

4. 释文原则上依据原字形隶定，其中罕见字皆保持原偏旁形式及架构。为保证文本的可读性，对于常见字不作严式隶定，直接予以隶释，例如"㠯"径隶作"以"，"丞"径隶作"承"。难以隶定的文字（含辨认不清的），释文中采录原字图片。释文中保留原简所见重文与合文符号，亦稍加规范录出。重文及合文之释文在其后之括号中体现。其他符号如章节号、句读号等，仅在放大图版的文字隶定中标示。简册背面文字之释文附于文末。

5. 原简字迹已经磨灭、残泐，根据上下文及旁简能确定字数的简文，每字用一"□"标示。不能确定字数者，用"……"号标示。残断缺字处用"☑"标示。

6. 释文加现代标点，以方便阅读。简文中的通假字、古今字、异体字、讹字，随释文括注出本字、今字、正字。其中通假字、古今字、异体字用"（  ）"，讹字用"〈  〉"括注。凡残缺但能补定的文字，在补定的文字外加"[  ]"。简文中原有夺字、衍文，释文不作增删，在注释中加以说明。

7. 字形表收录本辑所有简文字形，略依大徐本《说文》部首顺序排列，《说文》所无之字附隶于相应部首之下，以类相从。每字先列正体，再列简文字形。字形直接从竹简图版中提取，酌情缩放，以求一致。每一字形下皆注明出处（篇名、整理号）。合文、竹简背面原有序号以及模糊不清的字附于表末。字形表另附笔画和拼音索引。

8.竹简信息表采用表格形式，从上至下分栏，依次列偏序、篇名、整理序号、入藏编号、竹简长度、编痕状况、备注。

**(四) 安大竹书（一）整理凡例：**

1.本辑收录《诗经》简的全部图版、释文、附录及字形表、竹简信息表等。图版部分收录竹简原大图版和两倍放大图版。竹简原大图版附页单置，包括竹简所有正、背面影像，编号为竹简原有或据编联推断。残简的位置根据简形、编痕及上下文关系确定。按两倍比例放大的竹简图版包括所有竹简的正面影像，序号同于原大图版。放大图版左侧录出相应的隶定字形，不加标点。释文部分由说明、释文、注释组成。附录部分包括简本《诗经》的韵读、与《毛诗》的对读以及参考文献及引书简称表。字形表收录本辑中出现的所有字形。

2.释文一般依据原字形隶定。无法隶定之字，则采录原字图片。"前言"为称引方便，一般不作严格隶定。

3.原简字迹残缺者，以一"□"代表一字。不能确定字数者，用"……"表示。竹简残损者，用"☑"表示。

4.简文中的通假字、异体字、讹误字等，随文作注。其中通假字、异体字用"（ ）"括注，讹误字用"〈 〉"括注。虽残缺或漏写但能补定的文字外加"〔 〕"。简文原编号加"【 】"标示。

5. 释文使用现代标点。各章之间加"◎"为标记。

6. 注释部分参考书目用简称,详见"参考文献及引书简称表"。

7. 各国风之国名,竹简有记录的依据简本,简本无记录的据《毛诗》增补;各国风次序,根据竹简编号编排,不作调整。

8. 简本各诗皆未书篇名,篇与篇之间加粗墨点区隔。《甬(鄘)》《䰄(魏)》两国风,简本在抄完后记其首篇篇名和篇数。除此两篇外,其他各篇篇名,皆据《毛诗》增补。

# 参考文献

## 出土文献资料

河南省文化局文物工作队第一队：《我国考古史上的空前发现，信阳长台关发掘一座战国大墓》，《文物参考资料》1957年第9期。

河南省文化局文物工作队：《河南信阳楚墓出土文物图录》，河南人民出版社，1959年版。

河南省文物研究所：《信阳楚墓》，文物出版社，1986年版。

湖北省博物馆：《曾侯乙墓》，文物出版社，1989年版。

湖南省文物考古研究所、慈利县文物保护管理研究所：《湖南慈利石板村36号战国墓发掘简报》，《文物》1990年第10期。

湖南省文物考古研究所、慈利县文物保护管理研究所：《湖南慈利县石板村战国墓》，《考古学报》1995年第2期。

商承祚编著：《战国楚竹简汇编》，齐鲁书社，1995年版。

湖北省荆门市博物馆：《荆门郭店一号楚墓》，《文物》1997年第7期。

荆门市博物馆：《郭店楚墓竹简》，文物出版社，1998年版。

马承源主编：《上海博物馆藏战国楚竹书》第一——九册，上海古籍出版社，2001—2012年版。

陈松长编著：《香港中文大学文物馆藏简牍》，香港中文大学文物馆，2001年版。

张春龙：《慈利楚简概述》，《新出简帛研究》，文物出版社，2004年版。

武汉大学简帛研究中心、荆门市博物馆编著：《楚地出土战国简册合集（一）·郭店楚墓竹书》，文物出版社，2011年版。

李学勤主编：《清华大学藏战国竹简》第壹—玖册，中西书局，2010—2019年版。

黄德宽主编：《清华大学藏战国竹简》第拾—拾叁册，中西书局，2020年、2021年、2023年版。

黄德宽、徐在国主编：《安徽大学藏战国竹简》（一）（二），中西书局，2019年、2022年版。

# 著　作

白于蓝：《拾遗录——出土文献研究》，科学出版社，2017年版。

白于蓝：《简帛古书通假字大系》，福建人民出版社，2017年版。

蔡万进、邬文玲主编：《简帛学理论与实践》第一辑，广西师范大学出版社，2021年版。

陈剑：《战国竹书论集》，上海古籍出版社，2019年版。

陈梦家：《汉简缀述》，中华书局，1980年版。

陈梦家：《尚书通论（外二种）》，河北教育出版社，2000年版。

陈斯鹏：《卓庐古文字学丛稿》，中西书局，2018年版。

陈伟:《郭店竹书别释》,湖北教育出版社,2002年版。

陈伟等:《楚地出土战国简册[十四种]》,经济科学出版社,2009年版。

陈伟:《楚简册概论》,湖北教育出版社,2012年版。

程浩:《有为言之:先秦"书"类文献的源与流》,中华书局,2021年版。

程鹏万:《简牍帛书格式研究》,上海古籍出版社,2017年版。

池田知久:《池田知久简帛研究论集》,中华书局,2006年版。

杜勇:《清华简与古史探赜》,科学出版社,2018年版。

冯胜君:《二十世纪古文献新证研究》,齐鲁书社,2006年版。

冯胜君:《郭店简与上博简对比研究》,线装书局,2007年版。

顾史考:《郭店楚简先秦儒书宏微观》,上海古籍出版社,2018年版。

顾史考:《上博等楚简战国逸书纵横览》,中西书局,2018年版。

何琳仪:《战国文字通论(订补)》,江苏教育出版社,2003年版。

侯乃峰:《上博楚简儒学文献校理》,上海古籍出版社,2018年版。

贾连翔:《战国竹书形制及相关问题研究——以清华大学藏战国竹简为中心》,中西书局,2015年版。

李零:《郭店楚简校读记(增订版)》,北京大学出版社,2002年版。

李零:《简帛古书与学术源流》,三联书店,2004年版。

李零:《上博楚简三篇校读记》,中国人民大学出版社,2007年版。

李均明等:《当代中国简帛学研究(1949—2019)》,中国社会科学出版社,2019年版。

李守奎:《楚文字编》,华东师范大学出版社,2003年版。

李松儒:《战国简帛字迹研究——以上博简为中心》,上海古籍出版社,2015年版。

李松儒:《清华简字迹研究》,山东画报出版社,2023年版。

李天虹:《楚国铜器与竹简文字研究》,湖北教育出版社,2012年版。

李学勤:《简帛佚籍与学术史》,江西教育出版社,2001年版。

李学勤:《李学勤早期文集》,河北教育出版社,2008年版。

李学勤:《初识清华简》,中西书局,2013年版。

李学勤:《清华简及古代文明》,江西教育出版社,2017年版。

林清源:《简牍帛书标题格式研究》,艺文印书馆,2004年版。

刘传宾:《郭店竹简文本研究综论》,上海古籍出版社,2017年版。

刘光胜:《〈清华大学藏战国竹简(壹)〉整理研究》,上海世纪出版集团,2016年版。

刘国忠:《走近清华简(增补版)》,清华大学出版社,2020年版。

刘娇:《言公与剿说——从出土简帛古籍看西汉以前古籍中相同或类似内容重复出现现象》,线装书局,2012年版。

刘信芳:《孔子诗论述学》,安徽大学出版社,2003年版。

刘钊:《郭店楚简校释》,福建人民出版社,2005年版。

骈宇骞、段书安:《二十世纪出土简帛综述》,文物出版社,2006年版。

钱存训:《书于竹帛——中国古代的文字记录》,上海书店出版社,2004年版。

清华大学出土文献研究与保护中心编:《清华简研究》第一辑,中西书局,2012年版。

清华大学出土文献研究与保护中心等编:《古代简牍保护与整理研究》,中西书局,2012年版。

单育辰:《郭店〈尊德义〉〈成之闻之〉〈六德〉三篇整理与研究》,科学出版社,2015年版。

单育辰:《新出楚简〈容成氏〉研究》,中华书局,2016年版。

沈颂金:《二十世纪简帛学研究》,学苑出版社,2003年版。

孙钦善:《中国古文献学史(修订本)(全二册)》,中华书局,2015年版。

浅野裕一:《战国楚简研究》,万卷楼图书股份有限公司,2004年版。

裘锡圭:《中国出土古文献十讲》,复旦大学出版社,2004年版。

裘锡圭:《裘锡圭学术文集·简牍帛书卷》,复旦大学出版社,2012年版。

裘锡圭:《老子今研》,中西书局,2021年版。

涂宗流、刘祖信:《郭店楚简先秦儒家佚书校释》,万卷楼图书股份有限公司,2001年版。

王国维原著,胡平生、马月华校注:《简牍检署考校注》,上海古籍出版社,2004年版。

夏含夷:《古史异观》,上海古籍出版社,2005年版。

夏含夷著,周博群等译:《重写中国古代文献》,上海古籍出版社,2012年版。

夏含夷:《兴与象:中国古代文化史论集》,上海古籍出版社,2012年版。

谢维扬、赵争主编:《出土文献与古书成书问题研究——"古史史料学研究的新视野研讨会"论文集》,中西书局,2015年版。

杨泽生:《战国竹书研究》,中山大学出版社,2009年版。

余嘉锡:《余嘉锡说文献学》,上海古籍出版社,2001年版。

俞绍宏:《上海博物馆藏楚简校注》,中国社会科学出版社,2016年版。

俞绍宏:《上海博物馆藏战国楚简集释（全十册）》,社会科学文献出版社,2019年版。

俞樾等:《古书疑义举例五种》,中华书局,2005年版。

张显成:《简帛文献学通论》,中华书局,2004年版。

张显成:《简帛文献论集》,巴蜀书社,2008年版。

赵平安:《新出简帛与古文字古文献研究》,商务印书馆,2009年版。

赵平安:《新出简帛与古文字古文献研究续集》,商务印书馆,2018年版。

朱渊清编:《朱希祖史学史选集》,中西书局,2019年版。

## 论　文

白于蓝:《〈上博简（二）〉〈容成氏〉编连问题补议》,《华南师范大学学报（社会科学版）》2004年第4期。

白于蓝:《〈曹沫之陈〉新编释文及相关问题探讨》,《中国文字》新三十一期,艺文印书馆,2006年版。

白于蓝、段凯:《清华简〈保训〉篇竹简编连问题刍议》,《古文字研究》第三十辑,中华书局,2014年版。

鲍则岳:《古代文献整理的若干基本原则》,艾兰、魏克彬原编,邢文编译:《郭店老子——东西方学者的对话》,学苑出版社,2002年版。

陈剑:《郭店简〈穷达以时〉、〈语丛四〉的几处简序调整》,《国际简帛研究通讯》第二卷第五期,2002年版。

陈剑：《郭店简〈尊德义〉和〈成之闻之〉的简背数字与其简序关系的考察》，《简帛》第二辑，上海古籍出版社，2007年版。

陈剑：《〈孔子诗论〉补释一则》，《国际简帛研究通讯》第二卷第三期，2002年版。

陈剑：《上博简〈子羔〉、〈从政〉篇的竹简拼合与编连问题小议》，《文物》2003年第5期。

陈剑：《上博竹书〈仲弓〉篇新编释文（稿）》，简帛研究网，2004年4月19日。

陈剑：《上博简〈容成氏〉的竹简拼合与编连问题小议》，《上博馆藏战国楚竹书研究续编》，上海书店出版社，2004年版。

陈剑：《谈谈〈上博（五）〉的竹简分篇、拼合与编联问题》，简帛网，2006年2月19日。

陈剑：《〈上博（六）·孔子见季桓子〉重编新释》，复旦大学出土文献与古文字研究中心网，2008年3月22日。

陈剑：《〈上博（八）·王居〉复原》，复旦大学出土文献与古文字研究中心网，2011年7月20日。

陈剑：《〈越公其事〉残简18的位置及相关的简序调整问题》，复旦大学出土文献与古文字研究中心网，2017年5月14日。

陈剑：《上博竹书的拼合与编联问题杂谈》，《学灯》第一辑，上海古籍出版社，2016年版。

陈梦家：《由实物所见汉代简册制度》，《汉简缀述》，中华书局，1980年版。

陈斯鹏：《上海博物馆藏楚简〈曹沫之阵〉释文校理稿》，简帛研究网，2005年2月20日。

陈斯鹏：《〈柬大王泊旱〉编联补议》，简帛研究网，2005年3月10日。

陈伟：《〈君子为礼〉9号简的缀合问题》，简帛网，2006年3月6日。

程鹏万：《上博三〈彭祖〉第4简的归属与拼合》，复旦大学出土文献与古文字研究中心网，2010年1月17日。

邓少平：《由简背数字论郭店〈成之闻之〉"天常"章的位置》，复旦大学出土文献与古文字研究中心网，2010年3月22日。

董珊：《战国题铭与工官制度》，北京大学博士学位论文，指导教师：李零教授，2002年。

董珊：《读〈上博藏战国楚竹书（四）〉杂记》，简帛研究网，2005年2月20日。

董珊：《出土文献所见"以谥为族"的楚王族——附说〈左传〉"诸侯以字为谥因此为族"的读法》，《出土文献与古文字研究》第二辑，复旦大学出版社，2008年版。

杜勇：《从清华简〈说命〉看古书的反思》，《天津师范大学学报（社会科学版）》2013年第4期。

凡国栋：《〈上博六〉楚平王逸篇初读》，简帛网，2007年7月9日。

冯胜君：《有关战国竹简国别问题的一些前提性讨论》，《古文字研究》第二十六辑，中华书局，2006年版。

冯胜君：《从出土文献谈先秦两汉古书的体例（文本书写篇）》，《文史》2004年第4辑。

冯胜君：《出土材料所见先秦古书的载体以及构成和传布方式》，《出土文献与古文字研究》第四辑，上海古籍出版社，2011年版。

冯胜君：《从出土文献看抄手在先秦文献传布过程中所产生的影响》，《简帛》第四辑，上海古籍出版社，2009年版。

冯胜君：《试论清华简〈保训〉篇书法风格与三体石经的关系》，《清华简研究》第一辑，中西书局，2012年版。

凤仪诚：《古代简牍形式的演变——从葬物疏说起（初稿）》，"2008年国际简帛论坛"论文。

复旦吉大古文字专业研究生联合读书会：《上博八〈子道饿〉校读》，复旦大学出土文献与古文字研究中心网，2011年7月17日。

复旦吉大古文字专业研究生联合读书会：《〈上博八·颜渊问于孔子〉校读》，复旦大学出土文献与古文字研究中心网，2011年7月17日。

复旦吉大古文字专业研究生联合读书会：《上博八〈成王既邦〉校读》，复旦大学出土文献与古文字研究中心网，2011年7月17日。

复旦吉大古文字专业研究生联合读书会：《上博八〈命〉校读》，复旦大学出土文献与古文字研究中心网，2011年7月17日。

复旦吉大古文字专业研究生联合读书会：《上博八〈王居〉、〈志书乃言〉校读》，复旦大学出土文献与古文字研究中心网，2011年7月17日。

复旦大学出土文献与古文字研究中心研究生读书会：《清华简〈程寤〉简序调整一则》，复旦大学出土文献与古文字研究中心网，2011年1月5日。

福田哲之：《上博四〈内礼〉附简、上博五〈季康子问于孔子〉第十六简的归属问题》，简帛网，2006年3月7日。

福田哲之：《郭店楚简〈语丛三〉之再探讨》，《中国出土古文献与战国文字之研究》(佐藤将之、王绣雯合译)，万卷楼图书股份有限公司，2005年版。

福田哲之：《别笔和篇题——〈上博（六）〉所收楚王故事四章的编成》，简帛网，2008年11月15日。

顾史考：《论郭店楚简的研究方法及方向》，艾兰、邢文编《新出简帛研究》，文物出版社，2004年版。

顾史考：《郭店楚简〈尊德义〉篇简序调整三则》，复旦大学出土文献与古文字研究中心网，2010年12月15日。

顾史考：《上博楚简〈用曰〉章解》《上博简〈凡物流形〉试解》，收入《上博等楚简战国逸书纵横览》，中西书局，2018年版。

顾史考：《上博楚简二〈子羔〉篇新编及概述》，《出土文献与中国古典学》，中西书局，2018年版。

顾史考：《上博楚简三〈仲弓〉新编》，《战国文字研究的回顾与展望》，中西书局，2017年版。

顾史考：《上博六〈孔子见季桓子〉简序追补》，《出土文献与古文字研究》第六辑，上海古籍出版社，2015年版。

顾史考：《古今文献与读者之喜新厌旧》，刘笑敢主编：《中国哲学与文化》第六辑，广西师范大学出版社，2009年版。

郭永秉：《从上博楚简〈容成氏〉的"有虞迥"说到唐虞史事的疑问》，简帛研究网，2005年11月7日。

郭永秉：《关于〈竞建〉和〈鲍叔牙〉的字体问题》，简帛网，2006年3月5日。

郭永秉：《读〈六德〉、〈子羔〉、〈容成氏〉札记三则》，简帛网，2006年5月26日。

郭永秉：《从〈容成氏〉33号简看〈容成氏〉的学派归属》，简帛网，2006年11月7日。

谷中信一：《从郭店〈老子〉看今本〈老子〉的完成》，《郭店楚简国际学术研讨会论文集》，湖北人民出版社，2000年版。

官琼梅：《郭店楚简背面新发现的字迹》，《中国文物报》2013年5月8日第8版。

广濑薰雄：《郭店楚简〈尊德义〉和〈成之闻之〉的简背数字补论》，简帛网，2008年2月19日。

韩巍：《西汉竹书〈老子〉简背划痕的初步分析》，北京大学出土文献研究所编：《北京大学藏西汉竹书（贰）》，上海古籍出版社，2012年版。

何有祖：《慈利竹书与今本〈吴语〉试勘》，简帛网，2005年12月26日。

胡平生：《简牍制度新探》，《文物》2000年第3期。

胡平生：《论简帛辨伪与流失简牍抢救》，《出土文献研究》第九辑，中华书局，2010年版。

胡平生：《论简牍整理国家标准的制定》，《胡平生简牍文物论稿》，中西书局，2012年版。

黄杰：《新见有关郭店简〈尊德义〉等篇编联的重要信息》，简帛网，2013年6月6日。

黄人二：《读上博藏简〈容成氏〉书后》，简帛研究网，2003年1月15日。

吉林大学古籍研究所2011级硕士研究生：《〈郭店楚墓竹简〉精装本与

书法本图版对比的一些问题》,复旦大学出土文献与古文字研究中心网站,2012年9月28日。

季旭昇:《〈上博九·史蒥问于夫子〉释读及相关问题》,《吉林大学社会科学学报》2015年第4期。

贾连翔:《反印墨迹与竹书编连的再认识》,《出土文献》第六辑,中西书局,2015年版。

贾连翔:《战国竹书文字布局小识》,《出土文献》第七辑,中西书局,2015年版。

贾连翔:《战国竹书整理的一点反思——从〈天下之道〉〈八气五味五祀五行之属〉〈虞夏殷周之治〉三篇的编连谈起》,《出土文献》第十三辑,中西书局,2018年版。

贾连翔:《清华简〈郑武夫人规孺子〉篇的再编连与复原》,《文献》2018年第3期。

贾连翔:《从〈治邦之道〉和〈治政之道〉看战国竹书"同篇异制"现象》,《清华大学学报(哲学社会科学版)》2020年第1期。

贾连翔:《浅谈竹书形制现象对文字识读的影响——以清华简几处文字补释为例》,《出土文献》2020年第1期。

贾连翔:《〈封许之命〉缀补及相关问题探研》,《出土文献》2020年第3期。

贾连翔:《清华简〈四告〉的形制及其成书问题探研》,2021年"古文字与出土文献青年学者西湖论坛"论文集。

贾连翔:《清华简"〈尹至〉书手"字迹的扩大及相关问题探讨》,《出土文献综合研究集刊》第十三辑,巴蜀书社,2021年版。

贾旭东：《〈孔子诗论〉综合研究》，吉林大学硕士学位论文，指导教师：冯胜君教授，2020年。

蒋玉斌：《缀玉联珠：甲骨缀合120年》，《出土文献综合研究集刊》第十二辑，巴蜀书社，2020年版。

柯马丁：《方法论反思：早期中国文本异文之分析和写本文献之产生模式》，《当代西方汉学研究集萃·上古史卷》，上海古籍出版社，2012年版。

康少峰：《〈诗论〉简制、简序及文字释读研究》，四川大学博士学位论文，指导教师：彭裕商教授，2005年。

来国龙：《论战国秦汉写本文化中文本的流动与固定》，《简帛》第二辑，上海古籍出版社，2007年版。

李伯谦：《楚文化的起源与发展》，艾兰、魏克彬原编，邢文编译：《郭店老子——东西方学者的对话》，学苑出版社，2002年版。

李家浩：《关于郭店〈老子〉乙组一支残简的拼读》，《中国文物报》，1998年10月28日。

李家浩：《读〈郭店楚墓竹简〉琐议》，《郭店楚简研究》（《中国哲学》第二十辑），辽宁教育出版社，1999年版。

李家浩：《䥽钟铭文考释》，《著名中年语言学家自选集·李家浩卷》，安徽教育出版社，2002年版。

李家浩：《郭店楚简〈五行〉中的"䌛"、"懈"二字》，《出土文献》第十五辑，中西书局，2019年版。

李零：《长台关楚简〈申徒狄〉研究》，《揖芬集——张政烺先生九十华诞纪念论文集》，社会科学文献出版社，2002年版。

李零:《读上博楚简〈周易〉》,《中国历史文物》2006年第4期。

李零:《出土发现与古书年代的再认识》,《李零自选集》,广西师范大学出版社,1998年版。

李孟涛:《试谈郭店楚简中不同手迹的辨别》,《简帛研究二〇〇六》,广西师范大学出版社,2008年版。

李锐:《郭店楚墓竹简补释(二)》,《古墓新知——纪念郭店楚简出土十周年论文专辑》,国际炎黄文化出版社,2003年版。

李锐:《〈古书通例〉补》,《同文与族本——新出简帛与古书形成研究》,中西书局,2017年版。

李守奎:《楚文献中的教育与清华简〈系年〉性质初探》,《出土文献与古文字研究》第六辑,上海古籍出版社,2015年版。

李松儒:《郭店楚墓竹简字迹研究》,吉林大学硕士学位论文,指导教师:吴振武教授,2006年。

李松儒:《上博七〈武王践阼〉的抄写特征及文本构成》,复旦大学出土文献与古文字研究中心网,2009年5月18日。

李松儒:《清华简书法风格浅析》,《出土文献研究》第十三辑,中西书局,2014年版。

李松儒:《清华五字迹研究》,《简帛》第十三辑,上海古籍出版社,2016年版。

李松儒:《〈清华大学藏战国竹简〉(陆)之〈管仲〉字迹研究》,《书法研究》2016年第4期。

李松儒:《清华七〈子犯子余〉与〈赵简子〉等篇字迹研究》,《出土文献》第十五辑,中西书局,2019年版。

李松儒:《清华简〈良臣〉〈祝辞〉的形制与书写》,《汉字汉语研究》2020年第1期。

李松儒:《清华简〈筮法〉与〈子产〉字迹研究》,《简帛》第二十一辑,上海古籍出版社,2020年版。

李松儒:《谈清华简〈心是谓中〉的书写情况》,《简帛研究二〇二一秋冬卷》,广西师范大学出版社,2022年版。

李松儒:《清华简〈治政之道〉〈治邦之道〉中的"隐秘文字"及其作用》,《文史》2021年第2辑。

李天虹:《〈性自命出〉的编联及分篇》,《简帛研究二〇〇一》,广西师范大学出版社,2001年版。

李天虹:《清华简〈良臣〉"五之疋"补说》,《新果集(二)——庆祝林沄先生八十华诞论文集》,科学出版社,2018年版。

李学勤:《战国题铭概述》,《文物》1959年第7、8、9期,后收入《李学勤早期文集》,河北教育出版社,2008年版。

李学勤:《信阳楚墓中发现最早的战国竹书》,《光明日报》1957年11月27日第3版,后收入《李学勤早期文集》,河北教育出版社,2008年版。

李学勤:《长台关竹简中的〈墨子〉佚篇》,《徐中舒先生九十寿辰纪念文集》,巴蜀书社,1990年版,后收入《简帛佚籍与学术史》,江西教育出版社,2001年版。

李学勤:《楚简〈子羔〉研究》,上海大学古代文明研究中心、清华大学思想文化研究所编《上博馆藏战国楚竹书研究续编》,上海书店出版社,2004年版。

李学勤：《〈诗论〉简的编联与复原》，《中国哲学史》2002年第1期。

李学勤：《试释楚简〈鲍叔牙与隰朋之谏〉》，《文物》2006年第9期。

李学勤：《再说〈诗论〉简的编联》，收入《中国古代文明研究》，华东师范大学出版社，2005年版。

廖名春：《郭店楚简儒家著作考》，《孔子研究》1998年第3期。

廖名春：《荆门郭店楚简与先秦儒学》，《郭店楚简研究》(《中国哲学》第二十辑)，辽宁教育出版社，1999年版。

林清源：《〈上博九·陈公治兵〉编联及相关问题》，《"中研院"历史语言研究所集刊》第八十六本第三分，2015年。

林沄：《古代的简牍》，《中国典籍与文化》1994年第1期。

刘传宾：《出土简牍编联与拼缀方法综论》，《天津师范大学学报（社会科学版）》2018年第4期。

刘国忠：《清华简的文献特色与墓主身份蠡测》，《光明日报》，2021年10月30日第11版。

刘祖信、鲍云丰：《郭店楚简背面记数文字考》，"新出楚简国际学术研讨会"论文，武汉大学，2006年6月。

牛新房：《释郭店楚简〈老子〉中的"御"字》，《古文字研究》第二十八辑，中华书局，2010年版。

庞朴：《初读郭店楚简》，《历史研究》1998年第4期。

庞朴：《〈恒先〉试读》，简帛研究网，2004年4月26日。

庞朴：《〈语丛〉臆说》，《郭店楚简研究》(《中国哲学》第二十辑)，辽宁教育出版社，1999年版。

彭浩：《郭店楚简〈缁衣〉的分章及相关问题》，《简帛研究》第三辑，广西教育出版社，1998年版。

裘锡圭：《谈谈上博简〈子羔〉篇的简序》，上海大学古代文明研究中心、清华大学思想文化研究所编《上博馆藏战国楚竹书研究续编》，上海书店出版社，2004年版。

单育辰：《占毕随录》，简帛网，2007年7月27日。

沈培：《上博简〈姑成家父〉一个编联组位置的调整》，简帛网，2006年2月22日。

沈培：《〈上博（六）〉中〈平王问郑寿〉和〈平王与王子木〉应是连续抄写的两篇》，《简帛》第六辑，上海古籍出版社，2011年版。

沈培：《〈上博（六）〉和〈上博（八）〉竹简相互编联之一例》，复旦大学出土文献与古文字研究中心网，2011年7月17日。

沈培：《清华简和上博九"就"字用法合证》，简帛网，2013年1月6日。

孙沛阳：《简册背划线初探》，《出土文献与古文字研究》第四辑，上海古籍出版社，2011年版。

田河：《信阳长台关出土竹书研究概述》，《长春师范学院学报（人文社会科学版）》2005年第24卷第4期。

孙伟龙、李守奎：《上博简标识符号五题》，《简帛》第三辑，上海古籍出版社，2008年版。

谭中华：《〈孔子诗论〉编联分章问题研究综述》，吉林大学硕士学位论文，指导教师：冯胜君教授，2007年。

王博：《关于郭店楚墓竹简分篇与连缀的几点想法》，《郭店简与儒学研究》(《中国哲学》第二十一辑),辽宁教育出版社,2000年版。

王博:《关于郭店楚墓竹简〈老子〉的结构与性质——兼论其与通行本〈老子〉的关系》,《道家文化研究(郭店楚简专号)》第十七辑,三联书店,1999年版。

王国维:《战国时期秦用籀文六国用古文说》,《观堂集林(外二种)》,河北教育出版社,2001年版。

王国维:《最近二三十年中中国新发见之学问》,《王国维文集》第四卷,中国文史出版社,1997年版。

王辉:《说"越公其事"非篇题》,复旦大学出土文献与古文字研究中心网,2017年4月28日。

王凯博:《〈史蒥问于夫子〉缀合三例》,简帛网,2013年1月10日。

王连龙:《汲冢"〈周书〉"与〈逸周书〉》,《王若曰:出土文献论文集》,凤凰出版社,2021年版。

王永昌:《清华简文字与晋系文字对比研究》,吉林大学博士论文,指导教师:李守奎教授,2018年。

邬可晶:《〈上博(九)·举治王天下〉"文王访之于尚父举治"篇编连小议》,简帛网,2013年1月11日。

吴振武:《上海博物馆藏战国楚竹书(一——五)文字编·序》,作家出版社,2007年版。

夏含夷:《简论"阅读习惯":以上博〈周易·萊〉卦为例》,"中国简帛学国际论坛2008"论文。

夏含夷:《读如字:从安大简〈诗经〉谈简帛学的'趋同'与'立异'

现象（六则）》，《战国文字研究》第三辑，北京师范大学出版集团、安徽大学出版社，2021年版。

夏含夷：《由清华简〈系年〉论〈竹书纪年〉墓本和今本的体例》，《简帛》第二十二辑，上海古籍出版社，2021年版。

夏含夷：《出土文献与〈诗经〉口头和书写性质问题的争议》，《文史哲》2020年第2期。

肖毅：《慈利竹书〈国语·吴语〉初探》，简帛网，2005年12月30日。

肖芸晓：《清华简〈算表〉首简简序小议》，简帛网，2014年4月21日。

肖芸晓：《清华简〈算表〉收卷方式小议》，简帛网，2014年6月12日。

肖芸晓：《清华简收卷研究举例》，《出土文献》第七辑，中西书局，2015年版。

肖芸晓：《试论清华简书手的职与能》，《简帛》第二十五辑，上海古籍出版社，2022年版。

辛德勇：《谈历史上首次出土的简牍文献——茂陵书》，《文史哲》2012年第4期。

邢文：《楚简〈缁衣〉与先秦礼学》，《郭店楚简国际学术研讨会论文集》，湖北人民出版社，2000年版。

徐聪：《〈金縢〉文献学研究》，华南师范大学硕士论文，指导教师：张淑一教授，2021年。

禤健聪：《上博楚简（五）零札（一）》，简帛网，2006年2月24日。

虞万里：《上博简、郭店简〈缁衣〉与传本合校补正》（上、中、下），《史林》2002年第2期、2003年第3期、2004年第1期。

张富海:《郭店楚简〈缁衣〉篇研究》,北京大学硕士学位论文,指导教师:沈培教授,2002年。

张忠炜:《里耶秦简9—2289的反印文及相关问题》,《里耶秦简研究论文选集》,中西书局,2021年版。

赵平安:《谈谈战国文字中值得注意的一些现象——以清华简〈厚父〉为例》,《出土文献与古文字研究》第六辑,上海古籍出版社,2015年版。

赵平安:《清华简第六辑文字补释六则》,《出土文献》第九辑,中西书局,2016年版。

赵平安:《谈谈简帛整理过程中的"依样隶定"》,《出土文献研究》第十九辑,中西书局,2020年版。

赵平安:《清华简第七辑字词补释(五则)》,《出土文献》第十辑,中西书局,2017年版。

张显成、李真真:《中西方简帛文献释读方法论比较研究》,《西南民族大学学报(人文社会科学版)》2019年第5期。

赵晓斌:《荆州枣纸简〈吴王夫差起师伐越〉与清华简〈越公其事〉》,"清华战国楚简国际学术研讨会论文集",2021年11月。

周波:《上博五补释二则》,简帛网,2006年4月5日。

周凤五:《郭店竹简的形式特征及其分类意义》,《郭店楚简国际学术研讨会论文集》,湖北人民出版社,2000年版。

竹田健二:《〈曹沫之陈〉中竹简的缀合与契口》,《简帛研究二〇〇五》,广西师范大学出版社,2008年版。

# 后　记

　　近几十年战国竹书的大量出土，为各相关学科带来了新的材料，促进了学术研究的发展。而对战国竹书本身的研究是利用这些新材料的基础性研究，其涉及多方面的问题，我在初学简帛时，即有体会，一字之考释，一句之句读，一篇之编联，往往多种意见，见仁见智，使初学者疑惑，也使想利用这些材料的相关学科的学者感到困惑。有鉴于此，早年在追随老师读书时，我就对战国竹书的研究方法多有留意，并以此为题完成了博士论文的撰写。彼时学力尚浅，未能对很多问题作深入探讨，后博士论文虽得以出版，但随着新材料的公布，关于战国竹书的复原又有许多新的课题，遂于2016年以"近年出土战国书籍类竹简整理方法之研究"为题申请国家社科基金项目，得到批准（项目批准号：16BZS013）。因个人原因，项目迁延数年才最终完成，本书即是根据评审专家的意见修订的成果，不敢说此书已是对战国竹书复原问题的全面探讨，但与自己以前的研究相比，自认为还是有些许进步的。

　　从跟随白于蓝老师读书至今已整二十年。前十年里，读书、留校工作，可以随时找老师交谈，聊各种事情，有时甚至坐在校园的草地上，喝酒畅聊至通宵，至今仍是求学生涯最美好的回忆。后十年里，老师调去上海工作，只能借助现代科技的便利，分享读书、工作、生活的苦与乐，兴致来时，偶尔云喝一杯。今年暑假，去上海看望老师，酒后夜宿老师家，老师休息时，我独坐老师书房良久，回想跟老师读书的点滴，历历往事，如在眼前。感谢老师多年来的关怀与帮助，对我的疏懒，也总是宽容多于责让，更让我愧疚不已。

感谢在项目申报、完成的过程中，学校及学院老师们的指导帮助，本书的出版也得到了学院专项资金的资助。感谢评审专家的意见，使我得以完善书稿的内容。感谢我的研究生，我以书中的内容指导她们学习秦汉简帛，得到她们的积极反馈，并能缀合、复原出一些竹简，在整理出版书稿的过程中，她们帮助我校对书稿，付出了辛劳。

最后，特别感谢责任编辑黄婷婷，始终以高度的责任感，协调各种事情，对书稿严格把关，尽心尽责地完成出版的各项工作。相识十年，看她从学生成长为一名优秀的编辑，欣喜无限。

牛新房
2024 年 9 月于华南师范大学